Strukturelle Ungleichgewichtslagen in der internationalen Streitbeilegung

Rechtspolitisches Symposium
Legal Policy Symposium

Herausgegeben im Institut für Rechtspolitik an der Universität Trier
von Thomas Raab und Gerhard Robbers

Band 17

PL ACADEMIC RESEARCH

Jens Kleinschmidt / Herbert Kronke / Thomas Raab /
Gerhard Robbers / Karsten Thorn (Hrsg.)

Strukturelle Ungleichgewichtslagen in der internationalen Streitbeilegung

Symposium in Gedenken an Bernd von Hoffmann

PL ACADEMIC RESEARCH

Bibliografische Information der Deutschen Nationalbibliothek
Die Deutsche Nationalbibliothek verzeichnet diese Publikation in der Deutschen Nationalbibliografie; detaillierte bibliografische Daten sind im Internet über http://dnb.d-nb.de abrufbar.

ISSN 1610-8906
ISBN 978-3-631-67095-8 (Print)
E-ISBN 978-3-653-06352-3 (E-Book)
DOI 10.3726/978-3-653-06352-3

PL Academic Research ist ein Imprint der Peter Lang GmbH.

Peter Lang – Frankfurt am Main · Bern · Bruxelles · New York · Oxford · Warszawa · Wien

Diese Publikation wurde begutachtet.

www.peterlang.com

Inhaltsverzeichnis

Vorwort

Am 9. Dezember 2011 verstarb *Professor Dr. Bernd von Hoffmann*, bis zu seiner Emeritierung Inhaber des Lehrstuhls für Zivilrecht, insbesondere Internationales Privatrecht und Rechtsvergleichung am Fachbereich Rechtswissenschaft der Universität Trier sowie bis zuletzt Direktor des von ihm mitbegründeten Instituts für Rechtspolitik an der Universität Trier. Der Tod ereilte ihn kurz vor seinem 70. Geburtstag am 28. Dezember 2011 zu einem Zeitpunkt, in dem die Festschrift „Grenzen überwinden – Prinzipien bewahren" zu seinen Ehren bereits gedruckt und die Planungen für die Feier zur Übergabe abgeschlossen waren. Diese Feier konnte dann nicht mehr stattfinden.

Der Wunsch der akademischen Schüler, die festliche Würdigung der Wissenschaftlerpersönlichkeit *Bernd von Hoffmanns*, die ursprünglich im Rahmen der Feier zur Übergabe der Festschrift erfolgen sollte, in anderer Weise nachzuholen, konnte nun in zeitlicher Nähe zu seinem dritten Todestag umgesetzt werden: Am 28. und 29. November 2014 fanden eine akademische Gedenkfeier und ein rechtswissenschaftliches Symposium zum Gedenken an *Bernd von Hoffmann* im Rokokosaal des ehemaligen Kurfürstlichen Palais in Trier statt, zu denen der Fachbereich Rechtswissenschaft, das Institut für Rechtspolitik sowie die akademischen Schüler *Bernd von Hoffmanns*, *Prof. Dr. Dres. h.c. Herbert Kronke* und *Prof. Dr. Karsten Thorn*, eingeladen hatten. Das Symposium war dem internationalen Zivilverfahrensrecht sowie der internationalen Schiedsgerichtsbarkeit gewidmet, Themenbereiche, die auch im Mittelpunkt der Forschung *Bernd von Hoffmanns* standen.

Der vorliegende Sammelband dokumentiert die Grußworte und die Vorträge der Gedenkfeier sowie des Symposiums und macht sie damit einer breiteren Öffentlichkeit zugänglich. Einzig der Beitrag zu Schiedsvereinbarungen im Sport von *Dr. Francesca Mazza*, Generalsekretärin der Deutschen Institution für Schiedsgerichtsbarkeit, wurde mit Blick auf die aktuellen Kontroversen zu diesem Thema auf eigenen Wunsch nicht abgedruckt. Herausgeber dieses Bandes sind neben den Direktoren des Instituts für Rechtspolitik die Personen, die das wissenschaftliche Symposium aus fachlicher Sicht maßgeblich gestaltet haben: die akademischen Schüler sowie *Prof. Dr. Jens Kleinschmidt*, der Nach-Nachfolger *Bernd von Hoffmanns* auf seinem Trierer Lehrstuhl.

Die Herausgeber danken an dieser Stelle nochmals allen, die zu dem Gelingen der Veranstaltung beigetragen haben: *Prof. Dr. Michael Jäckel*, Präsident der Universität Trier, und *Prof. Dr. Mark Zöller*, Dekan des Fachbereichs Rechtswissenschaft, für ihre Grußworte, *Prof. Dr. Dr. h.c. mult. Dieter Henrich*, Emeritus der Universität Regensburg, für seine Festansprache, den Referenten sowie *Dr. Angelika Fuchs*, Europäische Rechtsakademie Trier, für die Diskussionsleitung, die alle durch ihre Mitwirkung zugleich ihre besondere fachliche und persönliche Verbundenheit gegenüber *Bernd von Hoffmann* zum Ausdruck gebracht haben, Frau *Dagmar Barzen*, Präsidentin der Aufsichts- und Dienstleistungsdirektion des Landes Rheinland-Pfalz, für die Bereitstellung der Räumlichkeiten sowie dem gesamten Team des Instituts für Rechtspolitik für die gelungene Organisation.

Hamburg, Heidelberg, Trier, im Juni 2015
Jens Kleinschmidt, Herbert Kronke, Thomas Raab,
Gerhard Robbers, Karsten Thorn

I. Akademische Gedenkfeier

Mark A. Zöller

Begrüßung

Sehr geehrter Herr Minister, sehr geehrter Herr Präsident, sehr geehrter Herr Vizepräsident, liebe Kolleginnen und Kollegen, meine sehr verehrten Damen und Herren und vor allem: sehr geehrte Frau von Hoffmann,

Zur heutigen akademischen Gedenkfeier zu Ehren unseres viel zu früh verstorbenen Kollegen Prof. Dr. *Bernd von Hoffmann* darf ich Sie im Namen des Fachbereichs Rechtswissenschaft der Universität Trier ganz herzlich begrüßen. Eine solche Gedenkfeier ist auf den ersten Blick ein Widerspruch in sich. Denn der Anlass dafür, dass wir uns heute und morgen hier in diesen wunderschönen Räumlichkeiten treffen, ist ja eigentlich ein trauriger: der Tod eines Ehemannes, Freundes, akademischen Lehrers, Kollegen und wissenschaftlichen Weggefährten. Andererseits deutet der Wortbestandteil „Feier" darauf hin, dass es bei einer solchen Veranstaltung, die auch im dicht gedrängten akademischen Veranstaltungskalender eher eine Ausnahmeerscheinung ist, noch um etwas anderes gehen muss, als um die Bewältigung von Trauer und Verlust. Auch der Duden beschreibt eine „Gedenkfeier" daher als Feier zum Gedenken an eine verstorbene *„Persönlichkeit"*. Unser Kollege *Bernd von Hoffmann* war ohne Zweifel eine solche Persönlichkeit. Dies zeigt schon die Tatsache, dass die Frage, *ob* man zu seinen Ehren eine Gedenkfeier und ein wissenschaftliches Symposium veranstalten soll, in der rund einjährigen Vorbereitungsphase überhaupt nicht gestellt wurde. Das muss Gründe haben. Einen ersten Fingerzeig für die Bedeutung des Wissenschaftlers *von Hoffmann* erhält man, wenn man die Akten des Dekanats wälzt und dabei einen Blick in die Laudatio von Herrn Kollegen *Lindacher* anlässlich der Berufung von Herrn *von Hoffmann* an die Universität Trier wirft. Herr *von Hoffmann* war damals 36 Jahre alt, Referent am Max-Planck-Institut in Hamburg und stand kurz vor dem Abschluss seines Habilitationsverfahrens an der Universität Regensburg. In diesem akademisch noch zarten Alter bescheinigt ihm der Gutachter, bereits mit seiner Dissertation aus dem Jahr 1970 zur „Internationalen Handelsschiedsgerichtsbarkeit" nachdrücklich auf sich aufmerksam gemacht zu haben. Die Qualität seiner Veröffentlichungen weise ihn als „souveränen Kenner der Dogmatik des nationalen Rechts" aus. *Bernd von Hoffmann* habe sich bereits jetzt einen Namen gemacht. Kenner der Materie und der Person prophezeiten übereinstimmend den Zuwachs an Reputation. Der Juristische Fachbereich der Universität Trier würde mit *Bernd von Hoffmann* einen jungen, zukunftsträchtigen Wissenschaftler gewinnen, der nach intimer Kenntnis ausländischer Rechte, Sprachenkenntnis, wichtigen Kontakten, vor allem aber vom Naturell her prädestiniert und in der Lage wäre, internationale Kontakte von Trier aus zu knüpfen.

Diese mehr als nur positive Prognose aus dem Jahr 1979 sollte sich in den kommenden rund dreißig Jahren, in denen Herr *von Hoffmann* trotz eines zwischenzeitlich an ihn ergangenen Rufes an die Universität Augsburg in Trier lehrte und forschte, mehr als bewahrheiten. Aus Sicht des Fachbereichs sind hier insbesondere die von ihm angestoßenen Partnerschaften mit den juristischen Fakultäten in Budapest, Kattowitz, Lissabon, Maastricht, Norwich, Utrecht und Wuhan zu nennen. Insbesondere für die Einrichtung der fachspezifischen Fremdsprachenausbildung im Jahr 1981, die ein besonderes Aushängeschild einer internationalisierten Juristenausbildung und ein Markenzeichen unserer Universität ist, sind wir ihm bis heute zu großem Dank verpflichtet. Aber auch das postgraduale Studium für ausländische Juristen zum Erwerb des Magistergrades (LL.M) geht auf eine Initiative von Herrn *von Hoffmann* zurück. Mit seinem wissenschaftlichen Werk und Engagement, das im Rahmen dieser Veranstaltung noch aus sehr viel berufenerem Munde und in der ihm gebührenden Tiefe gewürdigt werden wird, hat er maßgeblich zur Profilbildung der Trierer Juristen im In- und Ausland beigetragen. Zu nennen sind hier etwa seine Mitgliedschaft in einer Vielzahl angesehener Gremien, etwa im Deutschen Rat für Internationales Privatrecht, in der Deutschen Gesellschaft für Völkerrecht, der Deutschen Forschungsgemeinschaft, im Kuratorium des Institut Universitaire International in Luxemburg oder auch in der Leitung des Trierer Instituts für Rechtspolitik. Zudem war er viel gefragter Referent, akademischer Lehrer, Schiedsrichter und Autor.

Ich selbst habe Herrn Kollegen *von Hoffmann*, dessen aktive Zeit als Hochschullehrer bei meinem Dienstantritt in Trier bereits vorüber war, aber vor allem auch als menschlich überaus angenehmen Zeitgenossen erlebt. Beeindruckt hat mich seine Freundlichkeit und Offenheit, mit der er, der große und bekannte Ordinarius, mir als jungem, frisch habilitierten Anfänger gegenübergetreten ist. Neben der ein oder anderen gemeinsamen Rigorosumsprüfung ist mir ein gemeinsames Abendessen im Rahmen der von ihm mitveranstalteten Bitburger Gespräche noch gut in Erinnerung. Ganz selbstverständlich rief er mich, der von der Kulisse der Veranstaltung und der Qualität der Honoratioren erkennbar beeindruckt war, zu sich an seinen Tisch. Und als ich mich höflich für die Einladung als Referent bedanken wollte, winkte er nur ab und sagte stattdessen, *er* müsse sich bedanken. Schließlich müsse man ja zeigen, was man in Trier habe. Das hätte natürlich nicht sein müssen und war ohne Zweifel völlig übertrieben, aber gefreut hat es mich damals doch. Und ein wenig hat es auch geholfen, als ich mich am nächsten Morgen als Vortragender einer gefühlten Phalanx von mindestens zehn Richtern am Bundesverfassungsgericht in der ersten Reihe stellen musste.

Diese kleine und für sich genommen völlig unbedeutende Begebenheit enthält letztlich eine Erklärung dafür, warum es so wichtig ist, dass wir uns heute zu dieser Gedenkfeier versammelt haben. Natürlich ist es nicht zwingend erforderlich, sich als Fakultät unter Beteiligung geschätzter Gäste bei einer akademischen Feierstunde zu versammeln. Und ich kenne durchaus Kollegen, die sich als Hochschullehrer als Einzelkämpfer verstehen, die das Schicksal mehr oder weniger zufällig an den Strand eines Hochschulstandortes gespült hat und deren Gemeinsamkeit und Wille zur Kooperation mit ihren Kollegen bereits an dieser Stelle endet. Aber das entspricht weder der Trierer Juristentradition, wie ich sie selbst hier kennengelernt habe und wie sie *Bernd von Hoffmann* mitgeprägt hat, noch ist es menschlich. „Dem Menschen, der der Menschlichkeit entbehrt, helfen keine frommen Gesten", sagte schon *Konfuzius*. Menschlich ist es gerade, Dinge zu tun, die *sachlich* vielleicht *nicht zwingend* und ganz und gar nicht einfach und bequem, aber *moralisch richtig* sind. In Zeiten, in denen man bei der morgendlichen Zeitungslektüre oder der abendlichen Nachrichtenschau verstärkt den Eindruck gewinnen kann, dass sich die Menschheit eher wieder zurück- statt fortentwickelt, wir denken nur an den Ukrainekonflikt, den Krieg in Syrien oder Rassenunruhen in den Vereinigten Staaten, scheint mir diese Erkenntnis besonders wichtig zu sein. Auch eine juristische Fakultät ist daher mehr als die Summe ihrer Teile. Das Engagement und die Verdienste des Einzelnen strahlen auf uns alle zurück. Zu diesem Gefühl, dass man stolz sein darf, an unserer Universität lehren und forschen zu können, hat unser Kollege *Bernd von Hoffmann* in mehr als dreißig Jahren erheblich beigetragen. Es ist uns daher eine Ehre und es fühlt sich auch richtig an, sich in seinem Namen persönlich wie wissenschaftlich auszutauschen. Um das auszudrücken, ist diese Feierstunde aus meiner Sicht so wichtig. Und im Namen des Fachbereichs danke ich seinen Schülern, den Kollegen *Kronke* und *Thorn*, dem Institut für Rechtspolitik und hier besonders den Kollegen *Raab* und *Robbers*, unseren Referenten und Ihnen allen ganz herzlich dafür, dass Sie diese Veranstaltung mit Ihrem Einsatz und Ihrer Anwesenheit möglich gemacht haben. Natürlich trauern wir, dass *Bernd von Hoffmann* nicht mehr bei uns ist. Aber vor allem wollen wir feiern und sind auch stolz darauf, nicht nur dass er einer von uns *war*, sondern dass er nach wie vor einer von uns *ist*.

Vielen Dank für Ihre Aufmerksamkeit!

Michael Jäckel

Grußwort

Verehrte Kolleginnen und Kollegen,
meine sehr geehrten Damen und Herren,
lieber Herr Kollege und Vizepräsident *Raab*,

„Grenzen überwinden – Prinzipien bewahren" – so lautete der Titel der Festschrift, die Herrn Prof. Dr. *Bernd von Hoffmann* gewidmet war. In allgemeiner Form klingt dieser Titel wie eine Aufforderung, das internationale oder transnationale Bewusstsein zu schärfen. Viele moderne politische Institutionen leben von diesem Appell an ein auf gleicher Gesinnung beruhendes Wertesystem, beispielsweise die Vereinten Nationen, die Europäische Union, aber natürlich auch moderne soziale Bewegungen, die sich weltweit vernetzt haben, z. B. Amnesty International oder die Fair Trade-Initiativen. „Grenzen überwinden und Prinzipien bewahren" unterstellt gleichsam die Möglichkeit, den Raum als soziales Ordnungsprinzip außer Kraft zu setzen. Die Vertragstheorie, die diesem Denken zugrunde liegen könnte, ist also quasi nach wie vor naturrechtlich verfasst.

Leider spielt der Raum bei diesem Gedanken nicht mit. Zu den Gedanken *Pascals*, dem wir auch wichtige Beobachtungen zum Zufall verdanken, gehört: „Spaßhafte Gerechtigkeit, die ein Fluß begrenzt. Diesseits der Pyrenäen Wahrheit, jenseits Irrtum." *Ernst E. Hirsch* (1971, S. 9) hat dieses Zitat zu Beginn seines Beitrags „Rechtssoziologie heute", mit dem auch ein Sonderheft zu diesem Thema eingeleitet wurde, verwandt. Aber er meinte damit die Rechtsordnungen, die man im geteilten Berlin erleben durfte.

Nun spiegelt unsere Alltagssprache in vielfältiger Weise eine Begrenzung dieses allgemeinen Geltungsanspruchs wider, obwohl dies den Beteiligten nicht immer bewusst ist, wenn sie von westlichem Denken oder Römischem Recht oder abendländischer Tradition sprechen. Grenzen überwinden und Prinzipien bewahren muss also aus dieser Perspektive den Widerspruch mitdenken, und dies im Hinblick auf Gewohnheiten, Traditionen und Rechtsauffassungen. Ich möchte im Folgenden an wenigen Beispielen verdeutlichen, welche Lesarten diese Überschrift zulässt (ohne Anspruch auf Vollständigkeit) und welche Probleme damit verbunden sein können.

Das Internationale Privatrecht wird auch Kollisionsrecht genannt. Nicht, dass damit eine Einladung zum Eingehen von Konflikten verbunden ist. Aber bereits *Georg Simmel* hatte in seinem Essay „Das Ende des Streits" treffend festgestellt:

„In dem Miteinander der Menschen verschlingt sich untrennbar das Füreinander mit dem Gegeneinander" (*Simmel* 1905, S. 746). Und Konflikte gibt es natürlich im Großen und im Kleinen. Im Deutschen Handwerksblatt war in der Ausgabe vom 20.11.2014 zu lesen: „Deutschland stellt zu hohe Anforderungen an Bauprodukte." Darin wurde berichtet, dass der EuGH ein zusätzliches Ü-Zeichen zu dem bekannten CE-Kennzeichen als unzulässiges Verlangen eingestuft hat. Die deutschen Tischlerinnungen atmeten auf, das Urteil hat Auswirkungen auf das gesamte deutsche System der Bauregellisten, in dem die EU-Kommission ohnehin eine viel zu hohe Anzahl an zusätzlichen Anforderungen entdeckt hat.

Diese Entscheidung mag sich für uns hier und da in der Tat auch in der Praxis auswirken. Aber gestatten Sie mir an dieser Stelle auch einen etwas allgemeineren Blick auf den Begriff der Kollision. Im Englischen als *clash* bezeichnet, hat er seit der Arbeit von *Samuel Huntington* unüberwindbare Grenzen zwischen Kulturen (im Engl. civilizations) beschrieben. *Huntingtons* in den 1990er Jahren formulierter Aufruf zu einem „Remaking of World Order" findet vor dem Hintergrund aktueller Konfliktlagen in der Aufforderung des früheren US-Außenministers *Kissinger* eine Art Wiederbelebung. Aber ich will hier gar keine weitere Theorie der internationalen Beziehungen skizzieren, sondern verdeutlichen, dass auch zu unseren persönlichen Erfahrungen Grenzüberwindungen gehören, seien sie temporärer (Urlaubsreisen) oder dauerhafter Natur (Leben außerhalb des Herkunftslandes). Zu den klassischen Texten meiner Disziplin gehört ohne Zweifel „Der Fremde" von *Alfred Schütz*. Dieser Text spiegelt zwar auch Emigrationserfahrungen wider, dennoch macht er zudem sehr anschaulich, wie viele unausgesprochene Erwartungen hinter als selbstverständlich eingestuften Verhaltensformen lauern. *Schütz* sprach in diesem Zusammenhang von einer Tendenz zur Überanpassung an das neue Umfeld. Und es dürfte häufig auch mit Erfahrungen einhergehen, die als verletzend eingestuft werden.

Zumindest erlebt man auch hier, dass im Falle von „Grenzen überwinden und Prinzipien bewahren" Letzteres für Erklärungsbedarf sorgen kann. In der Geschichte der modernen Kommunikation wird die Überwindung von Grenzen gerne mit dem griechischen Tele umschrieben. Zu Beginn des Zeitalters der Massenkommunikation schrieben amerikanische Kollegen zutreffend, dass mit jedem neuen Medium „a higher nervous organization" (*Small/Vincent* 1894, S. 222) einhergehe. Fast zeitgleich sprach *Charles Horton Cooley* von einer Ausweitung des Bewusstseins durch Medien. Indem Grenzen überwunden werden, entfalte sich auch eine Oberflächlichkeit und Gleichförmigkeit in der Wahrnehmung, „in every sphere of thought and feeling" (*Cooley* 1962, S. 85).

Nehmen wir also abschließend als Beispiel das Thema Persönlichkeitsverletzung. *Karsten Thorn* hat in der Festschrift für Herrn *von Hoffmann* dieses Thema am Beispiel der Massenmedien dargestellt und entlang der sog. *Shevill*-Formel die Schwierigkeit einer Abgrenzung von Handlungsort und Erfolgsort dargestellt. Während wir früher bei „Nachrichten aus aller Welt" an „Vermischtes" dachten, was schon aufgrund der Platzierung beispielsweise in einer Nachrichtensendung darauf schließen ließ, dass man ihm eine geringere Bedeutung zuschrieb, wird bei der Ermittlung von Interessenkollisionen durch Nachrichten aus aller Welt heute eine unüberschaubare Zahl von möglichen Gerichtsständen das Ergebnis sein (vgl. *Thorn* 2011, S. 754 f.). Aber dennoch wahrt man hier nun das Prinzip, dem Vorfall dort nachzugehen, wo er letztlich am stärksten „sichtbar" war. Begrifflich sticht in diesem Zusammenhang insbesondere der Begriff des Streudelikts hervor. Er hat es zwar noch nicht zum Wort des Jahres geschafft, aber die Chancen stehen angesichts einer signifikanten Zunahme fahrlässiger Formen der Kommunikation in Netzwerken, die sich sozial nennen, nicht schlecht. Wenn es hier noch etwas mehr an Prinzipien gäbe, dann müsste man sich seltener mit Problemen der Grenzüberwindung befassen. Wo, so muss man abschließend fragen, bleiben da die Normen, die, so *René König* in dem eingangs erwähnten Sonderheft, das soziale Dasein gestalten (1971, S. 36)? Fairerweise muss ich hinzufügen, dass er seinen Beitrag mit den Worten „Wenn es wahr ist …" (ebenda) einleitete.

Als Präsident der Universität Trier möchte ich mit diesen Gedanken an das Lebenswerk eines bedeutenden Trierer Rechtswissenschaftlers erinnern.

Literaturhinweise

Cooley, Charles Horton (1962): Social Organization. A Study of the Larger Mind. [Zuerst 1909]. New York.

Hirsch, Ernst E. (1971): Rechtssoziologie heute. In: Hirsch, Ernst E.; Rehbinder, Manfred (Hrsg.): Studien und Materialien zur Rechtssoziologie. Köln. 2. Auflage. (Sonderheft 11 der Kölner Zeitschrift für Soziologie und Sozialpsychologie), S. 9–35.

Huntington, Samuel P. (2002): Kampf der Kulturen. Die Neugestaltung der Weltpolitik im 21. Jahrhundert. [Aus d. Amerik.]. 5. Auflage. München.

König, René (1971): Das Recht im Zusammenhang der sozialen Normensysteme. In: Hirsch, Ernst E.; Rehbinder, Manfred (Hrsg.): Studien und Materialien zur Rechtssoziologie. Köln. 2. Auflage. (Sonderheft 11 der Kölner Zeitschrift für Soziologie und Sozialpsychologie), S. 36–53.

Schütz, Alfred (1972): Der Fremde. In: Brodersen, Arvid (Hrsg.): Gesammelte Aufsätze II. Studien zur soziologischen Theorie. [Aus d. Amerik.] Den Haag, S. 53–69.

Simmel, Georg (1905): Das Ende des Streits. In: Die neue Rundschau, S. 746–753.

Small, Albion Woodbury; Vincent, George Edgar (1894): An Introduction to the Study of Society. New York.

Thorn, Karsten (2011): Internationale Zuständigkeit bei Persönlichkeitsverletzungen durch Massenmedien. In: Kronke, Herbert; Thorn, Karsten (Hrsg.): Grenzen überwinden – Prinzipien bewahren. Festschrift für Bernd von Hoffmann. Bielefeld, S. 746–762.

Herbert Kronke

Zur Person Bernd von Hoffmann

Prinz-Heinrich- und Elbschiffermützen sind heute im Englischen Garten in München keine Seltenheit – ebenso wenig wie Lodenmäntel und Jägerhüte auf den Spazierwegen rund um die Alster in Hamburg. Das war vor 40 Jahren anders. Wenn wir, eine Dreiergruppe gerade Erstexaminierter und als Assistenten in das Hamburger Max-Planck-Institut Eingetretener, auf unserem täglichen Nach-Mensa-Spaziergang dem lodenbemäntelten und jägerbehüteten Referenten *Bernd von Hoffmann* und seinen Begleitern begegneten, entbot er uns liebenswürdig lächelnd einen Gruß, je nach Wetter, entweder durch Ziehen des Hutes oder durch eine trotz des ununterbrochenen, weiten Ausschreitens gravitätische Verbeugung. Die Geste sagte viel über *Bernd von Hoffmann*, so wie zunächst wir in Hamburg und später ich über etliche Jahre in Trier ihn kennen lernten: alte Schule, förmlich und gleichzeitig herzlich, offen, die Youngster einladend und, wenn gewollt, mitnehmend.

Im Institut versah er neben den Aufgaben seines Sachgebietsreferats und Länderreferats die des damals sogenannten Referendarvaters. Jeder Assistent, meist während des Referendariats in die Dienste des Max-Planck-Instituts tretend, hatte nicht nur einen wissenschaftlichen Dienstvorgesetzten und – u. U. personenidentisch – einen Doktorvater, sondern – abgesehen von institutionellen Instanzen, zu denen man auch *Paul Heinrich Neuhaus* zählen möchte – eine weitere Person, an die er oder sie sich, etwa auf der Suche nach Rat, wenden konnte. Ob von der Institutsleitung (wir sprechen vom Direktorat *Konrad Zweigert*) eingesetzt oder von den Assistenten autonom erkoren, mag offen bleiben. Denn die Zeiten – und die Personen – waren so, dass die Suche nach dem Geeigneten auf *Bernd von Hoffmann* zulaufen musste.

Bernd von Hoffmann wurde am 28. Dezember 1941 in der Porzellanmanufaktur-Stadt Schlackenwerth, dem heutigen tschechischen Ostrov bei Karlsbad, geboren. Er wuchs in Berchtesgaden, also in lodenmantellegitimierendem Territorium, auf und war natürlich ein eingefleischter, glänzender Skiläufer. Die Markierungsfarbe des Schwierigkeitsgrads der Abfahrtsstrecken war freilich das einzig Schwarze, was wir in jenen Jahren mit ihm in Verbindung brachten.

Nach dem Jurastudium in Heidelberg – das Stift Neuburg, heute Bio-Landwirtschaftsbetrieb, bot damals Studentenlogis an –, Aix-en-Provence und München und Erstem Staatsexamen promovierte er 1970 in Regensburg bei *Karl Firsching* mit der Arbeit „Internationale Schiedsgerichtsbarkeit – Die Bestimmung des maßgeblichen Rechts". Am Ende der dann folgenden Hamburger Jahre war die Habilitationsschrift „Das Recht des Grundstückskaufs" fertiggestellt, mit der er 1979 – ebenfalls in Regensburg – habilitiert wurde, um noch im selben Jahr den Ruf auf den hiesigen Lehrstuhl für Zivilrecht, insbesondere Internationales Privatrecht und Rechtsvergleichung zu erhalten. Einen Mitte der 80er Jahre an ihn ergangenen Ruf in seine bayerische Heimat abzuwehren, gelang seinen Kollegen und den Studenten u. a. – und nicht zuletzt – durch einen Fackelzug. Denn der „harte Hund" – wie er andere, auf die dies passte, und gelegentlich auch sich selbst bezeichnete – war zwar prinzipiengeleitet, aber nicht prinzipiell unsentimental.

Die Trierer Jahre sahen einen Hochschullehrer, Forscher, einen Familienvater (auch Doktor- und Habilitationsvater), dem in seinen verschiedenen Rollen alles zu gelingen schien, der auch die Rollen durchaus nicht separierte, sondern sie im Gegenteil elegant und stimulierend miteinander verschmolz. Das offene und großzügige, von *Inge von Hoffmann* auf das Feinste und bei allen kulinarischen Höhenflügen unprätentiös und mit warmer Herzlichkeit geführte Haus in der Heinrich-Brauns-Straße barg manchen kleinen Schatz des bayerischen Barock und wirkte auf uns Junge wie auf die Großen unseres Fachs ebenso anziehend wie der Hausherr: von *F. A. Mann* zu *Arthur von Mehren*, von *Kurt Lipstein* zu *Giorgio Gaja*, von *Paul Lagarde* zu *Gerhard Kegel*, von *Ole Lando* zu *Alfred von Overbeck*, von *François Rigaux* zu *Fritz Schwind*, von *Pierre Lalive* zu *Jan Schultz*, *Steve Riesenfeld*, *Peter Hay* und *Hans van Houtte*. Welche neu gegründete juristische Fakultät und welcher Internationalprivatrechtler in den frühen 40ern seines Lebens hätten ihren Studenten solchen gelehrten Glanz – und etwa im Falle *Arthur von Mehren* einen solchen Mitspieler beim Volleyball – bieten können?

Hinzu kamen – unerlässlich bei der von *Hoffmann'schen* Art zu forschen und zu lehren – die Praktiker: vom EuGH aus Luxemburg, aus den Bonner Ministerien, den Hamburger Kanzleien und Frankfurter Banken, den Wirtschaftsverbänden und dem ICC Schiedsgerichtshof und seinem Pariser Sekretariat. Hier hatte er die für ihn typische Herangehensweise bei der Arbeit an seiner Dissertation entwickelt und dabei enge persönliche Bande – mir fällt gerade *Ernst Mezger*, Avocat à la Cour, ein – geknüpft.

Die große Festschrift zu seinem 70. Geburtstag, die ihn nicht mehr erreichte, trägt den Titel „Grenzen überwinden – Prinzipien bewahren"[1]. Und im Vorwort

1 H. Kronke/K. Thorn (Hrsg.), Grenzen überwinden – Prinzipien bewahren. Festschrift für Bernd von Hoffmann zum 70. Geburtstag am 28. Dezember 2011, Bielefeld: Gieseking, 2011.

steht, *Bernd von Hoffmann* lasse sich mit einer ganzen Reihe von Adjektiven charakterisieren, ein jedes präzis, einzelne möglicherweise – jedenfalls scheinbar – zueinander im Widerspruch stehend, und die wichtigsten klängen im Titel der Festschrift bereits an. Hätte die geplante Festschrift-Übergabe im Frühjahr 2012 stattgefunden, dann hätte ich dem Geehrten – sicher nicht öffentlich, sondern bei einem guten Mahl und unter vier oder sechs Augen – Rede und Antwort stehen müssen, welches denn die angetönten Adjektive seien. Nun haben andere danach gefragt. Nun denn, welches sind die in der Erinnerung aufscheinenden und der Vorstellungskraft jener, die ihn nicht kannten, hoffentlich dialektisch-behilflichen Adjektivpaare?

Aus dem Titel der Festschrift ergeben sich unmittelbar: „prinzipientreu" – „grenzüberwindend/offen/ausgreifend". Drei Facetten sind hier erkennbar.

In *juristischer Hinsicht* war *Bernd von Hoffmann* einerseits ein exzellenter, klassischer Dogmatiker, einer, der keine modischen Unsauberkeiten duldete. Andererseits war er neugierig, Altes und selbst Altes und Bewährtes immer auf den Prüfstand stellend, reformwillig. Wie sonst hätte der Schüler eines Richters am Bayerischen Obersten Landesgericht deutsches Grundbuch und australische *title insurance* als funktional ebenbürtig analysieren können?

In *persönlicher Hinsicht* reflektiert das Paar absolute, notfalls auch unbequeme Verlässlichkeit aus der Interessenperspektive seiner Gruppe einerseits und andererseits Zuhörenkönnen, Egalitarismus als Lebensform und gnadenlose Aversion gegenüber auch nur dem Anschein von Vorurteilen gegenüber anderen, vor allem anderen Ländern und Kulturen. In dem Entwurf einer Staatsexamensklausur im Wahlfach IPR hatte ich aus naheliegenden Gründen wegen der Kombination von *conflit mobile* im internationalen Sachenrecht und gutgläubigem Eigentumserwerb auch gestohlener Sachen nach italienischem Codice civile den Erwerb eines gestohlenen Maserati in Mailand durch einen gutgläubigen Deutschen stattfinden und den Maserati sodann nach Deutschland verbringen lassen. Das musste – obwohl klassisch und juristisch-didaktisch geeignet – geändert werden, weil von seinem Lehrstuhl einschlägige Vorurteile auf keinen Fall bedient werden durften.

In *sozialpsychologischer Hinsicht* verweisen die Adjektive „prinzipientreu" und „grenzüberwindend" auf selbstversicherte kulturelle Identität (Bayern) einerseits und gelassenes Weltbürgertum (Hamburg) andererseits.

Das nächste Adjektivpaar, welches einfällt, ist „affirmativ-ermutigend" einerseits und „zuspitzend-kritisch" andererseits. Denn der Verehrte war nicht nur scharfsinnig, sondern auch scharfzüngig, ohne übertriebenes mittel-nordeuropäisches Harmoniebedürfnis (*vulgo* Zukleistern von Konflikten), sondern mit romanischer Freude an und ausgeprägtem Talent zu (notfalls polemischem) Tacheles-Reden.

Nicht alle Anwesenden wissen möglicherweise, wie jede Ausgabe von IPRax, der heute im 33. Jahr stehenden und zu den europaweit wichtigsten Periodika unseres Faches gehörenden Zeitschrift, entsteht. Für jede Nummer treffen sich die Herausgeber – und zwar alle und nur sie und der Verleger – für einen Halbtag und ein anschließendes (im Falle einer Trierer Sitzung: vorangehendes) gemeinsames Essen persönlich. Was *Bernd von Hoffmann* auszeichnete, war das stets treffende, manchmal leicht ironische und gelegentlich eben schneidend-scharfe und immer auf profunder Sachkenntnis beruhende Urteil über unsere Beratungsgegenstände, seien es Gerichtsentscheidungen, erwogene Aufsatzthemen oder in Betracht gezogene Autoren. In diesem Punkt ähnelte er eher *Konrad Zweigert*, wohingegen sein wissenschaftlicher und sein Schreibstil seine in Hamburg unvermeidliche, von ihm aber auch gesuchte Schulung an und seine Nähe zu *Paul Heinrich Neuhaus* widerspiegeln. Doch selbst letzterer war nicht immun, niemand war es, denn Wissenschaft hat keine Säulenheiligen. Nach Erscheinen der ersten Ausgabe von IPRax im Jahre 1981 war *Bernd von Hoffmann* abends aus Hamburg zurückgekehrt, wo er im Max-Planck-Institut auch *Neuhaus* getroffen hatte. Am folgenden Morgen berichtete er von dessen lobender Zustimmung zu dem neuen, von der sogenannten „Südschiene“[2] entwickelten Konzept des Schnell-Reagierenden, Kurzen, Prägnanten, Praxisrelevanten und Praxisverdaulichen. Nur – und hier verschluckte er sich in Vorfreude auf die Pointe beinahe am Rauch der unvermeidlichen Zigarette – der Titel sei, so *Neuhaus*, missraten, erinnere eher an Werbung für einen Alleskleber; die Herausgeber sollten dies doch bitte korrigieren in „Kritische Vierteljahresschrift für angewandtes Internationales Privat- und Verfahrensrecht – KritVjSchr IPR“. Glucksend und feixend verließ er mein Zimmer.

Niemals, und dies ist die Kehrseite der Medaille und der andere Zwilling dieses Adjektivpaares, war Scharfzüngigkeit der Begleiter scharfsinnigen gemeinsamen Überlegens mit einem Studenten, Seminarteilnehmer oder einem Doktoranden bei Gelegenheit von Themensuche oder Thesenerprobung. Hier wurde behutsam bestätigt, ermutigt, gefordert und gefördert.

Auch „undiplomatisch“ – „verbindlich/zusammenbringend“ haben für unsere Zwecke Potenzial.

Ersteres hat nicht etwa nur eine negative Konnotation, sondern heißt ja schließlich auch ohne Hintergedanken, ohne Finten, geradeaus, mit offenem Visier, wahrhaftig, ohne Scheu, selbst Angriffsfläche zu bieten. Und verbindliches Auftreten,

2 Gemeint waren *Karl Firsching* und *Dieter Henrich* (Regensburg) und *Erik Jayme* (München, später Heidelberg), die *Bernd von Hoffmann* gleich zu Beginn kooptierten.

liebenswürdige Umgangsformen waren ein von *Hoffmann'sches* Markenzeichen. Die Kunst, Standpunkte und Interessengegensätze und dahinter stehende Personen – natürliche wie auch juristische – zu versöhnen, hat in manchem Verfahren – ICC Schiedsverfahren, auch ohne Vereinbarung des *amiable compositeur*, und erst recht in jenem bedeutenden und wohl atypischsten Schlichtungsverfahren der 80er Jahre, in welchem er von den Parteien gerufen worden war und von dem mancher in unserer Profession zumindest gerüchteweise gehört hat – seinen Niederschlag gefunden.

Und ein letztes Paar ihn treffend charakterisierender Adjektive: *konservativ* (auch politisch) und *sozial-liberal* (auch politisch). Dies aber nicht etwa in dem Sinne, dass er – so etwas soll es ja geben – in Bochum sozialdemokratische Neigungen, in Tübingen eher grüne Sympathien und in München christsoziale Überzeugungen manifestiert, wenn er denn je an einer dieser Universitäten gelehrt und dort mit seiner Umgebung politisch diskutiert hätte, so wie dies in Trier unablässig geschah. Die *beiden* Adjektive sind deshalb treffend, weil er kein Ideologe war. *Ideologien* waren ihm ein Gräuel, ebenso wie *Ideen* jeder Art, jeder Herkunft und mit jeder Reife (oder Unreife) vorgetragen ihn faszinierten – vorausgesetzt, sie (die Ideen) und der sie Vortragende und Verteidigende sperrten sich nicht gegen die Notwendigkeit der Verifizierung oder – mehr noch – den Härtetest und gegebenenfalls das Ergebnis der Falsifizierung. *Karl Popper* also, obwohl ich keineswegs sicher bin, dass er ihn je ausdrücklich angeführt hätte.

Was gut dazu passt, brachte unlängst ein heute sehr arrivierter Kollege, groß geworden in sehr hierarchischer Umwelt, in der Alter allein schon ein Verdienst war (und ein bisschen noch ist), auf den Punkt: Dass man als Endzwanziger – Assistent oder Junganwalt ist einerlei – von dem Ordinarius und Großschiedsrichter *von Hoffmann* unter Nichtzurkenntnisnahme alles einsatzbereiten Höfischen ohne Aufhebens als Gleicher behandelt wurde, stellte seine erfahrene Welt vom Kopf auf die Füße. Als ich den Betreffenden um ein treffendes Adjektiv bat, kam – wie aus der Pistole geschossen – „pragmatisch". Eine, wie mir scheint, zufriedenstellende Synthese in unserer dialektischen Spurensicherung. Und – wie um nicht missverstanden zu werden – reichte mein Gesprächspartner noch nach: „unbestechlich".

Wie erwähnt, war die schiedsgerichtsbarkeitsrechtliche Dissertation in Paris vorbereitet worden. Denn dort saß das wirkliche Know-how – im Sekretariat des ICC Schiedsgerichtshofs, in den bereits spezialisierten französischen und den sich mehr und mehr dort ansiedelnden internationalen Kanzleien, aber auch in den Fakultäten. Das prägte den *Forschertypus*, den Wissenschaftler: exakte Dogmatik auf dem Fundament möglichst genauer Kenntnisse der ökonomischen, soziologischen, technischen oder betriebsorganisatorischen Tatsachen. Und dann klare Wertungen und, wo erforderlich oder erbeten, Empfehlungen *de lege ferenda*.

Diese Herangehensweise spiegelt sich wider in den großen Kommentierungen im Staudinger zum internationalen Deliktsrecht – erinnerlich ist mir etwa die Vorbereitung des Abschnitts zur Produzentenhaftung – und im Soergel zum internationalen Vertragsrecht – mir fallen die Banktransaktionen ein – und zum internationalen Enteignungsrecht, welches Anfang der 80er Jahre nach dem Wahlsieg *François Mitterands* wieder ganz oben auf der Tagesordnung der Internationalisten landete. Obwohl dort weniger explizit als in einem Großkommentar oder einer Monographie atmet auch das von *Karl Firsching* übernommene, transformierte, ab der 8. Auflage mit *Karsten Thorn* fortgeführte und nun von ihm übernommene Lehrbuch diesen *approach*[3].

Was nun den *Lehrer* anbelangt, war *Bernd von Hoffmann* gleichsam ein Angebotspolitiker. Er sicherte den Rahmen. Die Fülle des Erfahrungswissens lag auf dem Tisch. Man konnte, wenn man wollte, zugreifen und partizipieren. Man musste aber nicht. Meine – aus heutiger Sicht seltsame – Entscheidung, mir alles zur Schiedsgerichtsbarkeit anzuhören, aber nicht mitzumachen, sondern mich ganz auf das Bürgerliche Recht sowie das Handels-, Gesellschafts- und Unternehmensrecht zu konzentrieren und so einen eigenen Weg einzuschlagen, war akzeptiert und wurde sogar unterstützt. Dankbar erinnere ich mich – wie alle seine Schüler – der kritischen und Mut machenden Impulse und des treffsicheren Urteils an Punkten des Lebensweges, an denen Weichen gestellt werden.

Dieses Wechsel- und Zusammenspiel von Offenheit, Einbeziehen, Sorge um andere einerseits und Weglenken von Eigenem andererseits fand seine Entsprechung im Innersten der persönlichen Lehrer-Schüler-Beziehung. Über die Wegstrecke des Kampfes gegen *Inge von Hoffmanns* schwere Krankheit hielt er mich bei gelegentlichen Besuchen aus Rom auf dem Laufenden. Von seinem bald danach beginnenden eigenen Kampf wusste ich wenig; nicht mehr als er bei Redaktionskonferenzen andeutete. Vielleicht wartete er auf Anzeichen des Wissenwollens, des Verstehenkönnens, des Bereitseins. Das hätte zu dem einladend lächelnden Spaziergänger an der Alster gepasst.

3 von Hoffmann/Thorn, Internationales Privatrecht (10. Aufl. erwartet für 2015).

Dieter Henrich

Festvortrag: Privatautonomie, Parteiautonomie, (familienrechtliche) Zukunftsaspekte

Privatautonomie bedeutet Abschluss- und Gestaltungsfreiheit, Parteiautonomie bedeutet in Fällen mit Auslandsberührung Ermöglichung der Rechtswahl. Privatautonomie war und ist noch immer eine Domäne des Vertragsrechts. Im Familienrecht hatte die Privatautonomie lange keinen Platz. Nur die Eheschließungsfreiheit war garantiert. Alles andere, die inhaltliche Ausgestaltung der Ehe, die Rechte und Pflichten der Ehegatten und die Voraussetzungen der Ehescheidung, regelte das Gesetz. Die Ehe war eine feste Burg mit hohen Mauern, den Ehehindernissen, und bestückt mit Kanonen, Strafvorschriften, gerichtet gegen die Ehebrecher. Das hat sich bekanntlich geändert. Die Mauern wurden geschleift, die Kanonen eingeschmolzen. Die Zahl der Eheverbote wurde drastisch reduziert: Ich erinnere nur an das Eheverbot der Geschlechtsgemeinschaft – keine Ehe zwischen Personen, von denen die eine mit Eltern, Voreltern oder Abkömmlingen des anderen Geschlechtsgemeinschaft gepflogen hat –, des Ehebruchs – keine Ehe zwischen einem wegen Ehebruchs geschiedenen Ehegatten und dem Ehebruchspartner –, der Namensehe oder der Schwägerschaft. Selbst Schwachsinnige können heute einander heiraten[1]. Der Ehebruch ist nicht nur in Deutschland, sondern auch in den anderen europäischen Staaten schon lange kein Straftatbestand mehr. In Deutschland wurde die Strafbarkeit 1969 abgeschafft, in Frankreich 1975, in Belgien 1987.

Über die inhaltliche Ausgestaltung ihrer Ehe entscheiden heute die Ehegatten autonom. Der Staat hat sich aus der Reglementierung der Ehe weitgehend zurückgezogen. Verhaltenspflichten stehen zwar immer noch im Gesetz. Die Ehegatten sind, wie es in § 1353 BGB heißt, einander zur ehelichen Lebensgemeinschaft verpflichtet. Plastischer drückt es der Code Napoléon aus: Les époux se doivent mutuellement fidélité, secours, assistance. Aber ein Verstoß gegen die Treuepflicht bleibt ohne Sanktion. Unterhaltsansprüche werden während des Zusammenlebens der Ehegatten kaum geltend gemacht. Sonstige Beistandspflichten sind nicht einklagbar. Die Klagen gegen den Ehegatten auf Unterlassung des Ehebruchs und gegen den Ehestörer auf Schadensersatz, vor einigen Jahrzehnten noch heftig diskutiert, sind schon lange kein Thema mehr. Dem Gesetzgeber geht es nicht mehr darum, eine zerrüttete Ehe aufrecht zu erhalten. Der Ausspruch des alten *Goethe*:

1 AmtsG Rottweil, FamRZ 1990, 626.

„Man sollte nicht so leicht mit Ehescheidungen voranschreiten; was liegt daran, ob einige Paare sich prügeln oder das Leben verbittern, wenn nur der allgemeine Begriff der Heiligkeit der Ehe aufrecht bleibt“[2], gilt nicht mehr. Wenn Ehegatten sich scheiden wollen, können sie mit fast absoluter Sicherheit damit rechnen, auch geschieden zu werden. Nur in einem oder zwei von eintausend Fällen wird in Deutschland ein Ehescheidungsantrag abgewiesen.

Privatautonomie im Eherecht bedeutet, dass für die Ausgestaltung der Ehe an die Stelle zwingenden Rechts die freie Vereinbarung tritt, dass es als Sache der Eheleute angesehen wird, wie sie ihre Ehe und ihre Beziehungen zueinander gestalten. Es gibt keine feste Rollenverteilung mehr. Bei Meinungsverschiedenheiten müssen die Ehegatten versuchen, sich zu einigen, heißt es in § 1627 Satz 2 BGB. Gelingt ihnen das nicht mehr, so bleibt als Ausweg nur die Trennung oder Scheidung. Die Gestaltungsfreiheit gilt grundsätzlich auch, wenn es um die Regelung der Trennungs- oder Scheidungsfolgen geht. Legen die Ehegatten dazu eine Vereinbarung vor, so unterliegt diese – zum Schutz des Schwächeren – nur noch einer richterlichen Inhaltskontrolle.

Nach wie vor geregelt sind die Scheidungsvoraussetzungen und die Durchführung der Scheidung. Hier hat der Gesetzgeber dem Drängen der Ehegatten nach Erleichterung der Scheidung und Respektierung ihres gemeinsamen Scheidungswillens zunächst nur zögernd und schrittweise nachgegeben, zum Beispiel durch Verkürzung der die Zerrüttung begründenden Trennungsfrist: in Frankreich und in der Schweiz von ursprünglich fünf bzw. vier Jahren auf zwei Jahre. Als Triumph der Privatautonomie kann die Ermöglichung oder Erleichterung der einverständlichen Scheidung angesehen werden. Einer einverständlichen Scheidung stellt sich der Staat nicht mehr entgegen, zum Teil fördert er sie auch durch sanften Druck, etwa indem er die Alternativen zur einverständlichen Scheidung unattraktiv ausgestaltet, zum Beispiel durch längere Trennungsfristen oder durch die Belastung mit hohen Kosten für Ehegatten, die einen Streit wollen, vor allem aber dadurch, dass er den Ehegatten, die sich einigen, eine rasche und unkomplizierte Scheidung in Aussicht stellt. In Schweden kann zum Beispiel eine Ehe sofort geschieden werden, wenn beide Ehegatten die Scheidung beantragen und sie keine Kinder unter 16 Jahren haben. Es ist nicht unüblich, dass die Ehe noch am selben Tag geschieden wird, an dem die Scheidung beantragt wird[3].

---

2 Zitiert von *Neuhaus*, Ehe und Kindschaft in rechtsvergleichender Sicht (1979), 148.

3 *Jänterä-Jareborg*, Marriage dissolution and maintenance to a spouse following divorce: Sweden, in: Hofer/Schwab/Henrich, Scheidung und nachehelicher Unterhalt im europäischen Vergleich (2003), 277, 279.

Der Trend ist unverkennbar: Die Scheidung wird immer mehr erleichtert. Ziel ist die einverständliche Scheidung. Sind sich die Ehegatten einig, hat der Staat die privatautonome Entscheidung grundsätzlich zu respektieren. Nur wenn Ehegatten sich streiten oder wenn aus der Ehe Kinder hervorgegangen sind, die noch der Betreuung bedürfen, soll dem Staat ein Entscheidungs- oder Kontrollrecht verbleiben.

Sind sich die Ehegatten einig und betreuungsbedürftige Kinder nicht vorhanden, so stellt sich die Frage: Welche Funktion kommt dann noch dem Richter zu? In England haben die Gerichte ein spezielles Verfahren entwickelt, wie Ehen einfach geschieden werden können. Ein Ehegatte stellt den Scheidungsantrag und benennt als Scheidungsgrund einen der im Gesetz genannten Scheidungstatbestände, in der Regel „behaviour". Das Gericht gibt dem anderen Ehegatten Gelegenheit, sich dazu zu äußern. Erhebt dieser keinen Einwand, dann betritt der Richter den Gerichtssaal und erklärt: Die fünfzig auf meiner Liste eingetragenen Ehen sind hiermit geschieden. Das ist zwar eine Farce, aber gleichwohl eine gerichtliche Entscheidung und darum in allen Mitgliedstaaten der EU ohne weitere Nachprüfung anzuerkennen.

Vor ein paar Tagen, am 06. November, hat das italienische Abgeordnetenhaus für einverständliche Scheidungen ein neues Verfahren beschlossen[4]. Die Ehegatten können nunmehr in Gegenwart ihrer Anwälte eine Scheidungsvereinbarung treffen. Die Vereinbarung wird dem zuständigen Staatsanwalt zugeleitet, der nach einer Prüfung der formellen Voraussetzungen (keine betreuungsbedürftigen Kinder, dreijährige Trennung) sein nihil obstat erklärt[5]. Die Vereinbarung wird sodann an den Standesbeamten weiter geleitet, der sie in sein Register einträgt. Die Ehegatten können aber ihre Scheidungsvereinbarung auch unmittelbar gegenüber dem Standesbeamten erklären[6]. Wir haben es hier also mit einer Privatscheidung zu tun, das heißt einer Ehescheidung ohne Einschaltung des Gerichts. Das gilt nicht nur für die Scheidungsvereinbarung in Gegenwart der Anwälte, sondern auch für die Scheidung vor dem Standesbeamten. Die Scheidung wird nicht vom Standesbeamten ausgesprochen, so wie das schon seit einiger Zeit in Portugal möglich ist – das portugiesische Recht hat dem italienischen Gesetzgeber offensichtlich als Vorbild gedient –, sondern vom Standesbeamten lediglich entgegengenommen. Der Unterschied ist wichtig. Nach der Brüssel IIa-VO sind gerichtliche Ehescheidungen in allen Mitgliedstaaten der EU ohne weitere

---

4 Umwandlung des Decreto Legge Nr. 132 v. 12.9.2014, GU Nr. 261 v. 10.11.2014.

5 DL Nr. 132 Art. 6.

6 DL Nr. 132 Art. 12.

Nachprüfung anzuerkennen. „Richter" im Sinn der Verordnung kann auch ein Verwaltungsbeamter sein, dessen Zuständigkeiten denen eines Richters in einer Scheidungssache entsprechen. Das trifft auf den Standesbeamten in Portugal zu. Dort agiert der Standesbeamte wie ein Richter (vgl. Art. 1776 Port. ZGB). Er prüft und entscheidet. In Italien ist das nicht der Fall. Weil Privatscheidungen aber keine „Entscheidungen" sind, fallen sie nicht in den Anwendungsbereich der Brüssel IIa-VO. Sie unterliegen damit nicht der Anerkennungspflicht, sondern sind jeweils im Einzelfall auf ihre Wirksamkeit zu überprüfen. Ob sie wirksam sind, richtet sich nach dem anwendbaren Recht. Das anwendbare Recht für Ehescheidungen ergibt sich aus der Rom III-VO.

Ob diese unterschiedliche Behandlung der gerichtlichen und der Privatscheidung gerechtfertigt ist, kann man bezweifeln, wenn man die italienische Privatscheidung mit der Scheidung eines englischen Richters im special procedure oder mit der sofortigen Entscheidung des schwedischen Richters vergleicht. Die Richtigkeitsgewähr der italienischen Privatscheidung dürfte nicht geringer sein als die Richtigkeitsgewähr des englischen oder schwedischen Urteils.

Wie auch immer: Ich halte es nicht für ausgeschlossen, dass die Reform des italienischen Scheidungsverfahrens – zusammen mit der Entwicklung in anderen Staaten – in Deutschland die Diskussion um die Zulassung einer – schnellen und kostengünstigen – Scheidung außerhalb des Gerichtssaals neu beleben wird.

Der Gesetzgeber wird sich in Zukunft aber noch mit anderen Fragen zu beschäftigen haben. Neben dem Grundrecht der Eheschließungsfreiheit steht das Recht eines Paares, von einer Eheschließung abzusehen. Von diesem Recht wird zunehmend Gebrauch gemacht. Dafür gibt es verschiedene Gründe. Zum einen hat der gesellschaftliche Druck, eine Ehe zu schließen, nachgelassen. Zum anderen sehen die Partner, insbesondere, wenn sie beide berufstätig sind, häufig kein Bedürfnis für eine rechtliche Regelung ihrer Beziehung, insbesondere, wenn sie keine Kinder haben oder haben wollen. Diese Entscheidung ist zu respektieren: Der Grundsatz der Privatautonomie gilt auch hier. Probleme entstehen dann, wenn das Paar sich nach einigen Jahren trennt oder ein Partner stirbt. Es gibt – jedenfalls in Deutschland – keinen Zugewinnausgleich, keinen Trennungs- oder nachehelichen Unterhalt, kein gesetzliches Erbrecht. Zwar können die Partner für diesen Fall vertragliche Vorsorge treffen, aber daran werden sie bei Eingehung der Partnerschaft oft nicht denken und wenn später einer der Partner eine Eheschließung vorschlägt, wird der andere Partner nicht ohne Weiteres einwilligen. Hat ein Partner den anderen testamentarisch zum Erben eingesetzt, kann sich dieser nicht auf den Freibetrag berufen, der ihm als Ehegatte zustünde. Das sind immerhin 500.000 €. Möglicherweise werden die Betroffenen dies als unbillig empfinden, aber schließlich haben sie es so gewollt.

In anderen Ländern hat der Gesetzgeber geglaubt, helfend einspringen zu müssen: In den Nachfolgestaaten Jugoslawiens wird ein unverheiratetes Paar nach einigen Jahren vermögensrechtlich einem Ehepaar gleichgestellt, teilweise sogar ohne die Möglichkeit, diese Gleichstellung vertraglich auszuschließen. Ich habe das früher einmal als Zwangskopulation bezeichnet. Im neuen ungarischen Zivilgesetzbuch ist bei Beendigung der Lebenspartnerschaft ein Zugewinnausgleich vorgesehen (während in der Ehe der Güterstand der Errungenschaftsgemeinschaft gilt). Den Partnern steht es aber frei, Gütertrennung zu vereinbaren. In Schottland gibt es seit 2006 ein Gesetz, das einem cohabitant nach Beendigung des Zusammenlebens einen Anspruch auf financial relief sowie Ansprüche gegen den Nachlass des verstorbenen Partners gewährt.

In Deutschland versucht man, dem Partner, der bei Beendigung der Partnerschaft schlechter steht als der andere, mit dem Instrumentarium des Schuldrechts zu helfen: durch die Fiktion einer faktischen Gesellschaft, durch einen Bereicherungsanspruch oder einem Anspruch wegen Wegfalls der Geschäftsgrundlage. Aber das hilft nur, wenn die Lebensgefährten über die allgemeine Lebensgemeinschaft hinaus zusammengearbeitet haben oder ein Partner durch besondere Zuwendungen das Vermögen des anderen bereichert hat, also nicht im Regelfall des bloßen Zusammenlebens.

Zwischen dem Alles oder Nichts, der Ehe und dem nichtehelichen Zusammenleben, gibt es aber noch ein Drittes, nämlich den französischen PACS, den Pacte civil de solidarité, das belgische „gesetzliche Zusammenwohnen“, die niederländische registrierte Partnerschaft, die sämtlich sowohl hetero- als auch homosexuellen Partnern zugänglich sind. Die größte Verbreitung hat der französische PACS. Von hundert Paaren, die sich binden wollen, entscheiden sich fünfzig für den PACS. Ein Rechtsinstitut, das solchen Anklang findet, muss naturgemäß auch den Rechtsvergleicher interessieren.

Der PACS ist eine Ehe light. Solange die Partner zusammenleben, sind sie ähnlich wie Eheleute zu wechselseitigem Beistand verpflichtet (übrigens nicht zu ehelicher Treue). Wenn sie nichts anderes vereinbaren, gilt zwischen ihnen aber Gütertrennung. Wichtig ist vor allem: Der PACS kann jederzeit durch einfache Erklärung wieder aufgelöst werden. Es gibt keinen nachehelichen Unterhalt, wohl aber während des Bestehens steuerliche Vergünstigungen. Es gibt zwar kein gesetzliches Erbrecht, aber bei testamentarischen Zuwendungen ebenso wie bei Ehegatten keine Erbschaftssteuer. Dazu kommt ein außerrechtliches Element. Der Abschluss eines PACS wird oft im Kreis der Verwandten und Freunde gefeiert. Die Partner dokumentieren dadurch nach außen hin ihren Willen zu einer eheähnlichen Verbindung. Zur Eheähnlichkeit gehört es allerdings, dass ein PACS nicht begründet werden kann zwischen Personen, zwischen denen das Eheverbot der

Verwandtschaft besteht. Das hängt damit zusammen, dass der PACS ursprünglich gedacht war als Ausgleich für die fehlende Ehemöglichkeit gleichgeschlechtlicher Partner. Diese Entstehungsursache ist zwar inzwischen mit der kürzlich erfolgten Öffnung der Ehe auch für gleichgeschlechtliche Partner entfallen, aber bei dem Hindernis der engen Verwandtschaft ist es geblieben.

Anders das belgische Pendant zum französischen PACS: das sogenannte gesetzliche Zusammenwohnen. Durch die Bezeichnung wird zum Ausdruck gebracht, dass der Gesetzgeber keinen neuen Personenstand ins Leben rufen wollte. De facto handelt es sich aber gleichwohl um eine dem PACS vergleichbare registrierte Partnerschaft. Aber: Durch den Verzicht auf das Element der Eheähnlichkeit gelten die bestehenden Eheverbote nicht für das „gesetzliche Zusammenwohnen". Gesetzlich zusammenwohnen kann auch ein Elternteil mit einem Kind, können auch Geschwister. Nur an der Zweierbeziehung hat der belgische Gesetzgeber festgehalten. Ein Elternteil kann nur mit einem seiner Kinder gesetzlich zusammenwohnen, nicht mit mehreren. Zwei Geschwistern ist das gesetzliche Zusammenwohnen möglich, nicht aber drei Geschwistern. Für diese Beschränkung gibt es eigentlich keinen vernünftigen Grund. Darum ist sie in Belgien auch auf Kritik gestoßen[7]. Was allerdings bei einem Zusammenwohnen eines Elternteils mit zwei Kindern einleuchtet, ist nicht verallgemeinerungsfähig. Vor einiger Zeit hat ein Fall Aufsehen erregt, in dem eine Notarin in Brasilien eine auf Dauer angelegte Lebensgemeinschaft zwischen einem Mann und zwei Frauen, alle in den Dreißigern, registriert hat[8]. Gegen eine solche Dreierbeziehung würden wohl auch die belgischen Kritiker, die für eine Ausweitung des gesetzlichen Zusammenwohnens eintreten, Bedenken haben. Aber sind solche Dreierbeziehungen bei uns wirklich unvorstellbar? In ihrer Ausgabe vom 17. November 2014 hat die Süddeutsche Zeitung fast eine ganze Seite dem Thema: Mutter, Mutter, Vater, Kind gewidmet. Ein lesbisches Paar will Kinder haben. Die beiden Frauen suchen aber nicht nur einen Samenspender, sondern einen richtigen Vater: einen Mann, der bereit ist, für das Kind da zu sein. Ihre Kinder sollen zwei Mütter und einen Vater haben.

Es gibt also zwei Sichtweisen: die männliche, das ist der Mann, der, wie im Islam, bis zu vier Frauen haben darf, und die weibliche, die Sichtweise zweier Frauen, die der Meinung sind, das von ihnen gewünschte Kind sollte auch einen Vater als Leitfigur haben. In dem geschilderten Fall hatten die beiden Frauen in

7 *Pintens*, Rechtsregeln für nichteheliches Zusammenleben in Belgien, in: Kroppenberg/Schwab/Henrich/Gottwald/Spickhoff, Rechtsregeln für nichteheliches Zusammenleben (2009), 281, 287.

8 *Mariano Castillo*, http://edition.cnn.com/2012/08/31/world/americas/brazil-polifaithful-union/.

verschiedenen Cafés Zettel ausgehängt: „Biologischer Daddy gesucht. Wir sind ein lesbisches Paar (29 und 33) mit ausgesprochenem Kinderwunsch. Bist Du unkonventionell, magst uns helfen, diesen Lebenstraum zu verwirklichen?" Sie haben übrigens einen solchen Mann gefunden.

Solche Fälle sind also durchaus denkbar. Aber wie sind sie rechtlich zu beurteilen? Ist der Samenspender nicht anonym, sondern z. B. ein Freund der beiden Frauen, so kann er das Kind mit Zustimmung der Frau, die es zur Welt gebracht hat, anerkennen. Es ist auch vorstellbar, dass er kein Mitsorgerecht beansprucht und sich mit dem Umgangsrecht, das zugleich auch eine Umgangspflicht ist, begnügt. Das Problem ist in diesem Fall das Verhältnis des Kindes zu der Lebenspartnerin seiner Mutter. In manchen Ländern hat die Lebenspartnerin der Mutter die rechtliche Stellung einer Mitmutter, so z. B. in Dänemark oder Norwegen, allerdings nur dann, wenn das Kind keinen rechtlichen Vater hat[9]. In Deutschland gibt es die Figur der Mitmutter – noch – nicht[10]. Der Lebenspartnerin der Mutter steht nur das sogenannte kleine Sorgerecht zu, also die Befugnis zur Mitentscheidung in Angelegenheiten des täglichen Lebens. Will sie voll mitsorgeberechtigt sein, geht dies derzeit nur im Wege der Adoption des Kindes. Eine solche Stiefkindadoption ist zwar grundsätzlich möglich (§ 9 Abs. 7 LPartG), setzt aber die Einwilligung der leiblichen Eltern, hier also auch die Einwilligung des Vaters, voraus. Würde der Vater aber einwilligen, so würde er damit sein Umgangsrecht wieder verlieren, das er mit der Anerkennung des Kindes erworben hat. § 1685 Abs. 2 BGB billigt ein Umgangsrecht zwar auch einer engen Bezugsperson des Kindes zu, aber nur dann, wenn diese für das Kind längere Zeit tatsächlich die Verantwortung getragen hat. Der Plan der beiden Frauen, den Vater des Kindes in ihre Beziehung einzubinden, lässt sich derzeit also rechtlich nicht erreichen, obgleich diese Einbindung im Interesse des Kindes möglicherweise durchaus wünschenswert wäre. Ob der EuGHMR die Dreierbeziehung jedenfalls dann, wenn sie längere Zeit gedauert hat, unter den Schutz des Art. 8 EMRK stellen würde, ist nicht sicher, aber auch nicht ausgeschlossen.

Aber um auf den PACS und das gesetzliche Zusammenwohnen zurückzukommen: In Frankreich und Belgien, und auch noch in weiteren Staaten, jüngst z. B. auch in Gibraltar, haben Paare, gleichgeschlechtliche ebenso wie heterosexuelle, die Wahl, ob sie eine Ehe eingehen wollen oder die lockere Bindung durch eine registrierte Partnerschaft vorziehen. Die Gesetzgeber in diesen Staaten haben

---

9 Vgl. z. B. § 4 a Abs. 2 des norwegischen Gesetzes über Kinder und Eltern: „Ein Kind kann nicht sowohl einen Vater als auch eine Mitmutter haben."

10 Vgl. dazu OLG Köln, NZFam 2014, 1013: Keine doppelte Mitmutterschaft im Geburtsregister.

offenbar auch die Alternativen zur Ehe für regelungsbedürftig und förderungswürdig gehalten. Es ist durchaus vorstellbar, dass auch in Deutschland eine solche Wahlmöglichkeit von vielen Paaren begrüßt werden würde. Ob es dazu kommt, bleibt abzuwarten.

Bisher haben wir immer nur von Fällen gesprochen, in denen der Gesetzgeber aus Respekt vor der Privatautonomie feste Bindungen gelockert hat, die Scheidung ermöglicht oder erleichtert oder als Alternativen zur Ehe Partnerschaften mit weniger festen Bindungen zugelassen hat. Gibt es nicht aber auch den umgekehrten Fall, den Fall, dass ein Paar eine feste Bindung eingehen will, der Gesetzgeber diesem Willen aber keine Bedeutung beimisst? Es gibt Paare, die jahrelang im festen Glauben gelebt haben, verheiratet zu sein, bis dann nach dem Tode des einen dem anderen gesagt wird, dass die vermeintliche Ehe niemals bestanden hat, dass er mit anderen Worten in einer Nichtehe, einem matrimonium non existens, gelebt hat.

Das Gesetz unterscheidet zwischen fehlerhaften Ehen und solchen, die nicht zustande gekommen sind. Für fehlerhafte Ehen gibt es eine Sanktion: Sie können aufgehoben werden, früher konnten sie und in manchen Ländern können sie auch heute noch für nichtig erklärt werden. Die Nichtigerklärung hat der deutsche Gesetzgeber gestrichen mit der Begründung, dass eine gelebte eheliche Lebensgemeinschaft nicht rückwirkend beseitigt werden kann. Die Fälle, in denen eine Ehe aufgehoben werden kann, sind im Gesetz abschließend aufgezählt. In dieser Aufzählung fehlt der Fall, dass die Ehe nicht vor dem Standesbeamten geschlossen worden ist. Hier gilt in Deutschland § 1310 BGB: „Die Ehe wird nur dadurch geschlossen, dass die Eheschließenden vor dem Standesbeamten erklären, die Ehe miteinander eingehen zu wollen." Daraus wird gefolgert, dass eine nicht vor dem Standesbeamten geschlossene Ehe nicht zustande gekommen, ein Nichts ist und damit keinerlei Rechtswirkungen haben kann[11]. Das klingt zunächst logisch und überzeugend. Aber gilt der Satz, dass eine gelebte eheliche Lebensgemeinschaft trotz fehlerhaften Zustandekommens nicht rückwirkend beseitigt werden kann, nicht auch hier? In Frankreich hat man sich über den Satz „pas de nullité sans texte" hinweggesetzt. Eine nicht vor dem Standesbeamten geschlossene Ehe wird als nichtig angesehen und damit dem Fall z. B. einer bigamischen Ehe gleichgesetzt[12]. In England macht man einen Unterschied: Wenn eine Eheschließung den Anschein einer „ordinary Christian marriage" hat, aber nicht vor einem Registrar oder nicht in einem lizenzierten Gebäude stattgefunden hat, soll sie ebenso behandelt werden wie z. B. eine bigamische Ehe. Sie ist „void", nichtig. Nur wenn es

11 MüKo BGB/*Wellenhofer*, § 1310 Rn. 25.

12 *Courbe*, Droit de la famille, 5. Aufl. 2008, 68.

an einer zeremoniellen Handlung fehlt, soll eine non-marriage vorliegen[13]. Der Unterschied ist wichtig; denn im Fall einer void marriage kann der Richter, wenn das Paar sich trennt oder ein Partner stirbt, „financial orders" treffen, z. B. Vermögen zwischen den Partnern aufteilen, während im Fall einer non-marriage die Partner als unverheiratet angesehen werden[14]. Ich muss gestehen, dass mir diese Unterscheidung mehr einleuchtet und gerechter erscheint als die begriffsjuristische Unterscheidung zwischen einer fehlerhaft zustande gekommenen Ehe und einer Nichtehe[15]. Eine bigamische Ehe besteht, solange sie nicht aufgehoben wird. Sollte nicht auch in einem Fall, in dem ein Paar im Glauben, verheiratet zu sein, jahrelang zusammengelebt hat und in seiner Umgebung allgemein als Ehepaar angesehen worden ist, ebenso geurteilt werden wie im Fall einer bigamischen Ehe? Könnte man nicht sogar noch weiter gehen und in einem solchen Fall die Aufhebung sogar ausschließen, wenn das Paar lange Zeit zusammengelebt hat? Nach § 1314 Abs. 2 Nr. 5 BGB kann eine Scheinehe aufgehoben werden. Nach § 1315 Abs. 1 Nr. 5 BGB ist die Aufhebung der Scheinehe aber ausgeschlossen, wenn die Ehegatten nach der Eheschließung als Ehegatten miteinander gelebt haben. Verdient eine Ehe, die von den Eheschließenden wirklich – mit allen Verpflichtungen – gewollt war und auch gelebt worden ist, nur deswegen weniger Schutz als eine Scheinehe, weil die Ehegatten in einem entschuldbaren Irrtum sie nicht vor der richtigen Trauungsperson geschlossen haben?

In einem jüngst entschiedenen Fall hatte ein Pakistaner 1977 eine Deutsche in der pakistanischen Botschaft in London geheiratet. Das Paar lebte in Frankfurt zusammen. Nach dem Tode des Mannes 2010, also nach 33jähriger Ehe, hatte der Standesbeamte Zweifel an dem Zustandekommen der Ehe. Auf seine Vorlage stellte das Amtsgericht Frankfurt fest, die Eheschließung könne nicht anerkannt werden. Die Eheschließung in der Botschaft habe weder der Ortsform entsprochen noch dem deutschen Heimatrecht der Frau. In meinem Gutachten für das OLG Frankfurt habe ich versucht, die Ehe zu retten mit Hilfe der analogen Anwendung des § 15 a EheG, der Regelung, die dem heutigen Art. 13 Abs. 3 EGBGB entspricht. Danach kann eine Ehe in Deutschland zwischen Verlobten, von denen keiner die deutsche Staatsangehörigkeit besitzt, auch vor einer von der Regierung des Landes, dessen Staatsangehörigkeit einer der Verlobten besitzt, ordnungsgemäß ermächtigten

---

13 *Herring*, Family Law, 5. Auf. 2011, 48.

14 *Herring*, a.a.O.

15 S. dazu auch *Henrich*, Nichtehe und nichtige Ehe – Rechtsvergleichende Betrachtungen zu einer fragwürdigen Unterscheidung, RabelsZ 37 (1973), 230 ff.; zu Recht kritisch gegenüber der h. M. auch *Frank*, Formnichtige Ehen nach deutschem Recht, FS Pintens (2012), 607.

Person in der von den Gesetzen dieses Landes vorgeschriebenen Form geschlossen werden. Diese Regelung bezieht sich, wie gesagt, auf den Fall einer Eheschließung in Deutschland. Es handelt sich um eine einseitige Kollisionsnorm. Aber einseitige Kollisionsnormen sind schon früher häufig im Wege der Analogie zu allseitigen Kollisionsnormen erweitert worden. Allseitig formuliert könnte die Vorschrift lauten: Wenn keiner der Verlobten Staatsangehöriger des Landes ist, in dem die Ehe geschlossen wird, kommt eine Ehe auch dann zustande, wenn sie vor eines Person geschlossen wird, die von der Regierung des Heimatstaates eines der Verlobten ordnungsgemäß zur Vornahme von Trauungen ermächtigt worden ist. Diese Voraussetzungen waren in dem Frankfurter Fall gegeben. Keiner der Verlobten war britischer Staatsangehöriger und der Botschaftssekretär, der die Trauung vorgenommen hat, war dazu von der pakistanischen Regierung ordnungsgemäß ermächtigt. Der zuständige Senat des OLG Frankfurt konnte sich zwar zu meinem, wie mir die Vorsitzende des Senats geschrieben hat, „mutigen" Vorschlag nicht durchringen[16]. Ich gehe aber nach wie vor davon aus, dass der von mir vorgeschlagene Weg gangbar gewesen wäre und auch zu einem das Rechtsgefühl befriedigenden Ergebnis geführt hätte. Jedenfalls dann, wenn das Paar längere Zeit zusammengelebt hat und als Ehepaar wahrgenommen wurde, sollten die Parteien Vertrauensschutz genießen.

Zum Schluss noch ein paar Worte zum Gegenstück der Privatautonomie im Kollisionsrecht, der Parteiautonomie, der Möglichkeit, das anwendbare Recht durch eine Rechtswahl zu bestimmen.

Bis zum Gesetz zur Neuregelung des Internationalen Privatrechts vom Jahre 1986 war eine Rechtswahl in den Kollisionsnormen zum Familienrecht nicht möglich. In diesem Gesetz wurde sie erstmals für bestimmte Fälle zugelassen und später auf weitere Bereiche ausgedehnt, zuletzt durch die Rom III-VO auf das Ehescheidungsrecht und durch das Haager Protokoll über das auf Unterhaltspflichten anzuwendende Recht auch auf das Unterhaltsrecht. Ausgeschlossen ist sie nach wie vor noch bei der Eheschließung und auch bei der Eingehung einer eingetragenen Lebenspartnerschaft. In Art. 13 Abs. 1 EGBGB heißt es: Die Voraussetzungen der Eheschließung unterliegen für jeden Verlobten dem Recht des Staates, dem er angehört. Art. 17 b Abs. 1 Satz 1 EGBGB lautet: Die Begründung, die allgemeinen und die güterrechtlichen Wirkungen sowie die Auflösung einer eingetragenen Lebenspartnerschaft unterliegen den Sachvorschriften des registerführenden Staates. Das passt nicht zusammen. Wir haben uns darum im Deutschen Rat für Internationales Privatrecht gefragt, ob die beiden Normen – Art. 13 und Art. 17 b

16 OLG Frankfurt, FamRZ 2014, 1106.

EGBGB – nicht einander angeglichen werden können[17]. Wir haben uns dabei für eine solche Angleichung ausgesprochen. Art. 17 b EGBGB beruht auf dem Gedanken, dass gleichgeschlechtliche Partner, unabhängig davon, ob ihr Heimatrecht ihnen eine rechtliche Verbindung gestattet, die Möglichkeit haben sollten, ihre Lebenspartnerschaft in Deutschland registrieren zu lassen. Dieser Gedanke lässt sich auf die Eheschließung übertragen. Die Eheschließungsfreiheit ist ein Grundrecht. Ein Paar sollte nach deutschem Recht auch dann heiraten können, wenn eine Eheschließung nach dem Heimatrecht der Verlobten nicht möglich wäre. Eine Angleichung der beiden genannten Vorschriften ließe sich auf zweierlei Weise erreichen: zum einen dadurch, dass man für die Eheschließung ebenso wie für die Eingehung einer registrierten Lebenspartnerschaft allein auf den Eheschließungs- bzw. auf den Registrierungsort abstellt, eventuell mit dem Zusatz: vorausgesetzt, dass einer der Beteiligten Deutscher ist oder seinen gewöhnlichen Aufenthalt in Deutschland hat[18] oder zum anderen, indem man bei der Eingehung einer Lebenspartnerschaft ebenso wie bei der Ehe grundsätzlich an das Heimatrecht der Beteiligten anknüpft, in beiden Fällen aber eine begrenzte Rechtswahl zulässt, nämlich die Wahl des Eheschließungs- oder des Registrierungsortes. Den ersten Weg hat der schweizerische Gesetzgeber eingeschlagen: Die Eheschließung in der Schweiz untersteht schweizerischem Recht, eine im Ausland gültig geschlossene Ehe wird in der Schweiz anerkannt (Art. 44, 45 IPRG) und diese Vorschriften gelten sinngemäß auch für die eingetragene Partnerschaft (Art. 65 a IPRG). Das Risiko, dass die Eheschließung im Heimatstaat der Verlobten nicht anerkannt würde, wird in der Schweiz – wohl zu Recht – als gering erachtet und in Kauf genommen[19]. Die zweite Lösung würde die Eheschließung auch solchen Personen ermöglichen, die nur nach ihrem Heimatrecht einander heiraten könnten, nicht aber nach deutschem Recht, z. B. schwedischen Halbgeschwistern. Würde man die zweite Lösung auch auf Art. 17 b EGBGB übertragen, also die primäre Geltung

17 Die Beschlüsse dazu sind abgedruckt in IPRax 2013, 200. S. dazu auch *Coester-Waltjen*, Reform des Art. 13 EGBGB?, StAZ 2013, 10 ff.; *Coester*, Art. 17 b EGBGB unter dem Einfluss des Europäischen Kollisionsrechts, IPRax 2013, 114; *Sonnenberger*, Die Eingehung einer Ehe und anderer Lebens- und Risikogemeinschaften als Anknüpfungsgegenstände des Internationalen Privatrechts, FS Martiny (2014), 181; zu einem ersten Versuch einer Angleichung s. auch *Henrich*, Probleme des internationalen Familienrechts, in: Schwab/Hahne, Familienrecht im Brennpunkt (2004), 259, 261 ff.

18 So *Coester-Waltjen*, a.a.O., 15, unter Bezugnahme auf meinen Vorschlag (Probleme des Internationalen Familienrechts) in: Schwab/Hahne, Familienrecht im Brennpunkt (2004), 259, 261.

19 Vgl. *Courvoisier*, in: Basler Kommentar zum Internationalen Privatrecht, Art. 44 Rn. 5.

des Heimatrechts mit der Möglichkeit, das Recht des Registerortes zu wählen, so könnte dies auch solchen ausländischen Lebenspartnerschaften, die sich in ihren Wirkungen vom deutschen Recht unterscheiden, Eingang in den deutschen Rechtsbereich verschaffen. Das könnte insbesondere interessant werden, wenn man in Deutschland von der herrschenden Meinung abgehen würde, wonach eine eingetragene Lebenspartnerschaft nur von Personen des gleichen Geschlechts eingegangen werden kann, einer Meinung, die übrigens vom Wortlaut des Gesetzes nicht gedeckt wird[20]. Folgt man der herrschenden Meinung, so bleibt einem heterosexuellen Paar, das keine Ehe, wohl aber eine Lebenspartnerschaft eingehen will, nur der Weg ins Ausland, wo eine solche Möglichkeit besteht, verbunden mit der Hoffnung, dass die so begründete Lebensgemeinschaft in Deutschland anerkannt wird[21]. Angesichts der höchst unterschiedlichen Formen heterosexueller Partnerschaften ist das ein Problembereich, über den noch nachgedacht werden muss.

Ich habe versucht, aus dem Trend der letzten Jahre, sowohl der Privatautonomie als auch der Parteiautonomie im Familienrecht immer stärkere Geltung zu verschaffen, Schlüsse für die Zukunft zu ziehen.

Ob das, was ich für möglich halte, tatsächlich eintreten wird, muss die Zukunft lehren. Manches, was heute noch utopisch erscheint, kann morgen Wirklichkeit werden. Ob es uns gefällt, ist eine andere Frage. Angesichts der weltweit zu beobachtenden revolutionären Weiterentwicklung des Familienrechts ist nichts unmöglich.

---

20 Nach Auffassung der Ersten Kommission des Deutschen Rates sollte Art. 17 b EGBGB so verstanden werden, dass er auch verschiedengeschlechtliche Lebenspartnerschaften erfasst (IPRax 2013, 201).

21 Für die Anerkennung im Ausland registrierter heterosexueller Lebenspartnerschaften in der Schweiz s. *Courvoisier*, a.a.O., Rn. 37 vor Art. 43–65 d und dazu *Schwander*, AJP 2001, 355: „Die Verstoßung [heterosexueller im Ausland registrierter Partnerschaften] in das Konkubinat ist eines fortschrittlichen Rechtsstaates unwürdig."

II. Symposium: Strukturelle Ungleichgewichtslagen in der Internationalen Streitbeilegung

Thomas Raab

Begrüßung

Sehr geehrte Kolleginnen und Kollegen, meine sehr geehrten Damen und Herren, im Namen des Instituts für Rechtspolitik darf ich Sie herzlich zu unserem heutigen Symposium zum Thema „Strukturelle Ungleichgewichtslagen in der internationalen Streitbeilegung" begrüßen. Das Symposium ist dem Gedenken unseres verstorbenen Kollegen und meines Vorgängers im Vorstand des Instituts für Rechtspolitik *Bernd von Hoffmann* gewidmet. Und natürlich ist auch das Thema nicht zufällig gewählt, sondern führt in den Kern der Interessensgebiete und des wissenschaftlichen Wirkens von Herrn *von Hoffmann*, die in der akademischen Gedenkfeier des gestrigen Abends hinlänglich beschrieben worden sind.

Wir freuen uns, dass es gelungen ist, mit der Verbindung von akademischer Gedenkfeier und wissenschaftlichem Symposium die Wissenschaftlerpersönlichkeit *Bernd von Hoffmann* in angemessener Form zu würdigen, eine Würdigung, die eigentlich für die Feier anlässlich der Übergabe der Festschrift zum 70. Geburtstag im Januar 2012 geplant war.

Bei der Organisation der Veranstaltung ist uns von vielen Seiten wertvolle Unterstützung zuteil geworden, und so möchte ich an dieser Stelle als erstes Dank sagen. Dank gilt zunächst der Präsidentin der Aufsichts- und Dienstleistungsdirektion des Landes Rheinland-Pfalz, Frau *Dagmar Barzen*, die uns diesen wunderschönen Raum, einen der schönsten, wenn nicht den schönsten Raum, den Trier zu bieten hat, zur Verfügung gestellt hat. Auch ansonsten wäre die Veranstaltung ohne die finanziellen Zuwendungen des Landes Rheinland-Pfalz, das das Institut seit seiner Gründung trägt und unterstützt, nicht oder zumindest nicht in dieser Form möglich gewesen.

Bedanken möchte ich mich weiterhin bei dem Dekan des Fachbereichs Rechtswissenschaft der Universität Trier, und zwar sowohl bei dem früheren Dekan *Thomas Rüfner* als auch bei seinem Amtsnachfolger *Mark Zöller*, die vor allem die akademische Gedenkfeier mitgetragen haben, sowie bei dem Präsidenten der Universität, Herrn Kollegen *Michael Jäckel*, für sein gestriges Grußwort. Ein besonderer Dank gilt den akademischen Schülern Herrn *von Hoffmanns*, *Herbert Kronke* und *Karsten Thorn*, die die Veranstaltung mit angestoßen und wertvolle Hilfe bei der Planung und Organisation geleistet haben. Einschließen möchte ich hierin auch meinen Fakultätskollegen *Jens Kleinschmidt*, der das heutige Symposium gemeinsam mit Herrn *Thorn* inhaltlich konzipiert und die nötige Abstimmung mit den übrigen Referenten übernommen hat. Der Erfolg des heutigen Symposiums ist zu einem ganz wesentlichen Teil das Verdienst dieser beiden Kollegen; etwaiges Lob aus dem Kreise der Teilnehmer sollte daher vor allem ihnen zuteil werden. Und zudem darf ich mich an dieser Stelle für die ganz vorzügliche Zusammenarbeit und Hilfe in allen Fragen der Vorbereitung der Veranstaltung bedanken.

Natürlich hängt das Gelingen einer wissenschaftlichen Veranstaltung ganz entscheidend von den Referenten ab. Und so sind wir glücklich über die Reihe hochkarätiger Wissenschaftler, die schon gestern zu uns gesprochen und die heutigen Vorträge übernommen haben. Sie ließen sich hauptsächlich deshalb gewinnen, weil sie alle in einer besonderen fachlichen und/oder persönlichen Verbindung zu Herrn *von Hoffmann* stehen. Herr Kollege *Kronke*, der gestern Herrn *von Hoffmann* gewürdigt hat, ist sein akademischer Schüler, Herr Kollege *Henrich*, der gestern den Festvortrag gehalten hat, ein langjähriger wissenschaftlicher Weggefährte. Ihnen sei an dieser Stelle auch noch einmal herzlich für Ihre beeindruckenden Beiträge vom gestrigen Abend gedankt. Herr Kollege *von Hein* ist der unmittelbare Nachfolger Herrn *von Hoffmanns* auf dessen Lehrstuhl in Trier, Herr Kollege *Kleinschmidt*, der gemeinsam mit ihm heute den ersten Teil des Symposiums bestreitet, hat den Lehrstuhl übernommen, nachdem Herr *von Hein* dem Werben der Universität Freiburg nicht widerstehen konnte und in den Breisgau gezogen ist. Herr Kollege *Thorn* ist, wie bekannt und bereits erwähnt, akademischer Schüler Herrn *von Hoffmanns* und ein echter Trierer Alumnus, der in seiner Geburtsstadt studiert und seine akademischen Weihen erhalten hat, bevor es ihn in die Weltstadt Hamburg zog. Herr Kollege *Rüfner* hat Herrn *von Hoffmann* noch als Fakultätskollegen erlebt und – wie ebenfalls bereits erwähnt – die Gedenkveranstaltung als Dekan von Beginn an tatkräftig unterstützt. Und so ist es eine schöne Fügung, dass seine ausgesprochen breite wissenschaftliche Expertise, die ihn nicht nur als Zivilisten und Romanisten, sondern eben auch als exzellenten Kenner des internationalen Verfahrensrechts ausweist, dazu geführt hat, dass er heute ebenfalls einen Beitrag im Rahmen des Symposiums leistet. Schließlich zu Ihnen, Frau *Mazza*, verbunden mit der Bitte, mir den Verstoß gegen die Regel „Ladies First“ nachzusehen, der allein der zeitlichen Abfolge der Referenten geschuldet ist. Frau Dr. *Mazza* ist eine international anerkannte Expertin im Bereich der Schiedsgerichtsbarkeit und seit Anfang des Jahres Generalsekretärin der Deutschen Institution für Schiedsgerichtsbarkeit. Ihr schon in jungen Jahren erworbenes Renommee kommt wohl am besten darin zum Ausdruck, dass sie – nach Aussage des Ehrenvorsitzenden, des Kollegen *Karl-Heinz Böckstiegel* – die Wunschkandidatin für diese Position war. Allen Referenten möchte ich schon jetzt herzlich für Ihre Mitwirkung danken, und ich freue mich, dass wir die Beiträge einschließlich der Reden und Vorträge vom gestrigen Tage in einem eigenen Tagungsband in der Schriftenreihe des Instituts veröffentlichen können.

Ein Dank darf an dieser Stelle nicht fehlen. Er gilt den Mitarbeiterinnen und Mitarbeitern des Instituts für Rechtspolitik, die die Veranstaltungen gestern und heute mit hohem persönlichem Engagement geplant und vorbereitet haben und nun für den angemessenen organisatorischen Rahmen sorgen. Dafür herzlichen Dank.

Der eine oder andere von Ihnen wird sich in den letzten Minuten darüber gewundert haben, dass ich zu Ihnen spreche, obwohl das Programm für die Begrüßung Herrn Kollegen *Robbers* ausweist. Nun wissen die meisten von Ihnen, wenn nicht alle, dass Herr *Robbers* am 12. November, also vor etwas mehr als zwei Wochen, zum Staatsminister der Justiz und für Verbraucherschutz des Landes Rheinland-Pfalz ernannt worden ist. Auch wenn ich ihm natürlich schon persönlich gratuliert habe, möchte ich Ihnen, lieber Herr *Robbers*, auch an dieser Stelle noch einmal herzlich gratulieren und Ihnen für Ihr neues Amt alles Gute wünschen. Wir freuen uns besonders, dass Sie es trotz der Fülle der neuen Aufgaben und der damit verbundenen Termine möglich gemacht haben, an der von uns noch gemeinsam geplanten Veranstaltung teilzunehmen.

Als Konsequenz aus der Ernennung hat Herr *Robbers* sein Amt als geschäftsführender Vorstand des Instituts für Rechtspolitik niedergelegt. Er hat daher mich als neuen geschäftsführenden Vorstand gebeten, die Begrüßung am heutigen Tage zu übernehmen. Dieser Bitte bin ich gerne nachgekommen. Wir sind jedoch übereingekommen, dass Herr *Robbers* gleich noch einige Worte an Sie richten wird.

Bevor ich hierfür das Podium räume, möchte ich aber die Gelegenheit nutzen, noch ein paar Worte an Sie, lieber Herr *Robbers*, zu richten. Die für uns alle wohl unerwarteten Entwicklungen der vergangenen Wochen haben ja nun dazu geführt, dass die Feier zum Gedenken an den einen Gründungsvorstand des Instituts gleichzeitig mit der Verabschiedung des anderen Gründungsvorstands einhergeht. Ich möchte Ihnen daher aus diesem Anlass herzlich für die von Ihnen gemeinsam mit Herrn *von Hoffmann* geleistete Aufbauarbeit danken. Der Stellenwert, den sich das Institut im In- und Ausland als Motor der rechtspolitischen Diskussion erworben hat, ist das Ergebnis dieser Arbeit. Ich möchte den Dank aber nicht nur mit warmen Worten ausdrücken. Als jemand, den sein eigener akademischer Lebensweg von Mainz über einen Umweg über Augsburg nach Trier geführt hat, habe ich mir überlegt, was man wohl jemandem mitgeben kann, der nun den umgekehrten Weg von Trier nach Mainz einschlägt, damit er auch an neuer Wirkungsstätte ein Stück der vertrauten Umgebung vorfindet. Dabei fiel mir ein Kalender ein, der durch die Montage von Fotoaufnahmen aus Trier neue Perspektiven auf bekannte Motive eröffnet und Lust macht, manche vermeintlich bekannten Ecken der Stadt neu zu entdecken. Es wäre schön, wenn er Sie auch während Ihrer Zeit in Mainz von Zeit zu Zeit an Trier erinnern würde und vielleicht auch Anstoß ist, sich das eine oder andere neu anzusehen, wenn Sie wieder einmal nach Hause nach Ruwer kommen. Und auch wenn es angesichts des gut bestückten Weinkellers in Ihrem Hause wohl eher dem Versuch nahe kommt, Eulen nach Athen zu tragen, darf – wenn man in Trier ein Abschiedsgeschenk macht – der Wein natürlich nicht fehlen. Dabei bin ich mir – das muss ich bei meinem biographischen Hintergrund wohl kaum erwähnen – durchaus bewusst, dass Mainz nicht nur das Zentrum des rheinhessischen Weinbaus ist, sondern auch in unmittelbarer Nachbarschaft zu den Weinbaugebieten Nahe, Rheingau und Mittelrhein liegt, so dass es dort an herausragenden Weinen nicht fehlt. Aber die Weine der hiesigen Region haben eben ihren eigenen unverwechselbaren Charakter. Und da wir uns heute in der ehemaligen Residenz des Kurfürsten und Bischofs von Trier befinden, dachte ich, dass eine Kollektion aus Weinen der Bischöflichen Weingüter aus dem Anbaugebiet Mosel, Saar und Ruwer geeignet sein könnte, an manchen Tagen im Rheinhessischen auch sensorisch die Erinnerung an Trier und die Mosel aufzufrischen. Lieber Herr *Robbers*, noch einmal ein herzliches Dankeschön und alle guten Wünsche.

Gerhard Robbers

Dank an Bernd von Hoffmann

Bernd von Hoffmann ist der Begleiter der ersten Stunde. Gefragt, ob er in die Leitung des neu zu gründenden Instituts für Rechtspolitik eintreten würde, hat er sogleich zugestimmt. Wesentliche Entscheidungen über die Ausrichtung des Instituts sind von ihm ausgegangen. Die Bibliothek hat er mit Entschiedenheit und weitem Blick geführt. Sie wird heute von zahlreichen Forschern und Studierenden der ganzen Universität genutzt. Die Veröffentlichungsreihen des Instituts hat *Bernd von Hoffmann* ganz wesentlich geprägt. Er hat sie mit Leben gefüllt, Themen gesetzt und umsichtig entwickelt. Seine umfassenden Kontakte in vielen Bereichen des Rechts sind dem zugutegekommen. Die weitläufigen internationalen Kontakte *Bernd von Hoffmanns* haben die intensive Arbeit des Instituts bereichert. Die Vortragsreihe, die Kolloquien hat er unermüdlich zur Blüte gebracht. All dies hat in die gesamte Universität ausgestrahlt, in die Region und in die Entwicklung des nationalen und internationalen Rechts.

Wir kennen *Bernd von Hoffmann* als Wissenschaftler ebenso wie als Mann der Tat. Gründer und Herausgeber zahlreicher Periodika von großer Bedeutung für Recht und Gesellschaft. Lehrbuchautor mit Blick für das Wesentliche, packend in der Darstellung, detailgenau mit offenem Blick für die weiteren Zusammenhänge und die großen Linien der Entwicklung. Herausragend ist zudem sein Wirken im internationalen Schiedsgerichtswesen. Die Verbindung von Theorie und Praxis, von Lehre, Forschung und praktischer Anwendung findet in *Bernd von Hoffmann* ein Beispiel musterhafter Erfüllung.

Und zumal der gute Kollege in der Fakultät: Dafür steht *Bernd von Hoffmann*. Ideenreich, kritisch, verbindlich, verlässlich und kompromissfähig. Wesentliche Weichenstellungen hat er erdacht oder jedenfalls fruchtbar begleitet: Die Gründung der Internationalen Rechtsstudien etwa oder die gute Kooperation mit südkoreanischen juristischen Fakultäten. Dazu wirkt ein zentraler, nicht zu unterschätzender Akzent – der Hang zu Stil und Etikette, immer zurückhaltend, nie aufdringlich, stets mit einem kleinen Augenzwinkern, dabei in vollem Bewusstsein der Wirkung in der Sache.

So steht der Name, der Kollege, der Mensch *Bernd von Hoffmann* gerade auch für die internationale und die europäische Ausrichtung der Trierer juristischen Fakultät. *Bernd von Hoffmann* hat ihr Weite gegeben, nie auftrumpfend, geradezu bescheiden, ruhig und doch in festem Zugriff bei den Richtungsentscheidungen.

Und selbstverständlich steht das Engagement in der akademischen Selbstverwaltung, als Dekan, in den vielen Gremien. Und schließlich ist er der Fakultät, ist er der Universität Trier, ist er der Region treu geblieben.

Wenn wir an *Bernd von Hoffmann* zurückdenken, bleiben Geradheit, Konzentration und Nähe. Wir dürfen dankbar sein.

Jan von Hein

Der Schutz des Geschädigten bei grenzüberschreitenden Delikten im europäischen Zivilprozessrecht

I. Einführung

Bernd von Hoffmann war bekanntlich nicht nur ein ausgewiesener Experte auf dem Gebiet der internationalen Streitbeilegung, insbesondere der internationalen Schiedsgerichtsbarkeit,[1] sondern hat auch zum Internationalen Deliktsrecht – und zwar verstanden in einem weiten Sinne, der sowohl das Kollisionsrecht als auch das Internationale Zivilverfahrensrecht umfasst – nicht minder tiefschürfende und grundlegende Beiträge geleistet. *Von Hoffmanns* Kommentierung der Art. 40–42 EGBGB[2] im *Staudinger* habe ich seinerzeit für RabelsZ besprechen dürfen.[3] Mein Fazit lautete:

> „Der *Staudinger/von Hoffmann* bleibt [...] der in vielen Fragen Maßstäbe setzende Kommentar auf diesem Gebiet. [...] Er ist analytisch, klar gegliedert, konzis und doch flüssig geschrieben, er bringt die Dinge auf den Punkt und treibt sie auf rechtsvergleichender Grundlage weit über eine bloß positivistische Erläuterung des geltenden Rechts hinausgehend voran."[4]

Im Rahmen seiner Kommentierung befasste sich *von Hoffmann* eingehend mit zwei Problemkreisen: Erstens unternahm er den Versuch, die herkömmliche Ubiquitätslehre des deutschen Internationalen Deliktsrechts, nach welcher der Täter einer unerlaubten Handlung diese sowohl am Handlungs- als auch am Verletzungs- bzw. Erfolgsort begangen hat, dogmatisch präziser zu begründen als nur mit einer diffusen „Sympathie" für das Opfer (dazu sogleich II.1.). Zweitens widmete er

---

1 Siehe nur seine grundlegende Dissertation: *Bernd von Hoffmann*, Internationale Handelsschiedsgerichtsbarkeit. Die Bestimmung des maßgeblichen Rechts (1970).

2 Eingeführt durch das Gesetz zum Internationalen Privatrecht für außervertragliche Schuldverhältnisse und für Sachen vom 21. Mai 1999 (BGBl. 1999 I 1026).

3 *Jan von Hein*, Rezension: Staudinger/*von Hoffmann*, Art. 38–42 EGBGB (Neubearbeitung 2001), RabelsZ 2006, 614–620.

4 *von Hein*, RabelsZ 2006, 614, 620.

sich den vielfachen Wechselwirkungen zwischen dem Kollisionsrecht einerseits, dem internationalen Zivilverfahrensrecht andererseits. So plädierte *von Hoffmann* dafür, die Antwort darauf, was als Tatort im Sinne des Art. 5 Nr. 3 EuGVO a.F.[5] (= Art. 7 Nr. 2 EuGVO n.F.)[6] anzusehen sei, „den Wertungen des Internationalen Privatrechts zu entnehmen".[7]

Nur wenige Jahre, nachdem *von Hoffmann* seine Kommentierung des autonomen IPR der außervertraglichen Schuldverhältnisse vorgelegt hatte, verabschiedete die EU die Rom II-VO über das auf außervertragliche Schuldverhältnisse anwendbare Recht,[8] die heute Art. 40–42 EGBGB weitgehend verdrängt. Im Lichte dieses Rechtsquellenwechsels ist es lohnend, die in der Sache bereits bei *von Hoffmann* diskutierten Fragen erneut aufzugreifen:

(1) Wie und unter welchen Voraussetzungen lässt es sich rechtfertigen, dem Geschädigten bei grenzüberschreitenden Delikten ein Wahlrecht zwischen verschiedenen Zuständigkeiten und/oder anwendbaren Rechten zu geben? Soll dies generell oder nur in Fallgruppen geschehen, in denen das Opfer dem Täter strukturell unterlegen ist?
(2) Lässt sich der gerichtsstandsbegründende Tatort deliktstypspezifisch konkretisieren und inwieweit können hierfür Wertungen des IPR als Inspiration dienen?

Diesen Fragen soll im folgenden Beitrag im Lichte der neueren Rechtsprechung des EuGH zum Internationalen Zivilverfahrensrecht nachgegangen werden.

---

5 Verordnung (EG) Nr. 44/2001 des Rates vom 22. Dezember 2000 über die gerichtliche Zuständigkeit und die Anerkennung und Vollstreckung von Entscheidungen in Zivil- und Handelssachen, ABl. 2001 L 12/1, ber. ABl. 2001 L 307/28 und ABl. 2010 L 328/36.

6 Verordnung (EU) Nr. 1215/2012 des Europäischen Parlaments und des Rates vom 12. Dezember 2012 über die gerichtliche Zuständigkeit und die Anerkennung und Vollstreckung von Entscheidungen in Zivil- und Handelssachen (Neufassung), ABl. 2012 L 351/1.

7 *Bernd von Hoffmann*, in: Staudinger, Kommentar zum BGB (2001) Art. 40 EGBGB Rn. 98.

8 Verordnung (EG) Nr. 864/2007 des Europäischen Parlaments und des Rates vom 11. Juli 2007 über das auf außervertragliche Schuldverhältnisse anzuwendende Recht („Rom II"), ABl. 2007 L 199/40, ber. ABl. 2012 L 310/52.

II. Strukturelle Ungleichgewichtslagen im Internationalen Deliktsrecht

1. Das herkömmliche deutsche IZVR und IPR: „Sympathie" mit dem Geschädigten

Das autonome deutsche IPR für grenzüberschreitende Delikte beruht auf der stillschweigenden Prämisse, dass allgemein eine strukturelle Ungleichgewichtslage zwischen Schädiger und Geschädigtem besteht, oder, wie es *Kegel* plastisch ausgedrückt hat: „Die Sympathie mit dem Opfer ist größer als die mit dem Täter."[9] Nach dem EGBGB in der Fassung von 1999 gilt grundsätzlich das Recht des Handlungsortes (Art. 40 Abs. 1 Satz 1 EGBGB); der Verletzte kann aber verlangen, dass stattdessen das Recht des Verletzungsortes angewendet wird (Art. 40 Abs. 1 Satz 2 EGBGB). Diese einseitige Rechtswahlbefugnis wird jedem Geschädigten unabhängig davon eröffnet, um was für einen Deliktstyp es im Einzelfall geht und ob im konkreten Fall tatsächlich eine Ungleichgewichtslage, etwa zwischen einem Unternehmer und einem Verbraucher, besteht. Im Gegensatz zu *Kegel* wollte jedoch *von Hoffmann* das geschädigtenfreundliche Wahlrecht nicht allein als Ausfluss einer größeren Sympathie für das Opfer verstanden wissen, sondern als Konsequenz der Doppelfunktionalität des modernen Deliktsrechts:[10] Da das Haftungsrecht sowohl auf Rechtsgüterschutz als auch auf Verhaltenssteuerung abziele, so *von Hoffmann*, sei es geboten, diese beiden Zwecke auch kollisionsrechtlich in Gestalt einer alternativen Anknüpfung abzubilden.[11] Hinzu komme der erwünschte Gleichlauf mit der internationalen Zuständigkeit nach Art. 5 Nr. 3 (jetzt Art. 7 Nr. 2) EuGVO bzw. § 32 ZPO.[12] Diese dogmatische Begründung ist zweifellos anspruchsvoller als eine eher gefühlige „Opfersympathie"; sie ändert jedoch im Ergebnis nichts daran, dass der Geschädigte durch ein allgemeines, unspezifisches Wahlrecht sowohl im IPR als auch im Verfahrensrecht begünstigt wird, ohne dass es auf die Frage ankommt, ob in der relevanten Fallgruppe tatsächlich ein strukturelles Ungleichgewicht zwischen Täter und Opfer besteht.

---

9 So die vielzitierte Wendung von *Gerhard Kegel/Klaus Schurig*, Internationales Privatrecht[9] (2004) 725 (§ 18 IV 1 a aa).

10 Staudinger/*von Hoffmann* (2001) Art. 40 EGBGB Rn. 7.

11 Staudinger/*von Hoffmann* (2001) Art. 40 EGBGB Rn. 7.

12 Staudinger/*von Hoffmann* (2001) Art. 40 EGBGB Rn. 7.

2. Das Ubiquitätsprinzip im Rahmen des Art. 7 Nr. 2 EuGVO

a) *Beweisnähe und geordnete Rechtspflege*

Vordergründig betrachtet, scheint die Rechtsprechung des EuGH zum Tatortgerichtsstand Parallelen zum herkömmlichen Ubiquitätsprinzip des autonomen deutschen IPR aufzuweisen.[13] Art. 7 Nr. 2 EuGVO n.F. begründet nach ständiger Rechtsprechung des EuGH eine besondere Zuständigkeit sowohl am Erfolgsort als auch an dem Ort, an dem der Täter die deliktische Handlung begangen hat (Handlungsort).[14] Dieses Ubiquitätsprinzip hat der EuGH in jüngster Zeit wiederholt bekräftigt.[15] Der EuGH rechtfertigt eine solche – heute allgemein akzeptierte[16] – Aufspaltung des Tatortes mit den Bedürfnissen einer geordneten Rechtspflege sowie dem Interesse an einer sachgerechten Gestaltung des Prozesses.[17] Insbesondere der Gesichtspunkt der Erleichterung der Beweisaufnahme

---

13 Im Sinne dieses Gleichlaufarguments z. B. Deutscher Rat für IPR, in: Vorschläge und Gutachten zur Reform des deutschen IPR der außervertraglichen Schuldverhältnisse, hrsg. von Ernst von Caemmerer (1983) 5, 10; Bundesregierung, Entwurf eines Gesetzes zum Internationalen Privatrecht für außervertragliche Schuldverhältnisse und für Sachen, BT-Drucks. 14/343 vom 01.02.1999, S. 11; speziell zur Produkthaftung *Karl Kreuzer*, Apfelschorf im „Alten Land" – Kollisionsrechtliche Probleme der Produkthaftung, IPRax 1982, 1, 3; kritisch aber *Jan von Hein*, Das Günstigkeitsprinzip im Internationalen Deliktsrecht (1999) 55 ff., 129 f. m.w.N.; einschränkend auch *Haimo Schack*, Internationales Zivilverfahrensrecht[6] (2014) Rz. 334 f.

14 So bereits zu Art. 5 Nr. 3 EuGVÜ: EuGH 30.11.1976 – C-21/76 (*Handelswekerij Bier ./. Mines de Potasse d'Alsace SA*), Slg. 1976, 1735.

15 EuGH 16.7.2009 – C-189/08 (*Zuid-Chemie ./. Philippo's Mineralenfabriek*), Slg. 2009, I-6917 = IPRax 2010, 358 Rn. 23–25 m. Anm. *von Hein*, 330; EuGH 25.10.2011 – verb. Rs. C-509/09 und C-161/10 (*eDate Advertising GmbH ./. X. und Martinez ./. MGN Ltd.*), Slg. 2011, I-10269 = IPRax 2013, 247 Rn. 41 m. Anm. *Wulf-Henning Roth*, 215; EuGH 19.4.2012 – C-523/10 (*Wintersteiger AG ./. Products 4U Sondermaschinenbau GmbH*), ECLI:EU:C:2012:220 = GRUR 2012, 654 Rn. 19 f. = LMK 2012, 33913 (Ls.) m. Anm. *von Hein*; EuGH 25.10.2012 – C-133/11 (*Folien Fischer AG und Fofitec AG ./. Ritrama SpA*), ECLI:EU:C:2012:664 = NJW 2013, 287 Rn. 39 = LMK 2013, 341419 (Ls.) m. Anm. *Robert Magnus*.

16 Vgl. *Burkhard Hess/Thomas Pfeiffer/Peter Schlosser*, The Brussels I Regulation 44/2001 – Application and Enforcement in the EU (2008) Rz. 194: „The national reports do not indicate any fundamental criticism to these principles."

17 EuGH 27.10.1998 – C-51/97 (*Réunion européenne SA ./. Spliethoff's Bevrachtingskantor BV u. a.*), Slg. 1998, I-6511 Rn. 27; EuGH 1.10.2002 – C-167/00 (*Verein für Konsumenteninformation ./. Henkel*), Slg. 2002, I-8111 Rn. 46; EuGH 10.6.2004 – C-168/02 (*Kronhofer ./. Maier u. a.*), Slg. 2004, I-6009 Rn. 15.

durch die Nähe zum Streitgegenstand steht in der Argumentation des EuGH im Vordergrund.[18]

Gesichtspunkte eines *favor laesi* oder einer Berücksichtigung struktureller Ungleichgewichte spielen hingegen für die Legitimation des Ubiquitätsprinzips durch den EuGH keine Rolle. Insoweit ist ein Rückblick auf die grundlegende *Reinwater*-Entscheidung des EuGH von 1976 aufschlussreich, die bis heute die Leitentscheidung zur Herausbildung des Ubiquitätsprinzips im europäischen Zivilprozessrecht bildet. Es ging bekanntlich um die grenzüberschreitende Verschmutzung des Rheins durch elsässische Kaliminen, die sich flussabwärts auf die Kläger in den Niederlanden auswirkte. Der EuGH führte in dieser Entscheidung aus, dass je nach Sachlage sowohl der Ort des ursächlichen Geschehens als auch der Ort der Verwirklichung des Schadenserfolges für die gerichtliche Zuständigkeit eine kennzeichnende Verknüpfung begründen könne.[19] Für die Feststellung des für die Haftung unerlässlichen ursächlichen Zusammenhangs zwischen dem schädigenden Ereignis und dem Erfolg könne nach Ansicht des EuGH weder der Handlungs- noch der Erfolgsort ausgeschlossen werden: Jeder von beiden könne je nach Lage des Falles für die Beweiserhebung und für die Gestaltung des Prozesses in eine besonders sachgerechte Richtung weisen.[20] Der EuGH fügte hinzu, dass eine Beschränkung auf den Ort des ursächlichen Geschehens dem Art. 5 Nr. 3 EuGVÜ (Art. 7 Nr. 2 EuGVO n.F.) in einer beträchtlichen Anzahl von Fällen die praktische Wirksamkeit nähme, da der Handlungsort häufig mit dem Wohnsitz des Beklagten (Art. 2 EuGVÜ = Art. 4 EuGVO n.F.) zusammenfiele.[21]

---

18 Hervorgehoben in EuGH 1.10.2002 – *Henkel*, Slg. 2002, I-8111 Rn. 46; EuGH 10.6.2004 – *Kronhofer*, Slg. 2004, I-6009 Rn. 18; ebenso *Burkhard Hess*, Europäisches Zivilprozessrecht (2010) § 6 Rz. 66; *Jan Kropholler/Jan von Hein*, Europäisches Zivilprozessrecht[9] (2011) Art. 5 EuGVO Rz. 82; *Jan von Hein*, Deliktischer Kapitalanlegerschutz im europäischen Zuständigkeitsrecht, IPRax 2005, 17, 18; kritisch aber *Reinhold Geimer*, in: Reinhold Geimer/Rolf A. Schütze, Europäisches Zivilverfahrensrecht[3] (2010) Art. 5 EuGVO Rn. 202; *Paul Oberhammer*, in: Felix Dasser/Paul Oberhammer (Hrsg.), Lugano-Übereinkommen[2] (2011) Art. 5 LugÜ Rz. 101.

19 EuGH 30.11.1976 – *Bier/Mines de Potasse d'Alsace*, Slg. 1976, 1735, 1746 (Rn. 15/19); bestätigt in EuGH 7.3.1995 – C-68/93 (*Shevill u. a. ./. Presse Alliance*), Slg. 1995, I-415, 460 (Rn. 21); EuGH 19.9.1995 – C-364/93 (*Marinari ./. Lloyd's Bank*), Slg. 1995, I-2719, 2739 (Rn. 12) = EuZW 1995, 765 m. Anm. *Holl* = JZ 1995, 1107 m. Anm. *Geimer*.

20 EuGH 30.11.1976 – *Bier/Mines de Potasse d'Alsace*, Slg. 1976, 1735, 1746 (Rn. 15/19); bestätigt in EuGH 7.3.1995 – *Shevill*, Slg. 1995, I-415, 460 (Rn. 21).

21 EuGH 30.11.1976 – *Bier/Mines de Potasse d'Alsace*, Slg. 1976, 1735, 1747 (Rn. 20/23); bestätigt in EuGH 7.3.1995 – *Shevill*, Slg. 1995, I-415, 460 (Rn. 22); EuGH 19.9.1995 – *Marinari*, Slg. 1995, I-2719, 2739 (Rn. 12).

Eine bewusste Privilegierung des Geschädigten lässt sich den Urteilsgründen nicht entnehmen,[22] obwohl der Kontext der Entscheidung – der grenzüberschreitende Umweltschutz – eine solche Argumentation durchaus nahegelegt hätte. Dies ist umso bemerkenswerter, als die Begünstigung des Klägers durch die Schaffung einer konkurrierenden Zuständigkeit Gegenstand der Schlussanträge des Generalanwalts *Capotorti* und einiger Stellungnahmen zu dem *Reinwater*-Verfahren gewesen war: *Capotorti* stellte heraus, dass das EuGVÜ in verschiedenen Bestimmungen den Schutz des Schwächeren verwirkliche, nämlich in Unterhaltssachen (Art. 5 Nr. 2 EuGVÜ, heute Art. 3 lit. b EuUnterhVO), in Versicherungssachen (Art. 7 ff. EuGVÜ, heute Art. 9 ff. EuGVO n.F.) und in Verbrauchersachen (Art. 13 ff. EuGVÜ, heute Art. 17 ff. EuGVO n.F.).[23] In dem durch eine unerlaubte Handlung entstandenen Rechtsverhältnis könne der Verletzte ohne Weiteres als der Schwächere angesehen werden; als solcher erscheine er bei der Wahl des Gerichtsstandes als schutzwürdig.[24] Im Gegensatz zum EuGH hielt *Capotorti* indes nur eine Wahlmöglichkeit zwischen dem allgemeinen Gerichtsstand des Beklagten (Art. 2 EuGVÜ) und dem Erfolgsort für vereinbar mit dem Wortlaut des Art. 5

---

22 Zutreffend betonte bereits Generalanwalt *Darmon*, dass der EuGH im *Reinwater*-Fall „ohne besondere Berücksichtigung der Notwendigkeit eines Schutzes des Geschädigten" entschieden habe, s. Schlussanträge des Generalanwalts *Marco Darmon* v. 14.7.1994, Rs. C-68/93 – *Shevill*, Slg. 1995, I-417, 420 (Rn. 18); ebenso in der gleichen Sache Schlussanträge des Generalanwalts *Philippe Léger* v. 10.1.1995, Slg. 1995, I-440, 446 (Rn. 41); Schlussanträge des Generalanwalts *Marco Darmon* v. 21.9.1994, Rs. C-364/93 – *Marinari*, Slg. 1995, I-2721, 2714 (Rn. 16 a. E.); kritisch zur Rechtsprechung des EuGH *Volker H. Holl*, Zum Gerichtsstand des Schadensereignisses nach VollstrZustÜbk Art. 5 Nr. 3, EuZW 1995, 766, 767, der auch nach *Shevill* und *Marinari* den *favor laesi* für ausschlaggebend hält; ebenso – mit Einschränkungen – *Alberto Saravalle*, Anm. zu EuGH 19.9.1995, Rs. C-364/93, Foro it. 1996 IV 341, 346; für einen „Vorrang [der] Klägerinteressen" als primäre Ratio der Norm auch Geimer/Schütze/*Geimer* Art. 5 EuGVO Rn. 202; vgl. auch *Miguel Gardeñes Santiago*, Note – La compétence spéciale en matière délictuelle et quasi-délictuelle dans la Convention de Bruxelles, RTD eur. 31 (1995) 611, 615, der hinter *Reinwater* eine Sorge um den Schutz der Opfer vermutet und dies für lobenswert hält – a.a.O. 616 – („un souci [louable] de protection des victimes"), hinter *Shevill* indes eine Sorge um die Wahrung des Prinzips der engsten Verbindung ausmacht („un souci de proximité"), a.a.O. 618.

23 Schlussanträge des Generalanwalts *Francesco Capotorti* v. 10.11.1976, Rs. C-21/76 – *Bier/Mines de Potasse d'Alsace*, Slg. 1976, 1749, 1758.

24 Schlussanträge GA *Capotorti* v. 10.11.1976 (vorige Fn.); den *favor laesi* hält auch *Holl*, EuZW 1995, 766, 767 für das entscheidende Argument.

Nr. 3 EuGVÜ und dem Zweck des Übereinkommens, eine Vervielfältigung der Zuständigkeiten zu vermeiden.[25]

Die Kommission ging in ihrer Stellungnahme sogar auf das Günstigkeitsprinzip des deutschen Internationalen Deliktsrechts ein, betonte aber zugleich, dass dieser Anknüpfungspunkt mehr für die Anwendung des materiellen als des formellen Rechts von Bedeutung sei.[26] Ferner sei nach Ansicht der Kommission gegen diese Anknüpfung anzuführen, dass der Text des Übereinkommens sie kaum stütze und dass ihre Anwendung wenig verbreitet sei.[27] Die niederländische Regierung hielt eine Begünstigung des Klägers im Allgemeinen zum Ausgleich prozessualer Nachteile und aus rechtspolitischen Gründen insbesondere bei grenzüberschreitenden Umweltverschmutzungen für geboten.[28]

Der EuGH ist derartigen Erwägungen, die sich am Gedanken eines strukturellen Ungleichgewichts zwischen Schädiger und Geschädigtem orientieren, jedoch dezidiert nicht gefolgt und hat diese Weichenstellung auch in seiner jüngeren Rechtsprechung wiederholt bekräftigt. Hier ist insbesondere die Entscheidung in der Sache *Folien Fischer* zu nennen, in welcher der EuGH darüber zu befinden hatte, ob im *forum delicti commissi* auch der potenzielle Schädiger eine negative Feststellungsklage erheben darf.[29] In einer solchen Konstellation hatten zuvor einige Gerichte die Anwendbarkeit des Art. 5 Nr. 3 EuGVO a.F. verneint, weil hier keine rechtswidrige, zum Schadensersatz verpflichtende Handlung geltend gemacht werde.[30] Durch diese restriktive Interpretation sollte vor allem die Gefahr einer missbräuchlich über Art. 27 EuGVO a.F. herbeigeführten Sperrwirkung

---

25 Schlussanträge GA *Capotorti* v. 10.11.1976, Slg. 1976, 1749, 1755; weitergehend *Holl*, EuZW 1995, 766, 767.

26 Kommission, Stellungnahme zu EuGH 30.11.1976 – *Bier/Mines de Potasse d'Alsace*, Slg. 1976, 1735, 1743.

27 Kommission, Stellungnahme zu EuGH 30.11.1976 – *Bier/Mines de Potasse d'Alsace*, Slg. 1976, 1735, 1743.

28 Niederländische Regierung, Stellungnahme zu EuGH 30.11.1976 – *Bier/Mines de Potasse d'Alsace*, Slg. 1976, 1735, 1741.

29 EuGH 25.10.2012 – *Folien Fischer*, ECLI:EU:C:2012:664 = EuZW 2012, 950 = NJW 2013, 287.

30 LG Leipzig 27.5.2008, IPRspr. 2008 Nr. 96; LG München I 23.10.2008 – 7 O 17209/07, abrufbar über juris; ferner Hof's-Gravenhage 22.1.1998, N. J. 1999 Nr. 163; Trib. Bologna 16.9.1998, GRUR Int. 2000, 1021 m. Anm. *Stauder*; bestätigend Cass. 6.11.2003, I. L. Pr. 2004, 350; ferner Cass. 19.12.2003, Riv. dir. int. priv. proc. 2004, 1372 = GRUR Int. 2005, 264 m. krit. Anm. *Wurmnest*; ebenso *Peter F. Schlosser*, EU-Zivilprozessrecht[3] (2009) Art. 5 EuGVO Rn. 15; dazu tendierend auch *Walter F. Lindacher*, Internationales Wettbewerbsverfahrensrecht (2009) § 9 Rz. 26.

für eine spätere Schadensersatzklage des Verletzten eingeschränkt werden.[31] Die Rechtshängigkeit der negativen Feststellungsklage in einer langsam arbeitenden Jurisdiktion, der berüchtigte „Italian Torpedo", hätte der Erhebung einer Leistungsklage auf Schadensersatz entgegengestanden. Überwiegend wurde diese Restriktion jedoch als systemwidrig abgelehnt, zumal für eine Leistungsklage im Gerichtsstand des Art. 5 Nr. 3 EuGVO a.F. auch drohende Verletzungen genügen und negative Feststellungsklagen im Vertragsgerichtsstand (Art. 5 Nr. 1 EuGVO a.F.) ebenfalls zugelassen werden.[32] Gegen einen Ausschluss negativer Feststellungsklagen spricht aus Sicht des EuGH entscheidend, dass es bei Art. 5 Nr. 3 EuGVO a.F. – anders als z. B. bei den Gerichtsständen des Unterhaltsgläubigers (Art. 5 Nr. 2 EuGVO a.F. = Art. 3 lit. b EuUnterhVO) oder des Verbrauchers (Art. 15 ff. EuGVO a.F. = Art. 17 EuGVO n.F.) – nicht darum geht, den strukturell unterlegenen Kläger aus sozialen Erwägungen durch eine Zuständigkeit an seinem Wohnsitz zu begünstigen,[33] sondern einen für beide Parteien sach- und beweisnahen Gerichtsstand zur Verfügung zu stellen.[34] Im Lichte der Revision der EuGVO ist zu ergänzen, dass zumindest das Problem der missbräuchlichen negativen Feststellungsklagen, die nur zu dem Ziel erhoben werden, eine ausschließliche Gerichtsstandsvereinbarung zu unterlaufen, durch die Neugestaltung der Rechtshängigkeitsregel in Art. 31 Abs. 2 EuGVO n.F. in erheblichem Umfang entschärft worden ist.[35]

---

31 Vgl. *Kropholler/v. Hein*, EuZPR (Fn. 18) Art. 27 EuGVO Rn. 11.

32 *Rebekka Hye-Knudsen*, Marken-, Patent- und Urheberrechtsverletzungen im europäischen Internationalen Zivilprozessrecht (2005) 115 ff.; *Adolphsen*, ZZP Int. 2006, 155; *Tanja Domej*, Negative Feststellungsklagen im Deliktsgerichtsstand, IPRax 2008, 550 ff.; *Stefan Leible*, in: Thomas Rauscher (Hrsg.), Europäisches Zivilprozess- und Kollisionsrecht (2011) Art. 5 EuGVO Rn. 83; *Peter Mankowski*, in: Ulrich Magnus/Peter Mankowski (Hrsg.), Brussels I Regulation[2] (2012) Art. 5 EuGVO Rn. 191; Geimer/Schütze/*Geimer* Art. 5 EuGVO Rn. 228; *Peter Gottwald*, in: Münchener Kommentar zur ZPO[4] (2013) Art. 5 EuGVO Rz. 66; *Karl-Heinz Fezer/Stefan Koos*, in: Staudinger, Kommentar zum BGB, Internationales Wirtschaftsrecht (2010) Rz 1134, m.w.N.

33 Ebenso bereits die Schlussanträge des Generalanwalts *Philippe Léger* v. 15.1.2004, Rs. C-168/02 – *Kronhofer*, Slg. 2004, I-6009, Nr. 34.

34 EuGH 25.10.2012 – *Folien Fischer*, ECLI:EU:C:2012:664 Rn. 46; bestätigt in EuGH 16.1.2014 – C-45/13 (*Andreas Kainz ./. Pantherwerke AG*), ECLI:EU:C:2014:7 Rn. 31.

35 Hierzu näher *Tanja Domej*, Die Neufassung der EuGVVO – Quantensprünge im europäischen Zivilprozessrecht, RabelsZ 2014, 508, 533 ff.; *Jan von Hein*, Die Neufassung der Europäischen Gerichtsstands- und Vollstreckungsverordnung (EuGVVO), RIW 2013, 97, 104; *Miriam Pohl*, Die Neufassung der EuGVVO – im Spannungsfeld zwischen Vertrauen und Kontrolle, IPRax 2013, 109, 111 f.; siehe auch *Martin Gebauer*,

Trotz vordergründiger Ähnlichkeit basiert das Ubiquitätsprinzip im europäischen Zivilprozessrecht also auf einer gänzlich anderen normativen Grundlage als das herkömmliche, am *favor laesi* orientierte Ubiquitätsprinzip im Sinne des autonomen deutschen IPR.

b) Restriktionen aus teleologischen und systematischen Gründen

Obwohl das Ubiquitätsprinzip also in normativer Hinsicht nicht auf einem *favor laesi*, sondern auf neutralen, verfahrensrechtlichen Erwägungen beruht, begünstigt seine Anwendung in der Praxis – von negativen Feststellungsklagen abgesehen (siehe oben II.2.a) – regelmäßig den geschädigten Kläger. Um ein Abgleiten in ein ungehemmtes *forum shopping* zu verhindern, hat der Gerichtshof in seiner ständigen Rechtsprechung drei Grundsätze entwickelt, mit deren Hilfe die Reichweite des Ubiquitätsprinzips eingeschränkt wird: Erstens hat der Gerichtshof wiederholt betont, dass die besonderen Zuständigkeiten in Art. 7 EuGVO n.F., nicht zuletzt die Nr. 2, eng auszulegen seien, weil sie vom Grundprinzip des *actor sequitur forum rei* in Art. 4 Abs. 1 EuGVO n.F. abwichen.[36] Zweitens sind sowohl der Begriff der unerlaubten Handlung (in Abgrenzung von vertraglichen Ansprüchen) als auch des Handlungs- und des Erfolgsortes autonom, d. h. ohne Rückgriff auf die mitgliedstaatlichen Rechtsordnungen zu bestimmen.[37] Schließlich soll Art. 7 Nr. 2 EuGVO n.F. es einem verständigen Beklagten ermöglichen vorherzusehen, vor welchem Gericht er verklagt werden könnte.[38] Dieses Vorhersehbarkeitsprinzip war bereits

---

Negative Feststellungsklage am Gerichtsstand der unerlaubten Handlung, ZEuP 2013, 870, 887–889 (eine analoge Anwendung des Art. 31 Abs. 2 EuGVO n.F. auf andere Fallgestaltungen diskutierend).

36 EuGH 16.7.2009 – *Zuid-Chemie*, Slg. 2009, I-6917 Rn. 20–22; EuGH 16.5.2013 – C-228/11 (*Melzer ./. MF Global UK Ltd.*), ECLI:EU:C:2013:305 Rn. 23 f.; EuGH 16.1.2014 – *Kainz*, ECLI:EU:C:2014:7 Rn. 21 f.

37 Vgl. zur Abgrenzung deliktischer und vertraglicher Ansprüche, EuGH 17.6.1992 – C-26/91 (*Jakob Handte & Co. GmbH ./. Traitements mécano-chimiques des surfaces SA*), Slg. 1992, I-3967 Rn. 10; EuGH 28.1.2015 – C-375/13 (*Harald Kolassa ./. Barclays Bank plc*), ECLI:EU:C:2015:37 Rn. 44; zum Ort des schädigenden Ereignisses, vgl. EuGH 16.5.2013 – *Melzer*, ECLI:EU:C:2013:305 Rn. 22; EuGH 5.6.2014 – C-360/12 (*Coty Germany GmbH ./. First Note Perfumes NV*), ECLI:EU:C:2013:764 Rn. 43.

38 EuGH 10.6.2004 – *Kronhofer*, Slg. 2004, I-6009 Rn. 20; EuGH 19.4.2012 – *Wintersteiger*, ECLI:EU:C:2012:220 Rn. 23; EuGH 25.10.2012 – *Folien Fischer*, ECLI:EU:C:2012:664 Rn. 45; EuGH 16.1.2014 – *Kainz*, ECLI:EU:C:2014:7 Rn. 31; EuGH 28.1.2015 – *Kolassa*, ECLI:EU:C:2015:37 Rn. 56.

allgemein in Erwgr. 11 EuGVO a.F. enthalten und wird nun in Erwgr. 16 EuGVO n.F. insbesondere in Bezug auf Art. 7 Nr. 2 EuGVO n.F. hervorgehoben.[39]

Im Lichte dieser potenziell konfligierenden normativen Vorgaben – *effet utile* gegen enge Auslegung; Eröffnung alternativer Zuständigkeiten, die aber zugleich für den Beklagten vorhersehbar sein sollen –, kann die genaue Bestimmung des normativen Gehalts des Art. 7 Nr. 2 EuGVO n.F. im Einzelfall zu einer schwierigen Abwägungsfrage werden. Die Tatsache, dass insoweit auch vernünftige Juristen ernsthaft verschiedener Ansicht sein können, wird nicht zuletzt dadurch illustriert, dass der EuGH gerade auf diesem Gebiet in jüngerer Zeit wiederholt von den Schlussanträgen der Generalanwälte abgewichen ist.[40]

3. Differenzierende kollisionsrechtliche Anknüpfungen in der Rom II-VO

Wie bereits erwähnt, müssen deutsche Gerichte das auf grenzüberschreitende Delikte anwendbare Recht heute in erster Linie nicht mehr nach den Art. 40–42 EGBGB, sondern nach der Rom II-VO bestimmen. Das oberste Ziel dieser Verordnung ist der internationale Entscheidungseinklang:

> „Um den Ausgang von Rechtsstreitigkeiten vorhersehbarer zu machen und die Sicherheit in Bezug auf das anzuwendende Recht sowie den freien Verkehr gerichtlicher Entscheidungen zu fördern, müssen die in den Mitgliedstaaten geltenden Kollisionsnormen im Interesse eines reibungslos funktionierenden Binnenmarkts unabhängig von dem Staat, in dem sich das Gericht befindet, bei dem der Anspruch geltend gemacht wird, dieselben Verweisungen zur Bestimmung des anzuwendenden Rechts vorsehen."[41]

Dieses Prinzip bildet bekanntlich seit *Savigny* die Leitidee des europäischen Kollisionsrechts.[42] Es prägt die Methodik der Rom II-VO, die letztlich auf dem Prinzip der engsten Verbindung beruht (Art. 4 Abs. 3, 5 Abs. 2, 10 Abs. 4, 11 Abs. 4, 12 Abs. 2 lit. c Rom II-VO), dieses aber aus Gründen der Rechtssicherheit in festen Anknüpfungsregeln konkretisiert. Grundsätzlich soll nicht ein Gericht *ad hoc* den Sitz des Rechtsverhältnisses bestimmen, sondern der Gesetzgeber. Zudem entspricht die Rom II-VO insoweit dem „klassischen" IPR, als in der Regel das „räumlich" und nicht das materiellrechtlich „beste" – z. B. das für den Geschädigten

---

39 Siehe unten II.4. und III.4.

40 So in der Rechtssache *Folien Fischer*, ECLI:EU:C:2012:220; siehe ferner unten III.5.b) zu EuGH 22.1.2015 – C-441/13 (*Pez Hejduk ./. EnergieAgentur.NRW GmbH*), ECLI:EU:C:2015:28.

41 Erwägungsgrund Nr. 6.

42 *Friedrich Carl von Savigny*, System des heutigen römischen Rechts, Bd. VIII (1849) 27.

günstigste Recht – zur Anwendung bestimmt wird.[43] Anders als im autonomen IPR und im europäischen Zivilprozessrecht sieht die Rom II-VO im Rahmen der Grundregel kein Ubiquitätsprinzip vor, sondern knüpft in Art. 4 Abs. 1 Rom II-VO allein an den Erfolgsort an. Lediglich in drei speziellen Fällen – Streuschäden bei Kartelldelikten (Art. 6 Abs. 3 lit. b), Umweltschäden (Art. 7), Direktanspruch des Haftpflichtversicherten (Art. 18) – wird dem Opfer fakultativ bzw. alternativ ein weiteres Recht zur Verfügung gestellt.[44]

Die Anknüpfung an den Erfolgsort wird verdrängt, wenn die Parteien im Zeitpunkt des Schadenseintritts ihren gewöhnlichen Aufenthalt in demselben Staat haben (Art. 4 Abs. 2 Rom II-VO). Diese Auflockerung des Deliktsstatuts ermöglicht eine effizientere Bewältigung von Rechtsstreitigkeiten, insbesondere bei Straßenverkehrsunfällen, weil das Opfer gegen den Schädiger typischerweise am gemeinsamen gewöhnlichen Aufenthalt prozessiert und auch in diesem Staat die Folgen der erlittenen Schädigung bewältigen muss. Für Sicherheits- und Verhaltensvorschriften des Unfallortes gilt Art. 17 Rom II-VO. Die allgemeine Ausweichklausel (Art. 4 Abs. 3 Rom II-VO) ist nur ausnahmsweise anzuwenden, nämlich wenn sich „aus der Gesamtheit der Umstände [ergibt], dass die unerlaubte Handlung eine offensichtlich engere Verbindung mit einem anderen als dem in den Absätzen 1 oder 2 bezeichneten Staat aufweist." Art. 4 Abs. 3 Satz 2 Rom II-VO ermöglicht eine akzessorische Anknüpfung an ein zwischen den Parteien bestehendes Rechtsverhältnis, wie z. B. einen Vertrag. Für besondere Deliktstypen spielt überdies der Handlungsort weiterhin eine wichtige Rolle. Er kann subsidiär zur Anknüpfung gelangen, wenn das Recht am Erfolgsort für den Schädiger nicht vorhersehbar ist, so in Form des Herstellersitzes bei der Produkthaftung (Art. 5 Abs. 1 Satz 2 Rom II-VO). Für Arbeitskampfmaßnahmen wird sogar ausschließlich an den Handlungsort angeknüpft (Art. 9 Rom II-VO). Des Weiteren wird der Handlungsort bei Umweltschäden dem Geschädigten wahlweise zur Verfügung gestellt (Art. 7 Rom II-VO), um ein hohes Umweltschutzniveau zu gewährleisten (Erwgr. 25 Rom II-VO). Ferner kann der Geschädigte bei durch Kartelldelikte verursachten Streuschäden aus Gründen der Prozessökonomie die Anwendung des am Sitz, also der Verhaltenszentrale, des Schädigers geltenden Rechts verlangen (Art. 6 Abs. 3 lit. b Rom II-VO). Zudem wird bei Verletzungen von Unions-Immaterialgüterrechten allein an den Handlungsort angeknüpft, weil das Schutzlandprinzip hier keine eindeutige räumliche Zuweisung ermöglicht (Art. 8 Abs. 2 Rom II-VO).

---

43 Zur Unterscheidung von „räumlich" und „materiell" bestem Recht grundlegend *Kegel/ Schurig*, IPR (Fn. 9) 131 ff.

44 Näher *Jan von Hein*, Europäisches Internationales Deliktsrecht nach der Rom II-Verordnung, ZEuP 2009, 6, 16, 29 ff.

Andere Spezialregeln verfolgen zwar einen an der Rechtsgutsverletzung orientierten Ansatz, modifizieren diesen aber gegenüber dem Erfolgsortbegriff der Grundregel. Hierzu zählt insbesondere die Anknüpfungsleiter für die Produkthaftung (Art. 5 Abs. 1 Satz 1 Rom II-VO), die den gewöhnlichen Aufenthalt des Geschädigten und den Erwerbsort gegenüber dem Verletzungsort in den Vordergrund stellt; ferner sind die Anknüpfung an den betroffenen Markt bei Wettbewerbsdelikten (Art. 6 Abs. 1 und 3 lit. a Rom II-VO) sowie das bei Immaterialgüterrechten nach nationalem Recht geltende Schutzlandprinzip (Art. 8 Abs. 1 Rom II-VO) zu nennen.

Die Rom II-VO beruht also – sowohl im Vergleich zum autonomen deutschen IPR als auch zur EuGVO – auf einem deutlich moderneren, verfeinerten Regelungsansatz: Erstens wird ein Wahlrecht des Geschädigten nicht ungezielt und unabhängig von einer strukturellen Ungleichgewichtslage gewährt, sondern nur in besonderen Konstellationen, in denen dafür sachlich plausible Gründe gegeben werden können. Zweitens wird auch bei der Wahl des passenden Anknüpfungsmoments nach den jeweiligen Deliktstypen unterschieden und die engste Verbindung sodann im Lichte der für den konkreten Deliktstypus gegebenen Interessenlage bestimmt.

4. Kohärenz zwischen europäischem IPR und IZVR

Gegenwärtig wird in der EU intensiv darüber diskutiert, ob angesichts der Zersplitterung des europäischen IPR und IZVR auf zahlreiche verschiedene Rechtsquellen eine möglichst kohärente Auslegung des geltenden Acquis erreicht werden kann bzw. sollte und auf welchen Feldern weiterer Handlungsbedarf für eine stärker integrierte Kodifikation besteht. Eine vielbeachtete Konferenz zu diesem Thema fand im Oktober 2014 in Freiburg statt,[45] und der Rechtsausschuss des Europäischen Parlaments hat u. a. zu dieser Frage am 26. Februar 2015 eine Anhörung veranstaltet.[46] Die Bedeutung dieses Paradigmenwechsels hin zu einer stärkeren Verzahnung von Kollisions- und Verfahrensrecht darf nicht unterschätzt werden. Noch in der *Reinwater*-Entscheidung hatte der EuGH keine vergleichenden Überlegungen zum Kollisionsrecht angestellt. Generalanwalt *Capotorti* hatte in seinen Schlussanträgen sogar ausdrücklich die Unabhängigkeit der anzustellenden

---

45 Vgl. hierzu den Tagungsband: Jan von Hein/Giesela Rühl (Hrsg.), Kohärenz im Internationalen Privat- und Verfahrensrecht der Europäischen Union (2015, i.E.).

46 Auf der u. a. die Studie *Jan von Hein/Giesela Rühl*, Towards a European Code on Private International Law? (2015) vorgestellt wurde, abrufbar unter http://www.europarl.europa.eu/RegData/etudes/STUD/2015/510003/IPOL_STU%282015%29510003_EN.pdf.

prozessrechtlichen Erwägungen vom IPR betont:[47] Es wäre mit dem Zweck des EuGVÜ, die Probleme bei der Bestimmung des zuständigen Gerichts zu vereinfachen, nicht vereinbar, wenn man die Frage des anwendbaren materiellen Rechts und die Frage der Zuständigkeit strikt gleichlaufend behandeln wollte. So wie das EuGVÜ das IPR der Vertragsstaaten in keiner Weise beeinflussen wolle, so wolle es auch die Bestimmung der Zuständigkeit nicht von der Wahl des materiellen Rechts abhängig machen.[48] Die Kommission hatte zwar in ihrer Stellungnahme auf das kollisionsrechtliche Prinzip der „most significant relationship" aufmerksam gemacht, dieses aber wegen der mangelnden Verankerung im EuGVÜ als Ansatzpunkt für das Verfahrensrecht verworfen.[49] Diese Abstinenz gegenüber Seitenblicken in das Kollisionsrecht ist vor dem Hintergrund des Jahres 1976 erklärlich, denn das Internationale Deliktsrecht war seinerzeit in der EWG nicht vereinheitlicht. Eine Auslegung des Tatortgerichtsstandes im Lichte der nationalen Kollisionsrechte hätte daher gegen das Prinzip der autonomen Auslegung verstoßen und die einheitliche Anwendung des EuGVÜ untergraben.

So einfach kann man es sich heute nicht mehr machen, denn das IPR der außervertraglichen Schuldverhältnisse ist heute überwiegend auf Unionsebene geregelt (siehe oben II.3.). Zudem verweist Erwgr. 16 EuGVO n.F. explizit darauf, dass die in Art. 7 EuGVO n.F. geregelten besonderen Gerichtsstände „entweder aufgrund der engen Verbindung zwischen Gericht und Rechtsstreit oder im Interesse einer geordneten Rechtspflege zuzulassen sind. Das Erfordernis der engen Verbindung soll Rechtssicherheit schaffen und verhindern, dass die Gegenpartei vor einem Gericht eines Mitgliedstaats verklagt werden kann, mit dem sie vernünftigerweise nicht rechnen konnte." Zwar muss die „enge" Verbindung im Sinne des IZVR nicht notwendigerweise gleichbedeutend sein mit der „engsten" Verbindung im IPR, aber die zumindest terminologische Verwandtschaft dieser Konzepte drängt dem Betrachter die Frage auf, ob sich insoweit auch inhaltliche Querverbindungen feststellen lassen. Schließlich ist im geltenden Unionsrecht das Prinzip einer möglichst harmonischen Auslegung von EuGVO und Rom II-VO ausdrücklich verankert worden: Gemäß Erwägungsgrund 7 Rom II-VO sollten der materielle Anwendungsbereich und die Bestimmungen dieser Verordnung mit der EuGVO

47 Schlussanträge GA *Capotorti* v. 10.11.1976, Slg. 1976, 1749, 1755, ferner 1757.

48 Zum Verhältnis EuGVÜ/Kollisionsrecht s. auch EuGH 7.3.1995 – *Shevill*, Slg. 1995, I-415, 464 (Rn. 38 f.); hierzu *Volken*, SZIER 6 (1996) 69, 133.

49 Kommission, Stellungnahme zu EuGH 30.11.1976 – *Bier/Mines de Potasse d'Alsace*, Slg. 1976, 1735, 1743.

in Einklang stehen.[50] Dieser Grundsatz darf jedoch nicht zu eng verstanden werden.[51] Ein strikter Gleichlauf von internationaler Zuständigkeit und anwendbarem Recht ist aufgrund der Eigengesetzlichkeiten des IPR einerseits, des IZVR andererseits, im europäischen Rechtsraum weder wünschenswert noch machbar.[52] Ungeachtet der Rom II-VO, mit der sich der europäische Verordnungsgeber im IPR vom Ubiquitätsprinzip verabschiedet hat (Art. 4 Abs. 1 Rom II-VO), ist prozessual an diesem Grundsatz festzuhalten.[53] Anders als im Kollisionsrecht, wo das Ubiquitätsprinzip in der Vergangenheit vielfach lediglich aus Anknüpfungsverlegenheit zum Zuge kam,[54] lassen sich für diesen Grundsatz im Prozessrecht sachlich überzeugende und hinsichtlich der Parteiinteressen neutrale Gründe finden, nämlich die Sach- und Beweisnähe des Gerichtsstandes (s. oben II.2.a.). Wie Erwgr. 6 der Rom II-VO verdeutlicht, soll die kollisionsrechtliche Festlegung auf den Erfolgsort allein den internationalen Entscheidungseinklang sichern, aber nicht i.S. eines Gleichlaufprinzips zur Beschneidung von Wahlgerichtsständen führen.[55] Hinzu kommt folgender Aspekt: Bereits in der *Reinwater*-Entscheidung ließ der EuGH

---

50 Für eine Berücksichtigung der Wertungen der Art. 5 ff. Rom II-VO bei der Anwendung von Art. 5 Nr. 3 EuGVO a.F. *Hess*, EuZPR (Fn. 18) § 6 Rz. 73; zum Konzept einer kohärenten Auslegung von EuGVO und Rom II-VO siehe ausführlich *Jan D. Lüttringhaus*, Übergreifende Begrifflichkeiten im europäischen Zivilverfahrens- und Kollisionsrecht – Grund und Grenzen der rechtsaktsübergreifenden Auslegung, dargestellt am Beispiel vertraglicher und außervertraglicher Schuldverhältnisse, RabelsZ 2013, 31; *Markus Würdinger*, Das Prinzip der Einheit der Schuldrechtsverordnungen im Europäischen Internationalen Privat- und Verfahrensrecht: eine methodologische Untersuchung über die praktische Konkordanz zwischen Brüssel I-VO, Rom I-VO und Rom II-VO, RabelsZ 2011, 102.

51 *Jan von Hein*, Of Older Siblings and Distant Cousins: The Contribution of the Rome II Regulation to the Communitarisation of Private International Law, RabelsZ 2009, 461, 470 f.

52 Explizit zu Art. 5 Nr. 3 EuGVO a.F. auch BGH 9.7.2009, NJW 2009, 3371 m. Anm. *Ansgar Staudinger/Paul Czaplinski*, 3375; ebenso Geimer/Schütze/*Geimer* Art. 5 EuGVO Rn. 235; vgl. *Schack*, IZVR (Fn. 13) Rz. 24 (IZVR sei kein bloßes „Zubehör" des IPR, sondern wahre spezifische Interessen); zur Frage des Gleichlaufs allgemein *Peter Mankowski*, Internationale Zuständigkeit und anwendbares Recht – Parallelen und Divergenzen, in: Festschrift für Andreas Heldrich zum 70. Geburtstag, hrsg. von Stephan Lorenz/Alexander Trunk/Horst Eidenmüller/Christiane Wendehorst/Johannes Adolff (2005) 867 ff. (speziell 883 ff. zu Art. 5 Nr. 3 EuGVO).

53 Ebenso *Lindacher*, Wettbewerbsverfahrensrecht (Fn. 30) § 9 Rz. 4 ff.; anders *Schlosser*, EuZPR (Fn. 30) Art. 5 EuGVO a.F. Rn. 18.

54 Eingehende Kritik bei *von Hein*, Günstigkeitsprinzip (Fn. 13) 40 ff. m.w.N.

55 Vgl. auch *Würdinger*, RabelsZ 2011, 102, 108 f.

das gegen das Ubiquitätsprinzip sprechende Argument, das Unionsrecht wolle die Zahl der Gerichtsstände klein halten, um ein „Forum Shopping" und widersprechende Urteile zu verhindern,[56] nicht zum Tragen kommen (s. oben II.2.a.). Diese Nachteile werden heute erheblich durch die Rom II-VO gemindert, mit der in den Mitgliedstaaten einheitliche Kollisionsregeln über das Deliktsstatut in Kraft gesetzt wurden.[57] Da die Gefahr des Forum Shopping somit durch die Vereinheitlichung des Deliktskollisionsrechts, insbesondere die Grundanknüpfung an den Erfolgsort, weitgehend – wenn auch nicht vollkommen[58] – eingedämmt wird, spricht die Rom II-VO in der Konsequenz eher für eine Beibehaltung des verfahrensrechtlichen Ubiquitätsprinzips als dagegen.

Dennoch lässt sich das Spannungsverhältnis nicht leugnen, das zwischen dem methodischen Grundansatz der Rom II-VO einerseits, der EuGVO andererseits besteht: Wenn es im IPR sachgerecht ist, bei der Anknüpfung zwischen verschiedenen Deliktstypen zu differenzieren und auf strukturelle Ungleichgewichtslagen nur in besonderen Fallgruppen einzugehen, stellt sich die Frage, ob nicht auch für das Verfahrensrecht das herkömmliche, ungezielt eingesetzte Ubiquitätsprinzip einer weiteren Verfeinerung bedarf. Es ist also zu prüfen, ob die strikt am Grundsatz der Neutralität des forum delicti commissi orientierte Rechtsprechung des EuGH auch denjenigen Fällen gerecht zu werden vermag, in denen tatsächlich eine strukturelle Ungleichgewichtslage zwischen dem Schädiger und dem Geschädigten besteht. Ferner erscheint es nicht ausgeschlossen, dass in bestimmten Fallgruppen die zuständigkeitsrechtlichen Interessen derart stark auf einen bestimmten Ort hindeuten, dass die Begünstigung des Geschädigten durch das Ubiquitätsprinzip nicht angemessen erscheint, sondern eine Konzentration auf einen Ort anzustreben ist. Diese Fragen werde ich im Folgenden anhand der neueren Rechtsprechung des EuGH untersuchen.

---

56 Vgl. die Argumentation der Beklagten und der französischen Regierung, wiedergegeben bei Schlussanträge GA *Capotorti* v. 10.11.1976, Slg. 1976, 1749, 1756.

57 Zur Rom II-VO siehe oben II.3.

58 Für Straßenverkehrsunfälle und die Produkthaftung bleibt die IPR-Vereinheitlichung aber erheblich eingeschränkt, weil insoweit die einschlägigen Haager Übereinkommen unberührt bleiben, näher *Thomas Thiede/Markus Kellner*, Forum shopping zwischen dem Haager Übereinkommen über das auf Verkehrsunfälle anzuwendende Recht und der Rom-II-Verordnung, VersR 2007, 1624 ff.; *Ansgar Staudinger*, Das Konkurrenzverhältnis zwischen dem Haager Straßenverkehrsübereinkommen und der Rom II-VO, in: Die richtige Ordnung – Festschrift für Jan Kropholler zum 70. Geburtstag, hrsg. von Dietmar Baetge/Jan von Hein/Michael von Hinden (2008) 691 ff.

III. Die neuere Rechtsprechung des EuGH

1. Grenzüberschreitender Umweltschutz

Obwohl die Rom II-VO die Ubiquitätslehre im Rahmen der Grundregel verworfen hat, sieht die in Art. 7 enthaltene Spezialvorschrift für Umweltschädigungen vor, dass der Geschädigte statt der als Auffangregel dienenden Erfolgsortanknüpfung auch die Anwendung des Handlungsortrechts verlangen kann.[59] Die bewusste Begünstigung des Geschädigten wird unter Bezugnahme auf das in Art. 191 AEUV (ex-Art. 174 EGV) enthaltene Ziel eines hohen Umweltschutzniveaus gerechtfertigt.[60] Trotz der unterschiedlichen normativen Prämissen – *favor naturae* nach Art. 7 Rom II-VO, Sach- und Beweisnähe nach Art. 7 Nr. 2 EuGVO n.F. – gelangt man also im Ergebnis zu einer weitgehend kongruenten Lösung im Kollisions- und Verfahrensrecht. Eine völlige Deckungsgleichheit zwischen Rom II-VO und EuGVO besteht aber selbst insoweit nicht: Im Rahmen des Art. 7 Nr. 2 EuGVO n.F. kommt nämlich auch bei Umweltschäden dem Erfolgsort – anders als nach Art. 7 Rom II-VO – kein Vorrang gegenüber dem Handlungsort zu; der Handlungsort begründet vielmehr einen gleichwertigen Gerichtsstand. Der Geschädigte darf daher auch am Erfolgsort klagen, aber das Recht des Handlungsortes wählen, und umgekehrt.[61]

---

59 Zu Art. 7 der endgültigen Fassung siehe *Thomas Kadner Graziano*, The Law Applicable to Cross-Border Damage to the Environment – A Commentary on Article 7 of the Rome II Regulation, YbPIL 9 (2007), 71 ff.; *Liesbeth Enneking*, The Common Denominator of the Trafigura Case, Foreign Direct Liability Cases and the Rome II Regulation, Eur. Rev. Priv. L. 2008, 283 ff.; zu den vorangegangenen Entwürfen siehe *Gerrit Betlem/Christophe Bernasconi*, European Private International Law, the Environment and Obstacles for Public Authorities, Law Quarterly Review 122 (2006) 124 ff.; *Katia Fach Gómez*, The Law Applicable to Cross-Border Environmental Damage: From the European National Systems to Rome II, YbPIL 6 (2004) 291 ff.; *Jan von Hein/Christian Ulrich Wolf*, Transboundary Environmental Damage in the Conflict of Laws, in: Environmental Liability in International Law – Towards a Coherent Conception, hrsg. von Rüdiger Wolfrum et al. (2005) 381 ff., 440–444; *Francesco Munari/Lorenzo Schiano Di Pepe*, Liability for Environmental Torts in Europe: Choice of Forum, Choice of Law and the Case for Pursuing Effective Legal Uniformity, Riv. dir. int. priv. proc. 41 (2005) 607 ff.

60 Erwägungsgrund Nr. 24 S. 1 Rom II-VO.

61 Gegen einen Gleichlauf von IPR und IZVR bereits Schlussanträge GA *Capotorti* v. 10.11.1976, Slg. 1976, 1749, 1755; ebenso Geimer/Schütze/*Geimer* Art. 5 EuGVO Rn. 235.

Eine Konzentration der Zuständigkeit auf nur einen Ort ließe sich auch nicht dadurch rechtfertigen, dass Ansprüche zur Abwehr grenzüberschreitender Immissionen nicht als deliktisch, sondern als dinglicher Natur im Sinne des Art. 24 Nr. 1 EuGVO n.F. qualifiziert werden. Zwar ordnet das materielle deutsche Recht derartige Ansprüche nach §§ 1004, 906 BGB bekanntlich im Sachenrecht ein; für die EuGVO gilt aber, wie der EuGH in der Rechtssache *Čez as* entschieden hat, auch insoweit der Grundsatz der autonomen Auslegung.[62] Beseitigungs- und Schadensersatzklagen, die auf eine Verletzung dinglicher Rechte oder auf die Beschädigung von Grundstücken gestützt sind, an denen dingliche Rechte bestehen, fallen nicht unter Art. 24 Nr. 1 EuGVO n.F., weil Existenz und Inhalt des dinglichen Rechts (meist des Eigentums) in einem solchen Zusammenhang nur inzident bedeutsam sind.[63] Das gilt auch für nachbarrechtliche Abwehransprüche, z. B. bei grenzüberschreitenden Immissionen.[64] Wie der EuGH zu Recht betont, sind die „dingliche Natur des in Rede stehenden Rechts und die Tatsache, dass es sich um eine unbewegliche Sache handelt, ohne entscheidenden Einfluss auf die Ausgestaltung" eines solchen Gerichtsverfahrens, „das nicht in wesentlich anderer Form entstanden wäre, wenn das Recht, das vor den behaupteten Einwirkungen geschützt werden soll, anderer Natur wäre, wie z. B. das Recht auf körperliche Unversehrtheit oder ein Recht an einer beweglichen Sache". Auch derartige Klagen wären „im Wesentlichen darauf gerichtet, dass derjenige, der eine solche – erwiesene oder potenzielle – Verletzung eines Rechts u. a. dadurch verursacht, dass er den anerkannten Stand der Technik nicht beachtet hat, aufgefordert wird,

62 EuGH 18.5.2006 – C-343/04 (*Land Oberösterreich ./. Čez as*), Slg. 2006, I-4557.

63 So EuGH 18.5.2006 – *Čez as*, Slg. 2006, I-4557 Rn. 33 im Anschluss an den Bericht von *P. Schlosser* zum Übereinkommen über den Beitritt des Königreichs Dänemark, Irlands und des Vereinigten Königreichs Großbritannien und Nordirland zum Brüsseler Übereinkommen, ABl. 1979 C 59/71 Rn. 163.

64 EuGH 18.5.2006 – *Čez as*, Slg. 2006, I-4557 Rn. 34; ebenso z. B. *Christian Kohler*, Unterlassungs- und Schadensersatzklagen wegen grenzüberschreitender Umweltbeeinträchtigungen im internationalen Privat- und Verfahrensrecht, in: Grenzüberschreitender Umweltschutz in Europa, hrsg. von Heinrich von Moltke/Jürgen Schmölling/Michael Kloepfer/Christian Kohler (1984) 69, 74 f.; *von Bar*, Rec. des Cours 268 (1997) 331; *von Hein/Wolf*, Transboundary Environmental Damage (Fn. 59) 391 ff.; *Caroline Graf-Schimek*, in: Rom II-VO – Neues Kollisionsrecht für außervertragliche Schuldverhältnisse, hrsg. von Daphne Beig/Caroline Graf-Schimek/Andrea Grubinger/Judith Schacherreiter (2008) 95 ff. m.w.N.; anders noch OGH 1.8.2003, IPRax 2005, 256, 262 m. krit. Anm. *Schack*, m. krit. Anm. *Hager/Hartmann*, 266 = EuLF 2004, 56 = DZWIR 2004, 323 m. krit. Anm. *Wehdeking*; vgl. auch OGH 4.4.2006, ecolex 2006, 647 m. krit. Anm. *McGuire*.

diesen Zustand zu beenden".[65] Überdies treffen die hinter der Ausschließlichkeit des dinglichen Gerichtsstands stehenden Erwägungen einer geordneten Rechtspflege auf eine Immissionsabwehrklage nicht zu.[66] Schließlich weist der EuGH auf sein grundlegendes Urteil im Rheinverschmutzungsfall hin und betont, dass gerade bei grenzüberschreitenden Immissionen „sowohl der Ort des ursächlichen Geschehens als auch der Ort der Verwirklichung des Schadenserfolges je nach Lage des Falles für die Beweiserhebung und für die Gestaltung des Prozesses in eine besonders sachgerechte Richtung weisen" könnten.[67] Bemerkenswert ist, dass der EuGH auch insoweit rein neutral-verfahrensrechtlich argumentiert und im Gegensatz zu Erwgr. 25 Rom II-VO jegliche Bezugnahme auf materielle Schutzerwägungen, insbesondere auf das in Art. 191 AEUV enthaltene Ziel eines hohen Umweltschutzniveaus, unterlässt. Zu bedenken ist allerdings, dass es sich bei *Čez as* um einen Fall aus der Zeit vor dem Inkrafttreten der Rom II-VO handelt;[68] in künftigen Fällen mag der EuGH eine größere Offenheit gegenüber am Ziel des Umweltschutzes orientierten Argumenten zeigen.

2. Internationale Produkthaftung

a) Produkthaftung als Beispiel für eine Materialisierung des europäischen IPR?

Gerade für die Internationale Produkthaftung wurde dem Günstigkeitsprinzip im autonomen deutschen IPR vor 2007 eine inhaltliche Berechtigung zuerkannt, „weil die kollisionsrechtliche Bevorzugung des Geschädigten einer international verbreiteten Begünstigungstendenz im materiellen Recht (Verschuldensvermutung, strikte Haftung) entspricht".[69] Heute wird von einigen Autoren geltend gemacht, dass im europäischen IPR in wesentlich stärkerem Maße materiellrechtliche und regulative Wertungen die Anknüpfung bestimmen würden, als dies

65 EuGH 18.5.2006 – *Čez as*, Slg. 2006, I-4557 Rn. 24 ff.

66 EuGH 18.5.2006 – *Čez as*, Slg. 2006, I-4557 Rn. 35.

67 EuGH 18.5.2006 – *Čez as*, Slg. 2006, I-4557 Rn. 38.

68 Allerdings wäre die Rom II-VO auch heutzutage aufgrund der Bereichsausnahme für Nuklearschäden (Art. 1 Abs. 2 lit. f Rom II-VO) insoweit nicht anwendbar; näher *Ulrich Magnus*, Probleme des internationalen Atomhaftungsrechts, in: FS Kropholler (Fn. 58) 595, 610 ff.

69 So *Jan Kropholler*, Internationales Privatrecht[6] (2006) § 53 V 3, 540; zustimmend *Andreas Spickhoff*, Die Produkthaftung im Europäischen Kollisions- und Zivilverfahrensrecht, in: FS Kropholler (Fn. 58) 671, 675; übereinstimmend aus niederländischer Sicht *Th.M. de Boer*, The Purpose of Uniform Choice-of-Law Rules: The Rome II Regulation, NethIntLRev 2009, 295, 320.

herkömmlich im „klassischen“ (nationalen) IPR der Fall gewesen sei.[70] Diese Materialisierungsthese wird u. a. darauf gestützt, dass die Rom II-VO in erster Linie am Opferschutz orientiert sei, weil sie grundsätzlich an den Erfolgsort (Art. 4 Abs. 1 Rom II-VO) und bei der Produkthaftung (Art. 5 Abs. 1 lit. a Rom II-VO) sogar primär an den gewöhnlichen Aufenthalt des Geschädigten anknüpfe.[71] Allerdings ist das Internationale Deliktsrecht auf europäischer Ebene insoweit nicht stärker, sondern – genau umgekehrt – *weniger* an Opferinteressen ausgerichtet als das autonome IPR, als die Rom II-VO auch für die Produkthaftung das besonders geschädigtenfreundliche Günstigkeitsprinzip aufgegeben hat.

b) EuGH: Autonomie der EuGVO gegenüber der Rom II-VO

Den EuGH ficht der vermeintlich durch Art. 5 Rom II-VO bewirkte kollisionsrechtliche Paradigmenwechsel in seiner Rechtsprechung zum Tatortgerichtsstand allerdings nicht an; er hält vielmehr auch nach dem Inkrafttreten der Rom II-VO im Falle der Produkthaftung an einer rein prozessual begründeten Ableitung des verfahrensrechtlichen Ubiquitätsprinzips fest.[72] Selbst bei der Konkretisierung des Handlungs- und Erfolgsortes in Produkthaftungsfällen ist der EuGH nicht geneigt, dem Gedanken einer kohärenten Auslegung der Rom II-VO und der EuGVO besonderes Gewicht beizumessen. Die Bestimmung des Handlungsortes in Produkthaftungsfällen war für die EuGVO lange Zeit höchst umstritten.[73] Herkömmlich wurde überwiegend auf den Sitz des Herstellers oder den Ort der Herstellung

70 So *Ralf Michaels*, Die europäische IPR-Revolution. Regulierung, Europäisierung, Mediatisierung, in: FS Kropholler (Fn. 58) 151, 161 ff. (Konstitutionalisierung); *Marc-Philippe Weller*, Anknüpfungsprinzipien im Europäischen Kollisionsrecht: Abschied von der „klassischen“ IPR-Dogmatik?, IPRax 2011, 429 ff. (Materialisierung).

71 *M.-P. Weller*, IPRax 2011, 429, 435.

72 EuGH 16.7.2009 – *Zuid-Chemie*, Slg. 2009, I-6917; EuGH 16.1.2014 – *Kainz*, ECLI:EU:C:2014:7.

73 Vgl. zu Art. 5 Rom II-VO und seinem Zusammenspiel mit der EuGVO n.F. *Sabine Corneloup*, La responsabilité du fait des produits, in: Le Règlement Communautaire „Rome II“ sur la loi applicable aux obligations non contractuelles, hrsg. von *dies./Natalie. Joubert* (2008) 85; *Jan von Hein*, Die Produkthaftung des Zulieferers im Europäischen Internationalen Zivilprozessrecht, IPRax 2010, 330; *Peter Huber/Martin Illmer*, International Product Liability. A Commentary on Article 5 of the Rome II Regulation, YbPIL 2007, 31; *Martin Illmer*, The New European Private International Law of Product Liability – Steering Through Troubled Waters, RabelsZ 2009, 269; *Spickhoff*, Produkthaftung (Fn. 69) 671; *Peter Stone*, Product Liability under the Rome II Regulation, in: The Rome II Regulation on the Law Applicable to Non-Contractual Obligations, hrsg. von John Ahern/William Binchy (2009) 175.

abgehoben.[74] Nach einer neueren Auffassung in der Lehre sollte es hingegen auf den Ort des Inverkehrbringens des schädigenden Produkts ankommen.[75] Dies wurde damit begründet, dass hier die entscheidende Ursache für eine spätere Schädigung des Erwerbers gesetzt worden sei.[76] Da Art. 5 Abs. 1 Satz 1 Rom II-VO nicht die Herstellung des Produkts, sondern dessen (vorhersehbares, Art. 5 Abs. 1 Satz 2 Rom II-VO) Inverkehrbringen als kollisionsrechtlich maßgebende Handlung einstuft,[77] wurde von einer vordringenden Meinung in der Lehre die Einordnung dieses Ortes auch als verfahrensrechtlich maßgebender Handlungsort befürwortet.[78] Der EuGH hat dieser Auffassung aber in der Sache *Kainz ./. Pantherwerke* im Jahre 2014 eine eindeutige Absage erteilt. Herr Kainz, wohnhaft in Salzburg (Österreich), hatte die

74 EuGH 16.7.2009 – *Zuid-Chemie*, Slg. 2009, I-6917 Rn. 13, 25; BGH 17.3.1981, IPRax 1982, 13 m. Anm. *Kreuzer*, 1 = IPRspr. 1981 Nr. 25 (insoweit in BGHZ 80, 199 nicht abgedruckt); OLG Düsseldorf 28.4.1978, NJW 1980, 533 m. Anm. *Kropholler*, 534 = IPRspr. 1978 Nr. 24; OLG Köln 11.12.1991, RIW 1993, 326 = IPRspr. 1992 Nr. 53; OLG München 9.8.1995, IPRax 1997, 38, 40 m. Anm. *Huber*, 22 = RIW 1996, 955 m. Anm. *Schmid*, 904 = VersR 1997, 1242 m. Anm. *Wandt*, 1245; OLG Düsseldorf 18.12.1998, IPRax 2001, 584, 585 (zu Art. 38 EGBGB a.F.); *Stefan Auer*, in: Reinhold Geimer/Rolf A. Schütze, Internationaler Rechtsverkehr in Zivil- und Handelssachen, Losebl., Stand: 48. Erg.-Lfg. Juni 2014, Art. 5 EuGVO Rn. 145 (Ort der endgültigen Herstellung); *Schack*, IZVR (Fn. 13) Rz. 341 (Herstellungsort); differenzierend *Markus Beaumart*, Haftung in Absatzketten im französischen Recht und im europäischen Zuständigkeitsrecht (1999) 135: Ort der Herstellung oder des erstmaligen Inverkehrbringens in die EU.

75 Rechtbank Rotterdam 20.6.1996, Ned int privR 1996, 587; *Benedikt Buchner*, Kläger- und Beklagtenschutz im Recht der internationalen Zuständigkeit (1998) 132 ff.; Rauscher/*Leible* Art. 5 EuGVO Rn. 88; *Schlosser*, EuZPR (Fn. 30) Art. 5 EuGVO Rn. 20b („Ort der Markteinführung"); *Laurenz Uhl*, Internationale Zuständigkeit gemäß Art. 5 Nr. 3 des Brüsseler und Lugano-Übereinkommens (2000) 183 („Ort [...], an welchem das Produkt vom letzten Glied der Vertriebskette bestimmungsgemäß an den ersten Endabnehmer vermarktet wurde"); *Gerhard Wagner*, in: Friedrich Stein/Martin Jonas, Kommentar zur Zivilprozessordnung[22], Band 10 (2011) Art. 5 EuGVO Rn. 179; ebenso zu § 32 ZPO *Bernd von Hoffmann*, Internationales Privatrecht: US-Pflanzenschutzmittel in inländischen Obstgärten, JuS 1986, 385, 387; dezidiert ablehnend *Schack*, IZVR (Fn. 13), Rz. 341.

76 *Buchner*, Kläger- und Beklagtenschutz (Fn. 75) 133; Rauscher/*Leible* Art. 5 EuGVO Rn. 88.

77 Zur Einstufung des Ortes des Inverkehrbringens als Unterfall des Handlungsortes *von Hein*, RabelsZ 2009, 461, 495 f.

78 Hierzu die Überlegungen bei *Illmer*, RabelsZ 2009, 269, 306 ff.; *Spickhoff*, Produkthaftung (Fn. 69) 671, 677 f.; *Jan von Hein*, Die Kodifikation des europäischen IPR der außervertraglichen Schuldverhältnisse vor dem Abschluss? – Zum gegenwärtigen Stand der Arbeiten an der Rom-II-Verordnung, VersR 2007, 440, 448.

Pantherwerke AG, die ihren Sitz in Deutschland hat, wegen Produkthaftung in Österreich auf Schadensersatz verklagt. Zugrunde lag ein Unfall, den der Kläger in Deutschland mit einem von der Pantherwerke AG in der Bundesrepublik hergestellten Fahrrad erlitten hatte, das er zuvor bei einem Einzelhändler in Österreich erworben hatte. Nach Art. 5 Abs. 1 Satz 1 lit. a Rom II-VO hätte – wenn man von der Frage der intertemporalen Anwendbarkeit der Verordnung absieht[79] – auf den Schadensersatzanspruch des Klägers österreichisches Recht Anwendung gefunden: Dort hatte er seinen gewöhnlichen Aufenthalt, und dort war das Fahrrad auch offenbar mit dem Willen des Herstellers in den Verkehr gebracht worden. Der EuGH lehnte es jedoch dezidiert ab, diese Wertungen der Rom II-VO auf die Bestimmung des zuständigkeitsrechtlichen Handlungsortes zu übertragen: Zwar ergebe sich aus dem siebten Erwägungsgrund der Rom II-VO, dass der Unionsgesetzgeber die EuGVO auf der einen und den materiellen Anwendungsbereich und die Bestimmungen der Rom II-VO auf der anderen Seite miteinander in Einklang habe bringen wollen, daraus folge jedoch nicht, dass die Bestimmungen der EuGVO im Licht der Bestimmungen der Rom II-VO auszulegen wären:[80] „Die angestrebte Kohärenz kann keinesfalls zu einer Auslegung der Bestimmungen der Verordnung Nr. 44/2001 führen, die ihrer Systematik und ihren Zielsetzungen fremd ist.“[81]

Der EuGH stellte auch insoweit allein auf die Kriterien der Sach- und Beweisnähe des Tatortgerichtsstandes ab, die für den Herstellungsort sprächen: „Da die räumliche Nähe zu dem Ort, an dem sich das Ereignis verwirklicht hat, das zu dem Schaden an dem Produkt selbst geführt hat, insbesondere aufgrund der Möglichkeit, dort die Beweise zum Nachweis der in Rede stehenden Fehlerhaftigkeit zu erheben, eine sachgerechte Gestaltung des Prozesses und mithin eine geordnete Rechtspflege erleichtert, steht die Zuweisung der Zuständigkeit an das Gericht, in dessen Bezirk dieser Ort liegt, im Einklang mit dem Sinn und Zweck der in Art. 5 Nr. 3 der Verordnung Nr. 44/2001 vorgesehenen besonderen Zuständigkeit, dass nämlich zwischen der Streitigkeit und dem Gericht des Ortes, an dem das schädigende Ereignis eingetreten ist, eine besonders enge Verknüpfung besteht

---

79 Unabhängig davon, ob man die Herstellung des Produkts oder dessen Inverkehrbringen als schadensbegründendes Ereignis ansieht (dazu *Abbo Junker*, in: Münchener Kommentar zum BGB^{6} (2015) Art. 32 Rom II-VO Rn. 6), lagen beide Ereignisse vor dem nach Art. 31, 32 Rom II-VO maßgebenden Zeitpunkt, dem 11.1.2009; zur intertemporalen Anwendbarkeit der Rom II-VO siehe EuGH 17.11.2011 – C-412/10 (*Deo Antoine Homawoo ./. GMF Assurances SA*), Slg. 2011, I-11603.

80 EuGH 16.1.2014 – *Kainz*, ECLI:EU:C:2014:7 Rn. 20.

81 EuGH 16.1.2014 – *Kainz*, ECLI:EU:C:2014:7 Rn. 20.

[…].“[82] Darüber hinaus argumentierte der EuGH, dass „[e]ine Zuweisung der Zuständigkeit an das Gericht des Ortes, an dem das in Rede stehende Produkt hergestellt wurde, […] dem Erfordernis der Vorhersehbarkeit der Zuständigkeitsvorschriften [entspricht], da sowohl der beklagte Hersteller als auch der klagende Geschädigte vernünftigerweise vorhersehen können, dass dieses Gericht am besten in der Lage sein wird, über einen Rechtsstreit zu entscheiden, der u. a. die Feststellung einer Fehlerhaftigkeit dieses Produkts umfasst.“[83]

Den von dem Kläger erhobenen Einwand, dass bei der Bestimmung des zuständigkeitsrechtlichen Tatortes „neben dem Interesse einer geordneten Rechtspflege auch dem Interesse der geschädigten Person Rechnung zu tragen sei, indem ihr die Klageerhebung vor einem Gericht des Mitgliedstaats ermöglicht werde, in dem sie wohne“, ließ der EuGH hingegen nicht durchgreifen, weil Art. 5 Nr. 3 EuGVO a.F. gerade nicht bezwecke, der schwächeren Partei einen verstärkten Schutz zu gewährleisten;[84] ferner entspreche die Ablehnung eines Klägergerichtsstandes dem allgemeinen Grundsatz *actor sequitur forum rei*, der in Art. 2 Abs. 1 EuGVO a.F. verankert sei.[85]

c) Kritische Würdigung

Der EuGH berücksichtigt folglich eine strukturelle Ungleichgewichtslage zwischen Schädiger und Geschädigtem explizit nicht.[86] Für diese prinzipielle Enthaltsamkeit gegenüber materiellen Schutzerwägungen lässt sich aus kollisionsrechtlicher Sicht

---

82 EuGH 16.1.2014 - *Kainz*, ECLI:EU:C:2014:7 Rn. 27; ebenso zuvor *von Hein*, IPRax 2010, 330, 333 f.

83 EuGH 16.1.2014 - *Kainz*, ECLI:EU:C:2014:7 Rn. 28.

84 EuGH 16.1.2014 - *Kainz*, ECLI:EU:C:2014:7 Rn. 31.

85 EuGH 16.1.2014 - *Kainz*, ECLI:EU:C:2014:7 Rn. 31; vgl. auch zuvor EuGH 16.7.2009 - *Zuid-Chemie*, Slg. 2009, I-6917 Rn. 20–22; ebenso zuvor EuGH 27.10.1998 - *Réunion européenne*, Slg. 1998, I-6511 Rn. 29; EuGH 10.6.2004 - *Kronhofer*, Slg. 2004, I-6009 Rn. 12 f.

86 Überwiegend kritisch daher die Reaktion im Schrifttum *Robert Freitag*, EuGH: Internationale Zuständigkeit für Produkthaftungsklagen, LMK 2014, No. 355576; *Thomas Garber*, Anmerkung, Österreichische Juristenzeitung (ÖJZ) 2014, 661; *Christoph Schmon*, „Handlungsort“ in Produkthaftungssachen ist nur der Herstellungsort, ecolex 2014, 334; *Bartosz Sujecki*, Art. 5 Nr. 3 EuGVVO: In grenzüberschreitenden Produkthaftungsfällen ist Ort des ursächlichen Geschehens der Ort, an dem das Produkt hergestellt wurde, EWS 2014, 94; *Eric Wagner*, Der Ort des Inverkehrbringens ist für die Bestimmung des anwendbaren Rechts von zentraler Bedeutung, BB 2014, 661; *Heinz-Peter Mansel/Karsten Thorn/Rolf Wagner*, Europäisches Kollisionsrecht 2014: Jahr des Umbruchs, IPRax 2015, 1, 17.

anführen, dass Art. 5 Rom II-VO nicht nur auf die Schädigung von Verbrauchern, sondern auch in „B2B"-Fällen Anwendung findet.[87] Zwar heißt es in Erwägungsgrund 20 Rom II-VO, dass „[d]ie Kollisionsnorm für die Produkthaftung [...] für eine gerechte Verteilung der Risiken einer modernen, hochtechnisierten Gesellschaft sorgen [und] die Gesundheit der Verbraucher schützen [sollte]." Auch diese verbraucherschützende Rhetorik kann aber nicht darüber hinwegtäuschen, dass Art. 5 Rom II-VO inhaltlich deutlich von den Rechtsakten des europäischen IPR (Art. 6 Abs. 2 Satz 2 Rom I-VO[88]) und IZVR (Art. 18 EuGVO n.F.) abweicht, die den Verbraucher gezielt in seiner Rolle als schwächere Partei begünstigen.[89] *De lege lata* lässt sich daher bei der Auslegung der Art. 5 Rom II-VO und Art. 7 Nr. 2 EuGVO n.F. nur schwerlich danach differenzieren, ob durch ein fehlerhaftes Produkt im Einzelfall ein anderer Unternehmer oder ein Verbraucher geschädigt wird. Die Frage muss aber zumindest *de lege ferenda* erlaubt sein, ob es wirklich interessengerecht ist, einen durch ein fehlerhaftes Produkt geschädigten Verbraucher verfahrensrechtlich ohne Abstriche ebenso zu behandeln wie z. B. einen multinationalen Konzern, der gegen einen Zulieferer Produkthaftungsansprüche geltend macht. Die für eine Begünstigung des Verbrauchers in Fällen einer vertraglichen Haftung sprechenden Argumente, insbesondere seine strukturelle Unterlegenheit aufgrund mangelnder Rechts- und Sprachkenntnisse,[90] dürften auch auf durch ein fehlerhaftes Produkt geschädigte Verbraucher zutreffen. Während diese kollisionsrechtlich zumindest im Ergebnis dadurch begünstigt werden, dass aufgrund der Regelanknüpfung des Art. 5 Abs. 1 Satz 1 lit. a Rom II-VO das Recht an ihrem gewöhnlichen Aufenthalt zur Anwendung kommt, sieht auch die EuGVO n.F. an diesem Ort keinen besonderen Gerichtsstand vor, jedenfalls nicht, sofern dort nicht zugleich der verfahrensrechtlich relevante Herstellungs- oder Verletzungsort belegen ist. Anders als im Verbrauchervertragsrecht, bei dem die

---

87 *Francisco J. Garcimartín Alférez*, The Rome II Regulation: On the way towards a European Private International Law Code, EuLF 2007, I-77, I-85; *von Hein*, ZEuP 2009, 6, 28; MüKo-BGB/*Junker* Art. 5 Rom II-VO Rn. 16.

88 Verordnung (EG) Nr. 593/2008 des Europäischen Parlaments und des Rates vom 17.7.2008 über das auf vertragliche Schuldverhältnisse anzuwendende Recht (Rom I-VO), ABl. EU 2008 L 177/6.

89 Auch *de Boer*, NethIntLRev 2009, 295, 318 ff. kommt nach eingehender Analyse letztlich zu dem Schluss, dass das Anknüpfungssystem des Art. 5 Rom II-VO dem von ihm postulierten Ziel eines maximalen Verbraucherschutzes inhaltlich nicht entspricht.

90 Vgl. zu Art. 15 EuGVO a.F. *Kropholler/v. Hein*, EuZPR (Fn. 18) Art. 15 EuGVO Rn. 1, 5 ff.; Rauscher/*Staudinger* Art. 15 EuGVO Rn. 1; Magnus/Mankowski/*Nielsen* Art. 15 EuGVO Rn. 12 ff.

internationale Zuständigkeit nach Art. 17 ff. EuGVO n.F. und das anwendbare Recht gemäß Art. 6 Rom I-VO weitgehend parallel ausgestaltet sind, stellt sich somit ein entsprechender Gleichlauf bei einer deliktischen Schädigung eines Verbrauchers allenfalls zufällig ein. Im Falle *Kainz ./. Pantherwerke* wären nur die deutschen Gerichte zuständig gewesen. Diese hätten aber nach Art. 5 Abs. 1 Satz 1 lit. a Rom II-VO österreichisches Recht anwenden müssen, sofern man nicht wegen des Zusammenfallens von Herstellungs- und Verletzungsort ausnahmsweise eine engere Verbindung zur deutschen Rechtsordnung i.S. des Art. 5 Abs. 2 Satz 1 Rom II-VO annehmen wollte.[91] Schließlich ist auch die mangelnde Vorhersehbarkeit des Marktortes kein durchschlagendes Gegenargument, denn nach Art. 5 Abs. 1 Satz 2 Rom II-VO können ohnehin nur vorhersehbare Vertriebsorte eine Anknüpfung legitimieren.

3. Grenzüberschreitender Kapitalanlegerschutz

a) Vertrag oder Delikt

Im Gefolge der Finanzkrise seit 2008 haben Ansprüche geschädigter Kapitalanleger die Gerichte stark beschäftigt.[92] Art. 7 Nr. 2 EuGVO n.F. findet auch auf Kapitalmarktdelikte, z. B. Ansprüche aus Prospekthaftung[93] oder wegen falscher Ad-hoc-Mitteilungen,[94] Anwendung. Zwar steht es der Einordnung eines Kapitalanlegers als Verbraucher nicht entgegen, dass er beabsichtigt, einen Gewinn zu erzielen.[95] Überdies gilt für die von Art. 17 ff. EuGVO n.F. erfassten Verträge keine Wertobergrenze.[96] Die vereinzelt in der Rechtsprechung vertretene Auffassung,

---

91 Insoweit berechtigte Kritik bei *Mansel/Thorn/Wagner*, IPRax 2015, 1, 17.

92 Für einen ausführlichen Überblick s. *Jan von Hein*, Finanzkrise und Internationales Privatrecht, BerDGVR 45 (2012) 369.

93 EuGH 28.1.2015 – *Kolassa*, ECLI:EU:C:2015:37 Rn. 44.

94 OLG Frankfurt (Main) 5.8.2010, ZIP 2010, 2217.

95 LG Darmstadt 18.5.2004, ZIP 2004, 1924, 1925; in der Literatur ebenso z. B. *Gregor Bachmann*, Die internationale Zuständigkeit für Klagen wegen fehlerhafter Kapitalmarktinformation, Praxis des Internationalen Privat- und Verfahrensrechts, IPRax 2007, 77, 80; *Christoph Benicke*, Internationale Zuständigkeit deutscher Gerichte nach Art. 13, 14 EuGVÜ für Schadensersatzklagen geschädigter Anleger, WM 1997, 945, 950; *Christian Schmitt*, Die kollisionsrechtliche Anknüpfung der Prospekthaftung im System der Rom II-Verordnung, BKR 2010, 366, 369; *Karsten Thorn*, Grenzüberschreitende Gerichtsstandsvereinbarungen in Kreditverträgen zur Finanzierung von Börsenspekulationen, IPRax 1995, 294, 296.

96 Gegen einen „Luxusvorbehalt" im Verbraucher-IPR eingehend *Kathrin Sachse*, Der Verbrauchervertrag im Internationalen Privat- und Prozessrecht (2006) 197 ff. m.w.N.

wer bei einer Bank umgerechnet 10 Mio. € anlege, sei kein Verbraucher,[97] ist kaum vertretbar, denn die Vorschrift definiert aus Gründen der Rechtssicherheit den Verbraucherbegriff strikt rollen- und nicht statusbezogen.[98] Es muss sich daher bei den von Art. 17 ff. EuGVO n.F. erfassten Rechtsstreitigkeiten nicht immer um Bagatellsachen handeln.[99] Für deliktische Ansprüche geschädigter Kapitalanleger greift der Verbrauchergerichtsstand jedoch nach dem klaren Wortlaut der Vorschrift („Vertrag oder Ansprüche aus einem Vertrag") nicht ein.[100] Ansprüche gegen den Emittenten, z. B. aus Prospekthaftung, können in diesem Gerichtsstand regelmäßig nicht geltend gemacht werden, weil sich der Erwerb eines Wertpapiers durch den Verbraucher üblicherweise im Wege des Kommissionsgeschäfts über eine dazwischen geschaltete Bank als Vertragspartnerin vollzieht.[101] So hat es erst jüngst auch der EuGH in der Rechtssache *Kolassa ./. Barclays Bank plc* gesehen.[102] Der BGH hat allerdings in Fällen, in denen in Deutschland wohnhafte Anleger Ersatz der von ihnen erlittenen Verluste aus Schutzgesetzverletzung (§ 823 Abs. 2 BGB i.V. mit § 32 Abs. 1 KWG) verlangten, weil die Beklagte nicht über die Erlaubnis zum Betreiben von Bankgeschäften verfügte, die Annahme eines Verbrauchervertrages bejaht.[103] Es ist allgemein anerkannt, dass die Abgrenzung zwischen vertraglichen und deliktischen Ansprüchen im Rahmen der EuGVO nach autonomen Maßstäben zu erfolgen hat.[104] Insoweit genüge es für eine vertragliche Qualifikation, so der VI. Senat, dass eine Klage, die auf einer gesetzlichen Grundlage beruhe, eine so enge Verbindung zu dem Vertrag aufweise, dass sie von

97 So OLG Hamm 14.1.2004, IPRspr. 2004 Nr. 98a.

98 Ebenso zu Art. 6 Rom I-VO *Francisco J. Garcimartín Alférez*, The Rome I Regulation: Exceptions to the Rule on Consumer Contracts and Financial Instruments, J. Priv. Int. L. 5 (2009) 85, 97.

99 Vgl. *Standard Bank London Ltd.* v. *Apostolakis* [2001] EWHC 493 (Comm): Investment über US-$ 1,1 Mio.; OLG Hamburg 23.6.2004, RIW 2004, 709: Verluste bei Börsentermingeschäften i.H.v. 700.000 €.

100 Statt aller Rauscher/*Staudinger* Vorbem. Art. 15–17 EuGVO Rn. 4; *Rolf Wagner/Kirsten Gess*, Der Gerichtsstand der unerlaubten Handlung nach der EuGVO bei Kapitalanlagedelikten, NJW 2009, 3481 in Fn. 10; so jetzt auch EuGH 28.1.2015 – *Kolassa*, ECLI:EU:C:2015:37 Rn. 25.

101 *Bachmann*, IPRax 2007, 77, 80 f.

102 EuGH 28.1.2015 – *Kolassa*, ECLI:EU:C:2015:37 Rn. 26 f.

103 BGH 5.10.2010, EuZW 2011, 34 = GWR 2010, 310689 m. Anm. *Rasmussen-Bonne* = LMK 2011, 313318 m. Anm. *Schaub.*

104 EuGH 13.3.2014 – C-548/12 (*Marc Brogsitter ./. Fabrication de Montres Normandes EURL und Karsten Fräßdorf*), ECLI:EU:C:2014:148 Rn. 18; EuGH 28.1.2015 – *Kolassa*, ECLI:EU:C:2015:37 Rn. 43.

ihm nicht getrennt werden könne.[105] Dies sei zu bejahen, wenn der Kapitalanleger von seinem Vertragspartner den diesem vereinbarungsgemäß überlassenen Geldbetrag ersetzt verlange, weil jener den Vertrag auf Grund eines gegen ihn gerichteten gesetzlichen Verbots nicht habe abschließen dürfen.[106] Rechtspolitisch mag man dieses Ergebnis billigen; die dahinter stehende Argumentation kann jedoch dogmatisch nur schwerlich überzeugen.[107] Selbst wenn man bei der vertraglichen Qualifikation großzügig ist, behält der Gerichtsstand der unerlaubten Handlung auf dem Gebiet des internationalen Kapitalanlegerschutzes eine überragende Bedeutung, denn auch wenn der Anleger einen Vertrag mit einem Finanzdienstleister abgeschlossen hat, ist er häufig aufgrund der Insolvenz seines Vertragspartners darauf angewiesen, z. B. dessen Geschäftsführer oder seinen Anlageberater aus unerlaubter Handlung in Anspruch zu nehmen.[108] Im Folgenden soll deshalb untersucht werden, ob und ggf. in welchem Umfang der EuGH bereit ist, bei der Bestimmung des Erfolgs- oder des Handlungsortes einem besonderen Schutzbedürfnis auf Seiten der Kapitalanleger Rechnung zu tragen.

b) Erfolgsort

Die Feststellung des Erfolgsortes ist bei Kapitalanlagedelikten oft kompliziert, weil es sich insoweit um reine Vermögensschäden handelt. Hierzu hat der EuGH in der Leitentscheidung *Kronhofer* die geltenden Maßstäbe entwickelt.[109] Der in Österreich wohnhafte Kläger hatte an eine Vermögensverwaltungsgesellschaft mit Sitz in Deutschland eine erhebliche Summe auf deren in Deutschland geführtes Bankkonto überwiesen. Das Geld verschwand in der Folge rasch bei Call-Options-Geschäften am Finanzplatz London. Der österreichische OGH befand, mit dem Verlust des Geldes sei zugleich ein identischer Schaden an dem in Österreich befindlichen Gesamtvermögen des Klägers eingetreten.[110] Der EuGH lehnte dies jedoch ab, wobei er die Systematik der EuGVO betonte, aus der sich die grundsätzliche Ablehnung eines Klägergerichtsstandes und die Notwendigkeit ergäben,

105 BGH EuZW 2011, 34, 37.

106 BGH EuZW 2011, 34, 37.

107 Näher *von Hein*, BerDGVR 45 (2012), 369, 379 f.

108 Vgl. die zugrunde liegenden Sachverhalte in EuGH 10.6.2004 – *Kronhofer*, Slg. 2004, I-6009 und Schlussanträge des Generalanwalts *Niilo Jääskinen* v. 29.11.2012, Rs. C-228/11 – *Melzer*, ECLI:EU:C:2012:766 (in Fn. 9).

109 EuGH 10.6.2004 – *Kronhofer*, Slg. 2004, I-6009; hierzu die Anmerkungen *von Hein*, IPRax 2005, 17 sowie *Junker*, ZZPInt 2004, 200.

110 OGH 9.4.2002, RIW 2002, 722.

die besonderen Gerichtsstände eng auszulegen.[111] Zweitens stellte er die prozessualen Aspekte der Beweisnähe und der sachgerechten Prozessführung in den Vordergrund, die eine Zuständigkeit am bloßen Schadensort nicht rechtfertigten.[112] Schließlich rekurrierte der EuGH auf das Prinzip einer Vorhersehbarkeit der internationalen Zuständigkeit aus der Perspektive eines verständigen Beklagten,[113] das es nicht zulasse, dass die Zuständigkeit „von ungewissen Umständen wie dem Ort des Mittelpunkts des Vermögens des Geschädigten" abhinge.[114] Aus all diesen Gründen liege der Erfolgsort i.S.d. Art. 7 Nr. 2 EuGVO n.F. „nicht schon deshalb" am Klägerwohnsitz, weil dem Kläger dort angeblich durch einen Verlust in einem anderen Vertragsstaat belegener Vermögensbestandteile ein finanzieller Schaden entstanden sei.[115] Mit den Worten „nicht schon deshalb" ließ der EuGH allerdings Raum dafür, dass es in anderen Fallkonstellationen durchaus tragfähige Gründe geben kann, die zur Lokalisierung des Erfolgsortes im Wohnsitzstaat des Kapitalanlegers führen.[116]

Einer solchen einschränkenden Interpretation der *Kronhofer*-Entscheidung folgt in Deutschland der BGH:[117] Er betont, dass die *Kronhofer*-Entscheidung sich allein auf den Fall beziehe, dass die deliktische Schädigung (z. B. eine Untreue) nach der Überweisung des Anlagekapitals in einen anderen Staat ausgeführt werde.[118] Beruhe hingegen das Geschäftsmodell des Haupttäters von vornherein darauf, seine Opfer sittenwidrig durch Gebührenschinderei zu schädigen (§ 826 BGB), sei bereits die Überweisung des Anlagekapitals von einem deutschen Girokonto als maßgeblicher Erfolg zu bewerten.[119] Diese Unterscheidung sichert der BGH überzeugend durch eine teleologische Auslegung ab. Die vom EuGH anerkannten Zwecke des *forum delicti commissi* – die Nähe des Gerichtsstandes zum Streitgegenstand und zu möglichen Beweismitteln, die Vorhersehbarkeit des Gerichtsstandes für einen verständigen Täter (siehe oben II.2) – werden bei einer

---

111 EuGH 10.6.2004 - *Kronhofer*, Slg. 2004, I-6009 Rn. 12–14.
112 EuGH 10.6.2004 - *Kronhofer*, Slg. 2004, I-6009 Rn. 15–18.
113 EuGH 10.6.2004 - *Kronhofer*, Slg. 2004, I-6009 Rn. 20.
114 EuGH 10.6.2004 - *Kronhofer*, Slg. 2004, I-6009 Rn. 20.
115 EuGH 10.6.2004 - *Kronhofer*, Slg. 2004, I-6009 Rn. 21.
116 So bereits *Felix Blobel*, Der europäische Deliktsgerichtsstand und reine Vermögensschäden, EuLF 2004 (D) 187, 190 f.; *von Hein*, IPRax 2005, 17, 21; *Junker*, ZZPInt 2004, 200, 205 f.
117 BGH 13.7.2010, ZIP 2010, 2004 = LMK 2010, 308395 m. Anm. *von Hein* sowie das parallele Urteil vom selben Tag, RIW 2010, 723; BGH 12.10.2010, RIW 2011, 77.
118 BGH ZIP 2010, 2004 Rn. 29; BGH RIW 2010, 723 Rn. 31; BGH RIW 2011, 77 Rn. 31.
119 BGH ZIP 2010, 2004 Rn. 30; BGH RIW 2010, 723 Rn. 32; BGH RIW 2011, 77 Rn. 32.

Klage in Deutschland gewahrt, da am Verfügungsort typischerweise Beweismittel (Zeugen, Urkunden) vorhanden sein werden und die beklagte Gehilfin auch vorhersehen konnte, dass die Opfer in Deutschland selbstschädigende Vermögensverfügungen treffen würden.[120]

Es war jedoch zunächst unklar, ob diese nach Deliktstypen differenzierende Auslegung des Erfolgsortbegriffs auch vor dem EuGH Bestand haben würde.[121] Während der BGH insoweit sehr kühn einen *acte clair* annahm und infolgedessen von einem Vorlageersuchen absah[122], hatte sich Generalanwalt *Jääskinen* hierzu in seinen Schlussanträgen in der Rechtssache *Melzer* beiläufig, aber eindeutig ablehnend geäußert.[123] In der Rechtssache *Kolassa* ist der EuGH indes jüngst der vom BGH favorisierten, anlegerfreundlichen Auslegung des Tatortgerichtsstandes gefolgt.[124] „Die Gerichte am Wohnsitz des Klägers sind in Anknüpfung an die Verwirklichung des Schadenserfolgs für eine solche Klage [aus Prospekthaftung] insbesondere dann zuständig", führt der EuGH aus, „wenn sich der besagte Schaden unmittelbar auf einem Bankkonto des Klägers bei einer Bank im Zuständigkeitsbereich dieser Gerichte verwirklicht."[125] Wie zuvor der BGH betont nun auch der EuGH die Vereinbarkeit dieses Ansatzes mit der Teleologie des Tatortgerichtsstandes: „Der so bestimmte Ort der Verwirklichung des Schadenserfolgs wird [...] dem Ziel der Verordnung Nr. 44/2001 gerecht, den Rechtsschutz der in der Union ansässigen Personen zu stärken, indem dem Kläger eine leichte Identifizierung des Gerichts, das er anrufen kann, und zugleich dem Beklagten eine angemessene Vorhersehbarkeit des Gerichts, vor dem er verklagt werden kann, ermöglicht wird [...], da sich der Emittent eines Zertifikats, der seinen gesetzlichen Pflichten in Bezug auf den Prospekt nicht nachkommt, wenn er beschließt, den Prospekt zu diesem Zertifikat in anderen Mitgliedstaaten notifizieren zu lassen, darauf einstellen muss, dass nicht hinreichend informierte Wirtschaftsteilnehmer, die in diesen Mitgliedstaaten ansässig sind, in dieses Zertifikat investieren und den Schaden

---

120 BGH ZIP 2010, 2004 Rn. 31 f.; BGH RIW 2010, 723 Rn. 33 f.; BGH RIW 2011, 77 Rn. 34 f.

121 Näher *Andreas Engert/Gunnar Groh*, Internationaler Kapitalanlegerschutz vor dem Bundesgerichtshof, IPRax 2011, 458, 463 f.; *von Hein*, BerDGVR 45 (2012) 369, 398 f.

122 BGH ZIP 2010, 2004 Rn. 33; BGH RIW 2010, 723 Rn. 35; BGH RIW 2011, 77 Rn. 36; insoweit kritisch *von Hein*, LMK 2010, 308395.

123 Schlussanträge GA *Jääskinen* v. 29.11.2012, ECLI:EU:C:2012:766 Rn. 31 f.

124 EuGH 28.1.2015 – *Kolassa*, ECLI:EU:C:2015:37 Rn. 55 f.

125 EuGH 28.1.2015 – *Kolassa*, ECLI:EU:C:2015:37 Rn. 55.

erleiden."[126] Diese Rechtsprechung des EuGH verbessert die Stellung geschädigter Kapitalanleger erheblich und verdient Zustimmung.

Auch nach der Entscheidung in der Rechtssache *Kolassa* ist noch nicht endgültig geklärt, wie zu entscheiden ist, wenn der Verfügungsort und der Ort des Abflusses des Geldes auseinanderfallen, z. B. wenn ein in Trier getäuschter Anleger an den in Großbritannien ansässigen Schädiger Geld von einem in Luxemburg geführten Konto überweist. Insoweit dürfte der Verfügungsort rechtspolitisch den Vorzug gegenüber dem Ort des Kapitalabflusses verdienen.[127] Aus dem Wort „insbesondere", das der EuGH in der oben zitierten Passage aus *Kolassa* seiner Bezugnahme auf den Ort der Kontoführung voranstellt,[128] lässt sich schließen, dass auch der Gerichtshof sich in dieser Frage eine gewisse Flexibilität bewahren möchte. Ferner ist zu berücksichtigen, dass der EuGH jüngst im Hinblick auf die Durchgriffshaftung des Verwaltungsratsmitgliedes einer Aktiengesellschaft (*ÖFAB*) entschieden hat, dass der maßgebende Erfolgsort allein am Ort des Geschäftsbetriebes der geschädigten Gesellschaft liege, ohne sich mit davon u. U. abweichenden Schadensorten infolge der Belegenheit von Bankkonten zu befassen.[129] Diese Frage müsste aber dem EuGH erneut vorgelegt werden, um ihm die Gelegenheit zur Präzisierung der *Kolassa*-Rechtsprechung zu geben.

c) Handlungsort

Gerade wegen der problematischen Lokalisierung des Erfolgsortes bei reinen Vermögensschäden hat die Frage, ob an einer unerlaubten Handlung beteiligte Personen sich Tatorte als gerichtsstandsbegründend zurechnen lassen müssen, an denen sie zwar nicht selbst, aber andere Teilnehmer gehandelt haben, auf dem Gebiet des Kapitalanlegerschutzes eine erhebliche Bedeutung. In der Sache *Melzer* hat der EuGH jedoch – entgegen der bisherigen deutschen Rechtsprechung zu § 32 ZPO und Art. 5 Nr. 3 LugÜ – eine wechselseitige Handlungsortzurechnung abgelehnt, weil Art. 5 Nr. 3 EuGVO a.F. eng und autonom auszulegen sei, sodass die Vorschrift keinen Rückgriff auf nationale Zurechnungskriterien, etwa § 830 Abs. 1 BGB, gestatte.[130] Überdies stehe dem Geschädigten die Möglichkeit

---

126 EuGH 28.1.2015 – *Kolassa*, ECLI:EU:C:2015:37 Rn. 56.

127 *von Hein*, IPRax 2005, 17, 21 ff.

128 EuGH 28.1.2015 – *Kolassa*, ECLI:EU:C:2015:37 Rn. 55.

129 EuGH 18.7.2013 – C-147/12 (*ÖFAB, Östergötlands Fastigheter AB ./. Frank Koot and Evergreen Investments BV*), ECLI:EU:C:2013:490 = EuZW 2013, 70 m. krit. Anm. *Landbrecht*.

130 EuGH 16.5.2013 – *Melzer*, EU:C:2013:305 Rn. 31 ff. = EuZW 2013, 544 m. krit. Anm. *R. Wagner*; näher *von Hein*, IPRax 2013, 505 m.w.N.

offen, Täter und Teilnehmer gemeinsam im Mehrparteiengerichtsstand (Art. 6 Nr. 1 EuGVO a.F. = Art. 8 Nr. 1 EuGVO n.F.) zu verklagen.[131] Beide Argumente sind nur wenig überzeugend: Die ohne nähere Analyse aufgestellte Behauptung des EuGH, es fehle an einem gemeinsamen Zurechnungskonzept in den mitgliedstaatlichen (Haftungs-)Rechten,[132] steht auf schwachen Füßen. Nach dem „*common core*" der mitgliedstaatlichen Rechte haften vielmehr mehrere Personen bei einem vorsätzlichen Zusammenwirken gesamtschuldnerisch für ein Delikt, sodass es grundsätzlich auch prozessual sachgerecht erscheint, wenn der Geschädigte sie im Rahmen eines Verfahrens vor demselben Gericht, und zwar dem des Begehungsortes, verklagen kann.[133] Auch der vom EuGH postulierte Vorrang des Mehrparteiengerichtsstandes gegenüber dem Tatortgerichtsstand erscheint nicht tragfähig, weil Art. 8 Nr. 1 EuGVO n.F. weder eine lex specialis gegenüber Art. 7 Nr. 2 EuGVO n.F. darstellt noch das *forum delicti commissi* gegenüber dem Mehrparteiengerichtsstand als subsidiär einzuordnen ist.[134] Im praktischen Ergebnis leuchtet es nur schwerlich ein, dass der Kläger bei einer arbeitsteiligen Deliktsbegehung stets gezwungen werden sollte, *alle* Beteiligten gemeinsam zu verklagen. Gerade in denjenigen Fällen, in denen der „Ankerbeklagte"[135], wie im Falle *Melzer*,[136] insolvent und die gegen ihn gerichtete Klage infolgedessen nach der *lex fori* bereits unzulässig ist, ist die Anwendbarkeit des Art. 8 Nr. 1 EuGVO n.F. höchst zweifelhaft.[137]

Obwohl die Entscheidung in der Sache *Melzer* mithin sowohl aus dogmatischer als auch praktischer Sicht allenfalls bedingt überzeugt, ist zu berücksichtigen, dass

---

131 EuGH 16.5.2013 - *Melzer*, EU:C:2013:305 Rn. 39.

132 EuGH 16.5.2013 - *Melzer*, EU:C:2013:305 Rn. 32; zweifelnd insoweit auch *Engert/Groh*, IPRax 2011, 458, 462 in Fn. 51.

133 Anders *Matthias Weller*, BGH: Zuständigkeitsrechtliche Zurechnung von Tatbeiträgen verschiedener Täter - Hi Hotel, LMK 2013, 342334, weil § 830 BGB nur Kausalitätszweifel überwinden solle; ebenso *Michael Müller*, Der zuständigkeitsrechtliche Handlungsort des Delikts bei mehreren Beteiligten in der EuGVO, EuZW 2013, 130, 132.

134 Näher *von Hein*, IPRax 2013, 505, 513 f.

135 Ausdruck von *Christoph Althammer*, Die Auslegung der Europäischen Streitgenossenzuständigkeit durch den EuGH - Quelle nationaler Fehlinterpretation?, IPRax 2008, 228.

136 Siehe Schlussanträge GA *Jääskinen* v. 29.11.2012, ECLI:EU:C:2012:766 (in Fn. 9).

137 Ausführlich *Althammer*, IPRax 2008, 228 ff.; *Dagmar Coester-Waltjen*, Konnexität und Rechtsmissbrauch - zu Art. 6 Nr. 1 EuGVO, in: FS Kropholler (2008) 743 ff.; *Reinhold Geimer*, Forum Condefensoris, in: FS Kropholler (2008) 777 ff.; *Herbert Roth*, Das Konnexitätserfordernis im Mehrparteiengerichtsstand des Art. 6 Nr. 1 EuGVO, in: FS Kropholler (2008) 885 ff.

die weitere Rechtsprechung des EuGH die Reichweite dieses Urteils schon bald erheblich eingeschränkt hat. In Bezug auf Ansprüche aus unlauterem Wettbewerb und Immaterialgüterrechtsverletzungen hat der EuGH nämlich entschieden, dass am Ort der Verwirklichung des Schadenserfolgs auch für einen Teilnehmer, der dort nicht selbst gehandelt habe, eine Zuständigkeit eröffnet werde (näher unten III.5.d). Diese Zurechnungsmöglichkeit wird – in Verbindung mit der anlegerfreundlichen Lokalisierung des Erfolgsortes in der Rechtssache *Kolassa* (siehe oben III.3.b) – in einer Vielzahl von Fällen dazu führen, dass der geschädigte Kapitalanleger in seinem Wohnsitzstaat letztlich doch eine Klage gegen alle Teilnehmer eines Delikts gemäß Art. 7 Nr. 2 EuGVO n.F. erheben kann, ohne insoweit auf Art. 8 Nr. 1 EuGVO n.F. zurückgreifen zu müssen. Ein Nachteil besteht aber darin, dass das Opfer bei einer Klage am Erfolgsort in diesen Konstellationen darauf beschränkt bleibt, allein den im Gerichtsstaat entstandenen Schaden geltend zu machen (näher unten III.5.c).

d) Ergebnis

Die jüngste Rechtsprechung des EuGH auf dem Gebiet des internationalen Kapitalanlegerschutzes zeigt, dass der Gerichtshof deliktische und vertragliche Ansprüche strikt getrennt behandelt und sich insbesondere bei der Qualifikation bestimmter Ansprüche, z. B. aus Prospekthaftung, nicht von Erwägungen leiten lässt, die auf einem *favor laesi* beruhen. Ebenso hält der EuGH in Bezug auf die Bestimmung des Handlungs- und Erfolgsortes an einem neutralen, an prozessualen Zwecken orientierten Verständnis des Tatortgerichtsstandes fest. Während dieser restriktive Ansatz in der Rechtssache *Melzer* zu wenig überzeugenden Einschränkungen bei der Bestimmung des Handlungsortes führt, lässt sich das Urteil *Kolassa* als willkommener Schritt hin zu einer stärker deliktstypspezifischen Konkretisierung des Tatortgerichtsstandes begreifen. *De lege ferenda* bleibt zu überlegen, ob der Verbrauchergerichtsstand nach Art. 17 ff. EuGVO n.F. auch für deliktische Ansprüche eröffnet werden sollte. Da das Urteil *Kolassa* in den meisten Fällen der Prospekthaftung ohnehin zu einem *forum investoris* führen wird, erscheint eine solche Erweiterung lediglich als eine logische Konsequenz, die zu ziehen aber dem europäischen Verordnungsgeber vorbehalten bleiben muss.

4. Grenzüberschreitende Persönlichkeitsrechtsverletzungen

a) Von Shevill zu eDate

Die Rom II-VO bietet unter dem Gesichtspunkt einer Kohärenz mit der EuGVO (siehe oben II. 4) bei Persönlichkeitsrechtsverletzungen gegenwärtig keine

Auslegungshilfe, weil diese Delikte vom sachlichen Anwendungsbereich des europäischen Kollisionsrechts ausgenommen sind (Art. 1 Abs. 2 lit. g Rom II-VO). Insoweit wäre zwar zu wünschen, dass von einer Ergänzung der Rom II-VO, wie sie das Europäische Parlament vorgeschlagen hat, auch für die EuGVO neue Impulse ausgehen werden[138]; es sieht derzeit aber nicht danach aus, dass mit einem baldigen Erfolg derartiger Vorstöße zu rechnen wäre. Obwohl das *forum delicti commissi* (Art. 7 Nr. 2 EuGVO n.F.) in der Neufassung der EuGVO seinem Inhalt nach unverändert blieb, ist Erwgr. 16 S. 3 EuGVO n.F. zu beachten, der in Bezug auf Persönlichkeitsrechtsverletzungen das Erfordernis der Vorhersehbarkeit des Gerichtsstandes aus Sicht des Beklagten hervorhebt. Diesem Postulat wird die Rechtsprechung des EuGH jedoch nur bedingt gerecht.[139] Ausgangspunkt zur Bestimmung der internationalen Zuständigkeit bei Persönlichkeitsrechtsverletzungen ist die *Shevill*-Entscheidung des EuGH aus dem Jahre 1995.[140] Nach diesem Urteil kann der Geschädigte den Schädiger (z. B. einen Verlag) an dessen Sitz auf Ersatz des Gesamtschadens in Anspruch nehmen, an den jeweiligen Verbreitungsorten hingegen nur den Ersatz des dort entstandenen Schadens verlangen (sog. Mosaikbeurteilung).[141] In der *eDate*-Entscheidung hat der EuGH diese Doktrin für Internetdelikte zwar nicht aufgegeben, aber doch erheblich eingeschränkt:[142]

---

138 Siehe die Entschließung des Europäischen Parlaments v. 10.5.2012 mit Empfehlungen an die Kommission zur Änderung der VO (EG) Nr. 864/2007 über das auf außervertragliche Schuldverhältnisse anzuwendende Recht („Rom II"), ABl. 2013 C 261E/17; hierzu *Jan von Hein*, The Duchess of Cambridge's topless photos: A boost for amending the Rome II Regulation? (27.9.2012), abrufbar unter <http://conflictoflaws.net/2012/von-hein-on-kate-provence-pictures>.

139 Für eine nähere Analyse der neueren Rechtsprechung s. *Christian Heinze*, Surf global, sue local! Der europäische Klägergerichtsstand bei Persönlichkeitsrechtsverletzungen im Internet, EuZW 2011, 947; *Burkhard Hess*, Der Schutz der Privatsphäre im Europäischen Zivilverfahrensrecht, JZ 2012, 189; *Michael von Hinden*, Zur Frage der internationalen Zuständigkeit und anwendbarem Recht bei Persönlichkeitsverletzungen im Internet, ZEuP 2012, 940; *Michel Reymond*, Jurisdiction in Case of Personality Torts Committed over the Internet: A Proposal for a Targeting Test, YbPIL 14 (2012/13), 205; *Wulf-Henning Roth*, Persönlichkeitsschutz im Internet: Internationale Zuständigkeit und anwendbares Recht, IPRax 2013, 215; *Karsten Thorn*, Internationale Zuständigkeit bei Persönlichkeitsverletzungen durch Massenmedien, in: FS Bernd von Hoffmann (2011) 746.

140 EuGH 7.3.1995 – *Shevill*, Slg. 1995, I-415 = IPRax 1997, 111 m. Anm. *Kreuzer/Klötgen*, 90 = ZEuP 1996, 295 m. Anm. *Huber* = ZZPInt 1996, 145 m. Anm. *Rauscher*.

141 EuGH 7.3.1995 – *Shevill*, Slg. 1995, I-415.

142 EuGH 25.10.2011 – *eDate*, Slg. 2011, I-10269, RIW 2011, 869 = EuZW 2011, 962 = LMK 2012, 329468 m. Anm. *Leible*; s. auch die Anm. *Bogdan*, YbPIL 13 (2011), 483

b) *Die Unterscheidung zwischen dem Internet und konventionellen Medien*

Der Gerichtshof gewährt dem Geschädigten bei Internet-Veröffentlichungen ein dreifaches Wahlrecht zwischen (1) dem Verlagssitz, (2) dem gewöhnlichen Aufenthalt oder einem sonstigen Interessenmittelpunkt des Opfers und (3) jeglichem Verbreitungsort.[143] Die Kognitionsbefugnis der letztgenannten Gerichte soll aber auf die am jeweiligen Verbreitungsort eingetretenen Schäden beschränkt bleiben, womit der EuGH zumindest partiell an der bisherigen *Shevill*-Rechtsprechung festhält. Für Offline-Persönlichkeitsrechtsverletzungen soll es sogar gänzlich bei der *Shevill*-Rechtsprechung bleiben, d. h., der Geschädigte genießt ein Wahlrecht zwischen dem Verlagsort und den jeweiligen Verbreitungsorten, wobei letztere in der Kognitionsbefugnis auf den am Gerichtsort eingetretenen Teilschaden beschränkt sind[144].

Diese Unterscheidung zwischen Persönlichkeitsrechtsverletzungen je nachdem, ob sie on- oder offline begangen werden, mag man als einen Schritt in Richtung auf eine deliktstypspezifische Konkretisierung des Tatortgerichtstandes betrachten. Der EuGH begründet dies mit der Untauglichkeit des herkömmlichen Verbreitungskriteriums bei Persönlichkeitsrechtsverletzungen im Internet: Die Veröffentlichung von Inhalten auf einer Webseite unterscheide sich, so der EuGH, „von der gebietsabhängigen Verbreitung eines Mediums wie eines Druckerzeugnisses dadurch, dass es grundsätzlich auf die Ubiquität dieser Inhalte abzielt. Die Inhalte können von einer unbestimmten Zahl von Internetnutzern überall auf der Welt unmittelbar abgerufen werden, unabhängig davon, ob es in der Absicht ihres Urhebers lag, dass sie über seinen Sitzmitgliedstaat hinaus abgerufen werden, und ohne dass er Einfluss darauf hätte. Das Internet schränkt also den Nutzen des Verbreitungskriteriums ein, da die Reichweite der Verbreitung im Internet veröffentlichter Inhalte grundsätzlich weltumspannend ist. Auch ist es nicht immer technisch möglich, diese Verbreitung sicher und zuverlässig für einen konkreten

---

und *Reymond*, YbPIL 13 (2011), 493; hierzu besonders kritisch *Dickinson*, By Royal Appointment: No Closer to an EU Private International Law Settlement? (24. 10. 2012), abrufbar unter <http://conflictoflaws.net/2012/by-royal-appointment-no-closer-to-an-eu-private-international-law-settlement>; positive Würdigung hingegen bei *Hess*, JZ 2012, 189, 191; *ders.*, in: Recasting Brussels I: proceedings of the conference held at the University of Milan on November 25–26, 2011, hrsg. von Fausto Pocar/Ilaria Viarengo/Francesca C. Villata (2012) 91, 95 und 97 ff.

143 EuGH 25.10.2011 – *eDate*, Slg. 2011, I-10269.

144 EuGH 25.10.2011 – *eDate*, Slg. 2011, I-10269 Rn. 44.

Mitgliedstaat zu quantifizieren und so den ausschließlich in diesem Mitgliedstaat verursachten Schaden zu beziffern."[145]

Die Prämisse des EuGH, dass die Bestimmung eines Verbreitungsortes bereits an der technisch gegebenen weltweiten Abrufbarkeit von Online-Inhalten scheitern soll, erscheint indes fraglich. Internetseiten wie z. B. das Social Sciences Research Network (SSRN) verzeichnen die Anzahl der „Abstract Views" und erstellen Rankings der Artikel bzw. Autoren; auch juristische Fachverlage rechnen ihren Autoren heute ohne weiteres vor, wie oft ihre Internetveröffentlichungen, z. B. in Online-Kommentaren, „angeklickt" worden sind. Es erscheint daher zweifelhaft, ob es tatsächlich technisch schlechthin unmöglich ist, den Umfang der Verbreitung einer Internetveröffentlichung in einem bestimmten Mitgliedstaat zu bestimmen. Wenn der Kläger nicht über nähere Angaben hierzu verfügt, ist dies primär eine Frage des Beweisrechts bzw. der Auskunftspflichten der beklagten Partei, aber kein Problem, das die internationale Zuständigkeit beeinflussen sollte. Unterscheidet man mit dem EuGH strikt zwischen Print- und Online-Veröffentlichungen, werden zudem in der Praxis kaum nachvollziehbare Zuständigkeitsspaltungen bei der Verbreitung identischer Inhalte auf unterschiedlichen medialen Kanälen – Online einerseits, Print andererseits – heraufbeschworen.

c) Ein favor laesi in Internetfällen

Bemerkenswert ist ferner, dass der EuGH sich trotz seiner strikten Zurückweisung eines *favor laesi* bei der Auslegung des Art. 7 Nr. 2 EuGVO n.F. in Bezug auf Online-Persönlichkeitsrechtsverletzungen besonders sensibel für die Belange des Opfers zeigt: „Die Schwierigkeiten bei der Übertragung des im Urteil *Shevill* u. a. aufgestellten Kriteriums der Verwirklichung des Schadenserfolgs auf den Bereich des Internets kontrastieren [...] mit der Schwere der Verletzung, die der Inhaber eines Persönlichkeitsrechts erleiden kann, der feststellt, dass ein dieses Recht verletzender Inhalt an jedem Ort der Welt zugänglich ist."[146] Hierin liegt ein deutlicher Gegensatz zur weitgehenden Indifferenz des EuGH gegenüber strukturellen Ungleichgewichten bei der Umwelt-, Produkt- oder Kapitalmarkthaftung, die bereits (oben III.1, III.2 und III.3) dargestellt worden ist. Man mag insoweit sogar die Frage aufwerfen, ob der EuGH in dieser Hinsicht nicht zu weit geht. Während der prozessuale Verbraucherschutz bei Verträgen davon abhängt, dass

145 EuGH 25.10.2011 – *eDate*, Slg. 2011, I-10269 Rn. 45 f.
146 EuGH 25.10.2011 – *eDate*, Slg. 2011, I-10269 Rn. 47.

der Unternehmer seine Tätigkeit in irgendeiner Weise auf den Wohnsitzstaat des Verbrauchers ausrichtet (Art. 17 Abs. 1 lit. c EuGVO n.F.), sieht der Gerichtshof kein entsprechendes Erfordernis für die Zuständigkeit am Ort des gewöhnlichen Aufenthalts des Opfers einer Internetveröffentlichung vor.[147] Der EuGH betont hingegen, „[d]ie Zuständigkeit des Gerichts des Ortes, an dem das mutmaßliche Opfer den Mittelpunkt seiner Interessen hat, steht mit dem Ziel der Vorhersehbarkeit der Zuständigkeitsvorschriften im Einklang [...], und zwar auch hinsichtlich des Beklagten, da der Urheber eines verletzenden Inhalts zu dem Zeitpunkt, zu dem dieser Inhalt im Internet veröffentlicht wird, in der Lage ist, den Mittelpunkt der Interessen der Personen zu erkennen, um die es geht. Daher ermöglicht es das Kriterium des Mittelpunkts der Interessen sowohl dem Kläger, ohne Schwierigkeiten festzustellen, welches Gericht er anrufen kann, als auch dem Beklagten, vorherzusehen, vor welchem Gericht er verklagt werden kann".[148]

Diese Annahme kann man aber bezweifeln, etwa in Bezug auf politische Flüchtlinge oder Prominente, die ihren Aufenthaltsort gegenüber der Presse geheim zu halten suchen. Überdies muss eine Veröffentlichung ihrem Inhalt nach nicht zwangsläufig primär auf den Staat des gewöhnlichen Aufenthalts des Opfers ausgerichtet sein. Der BGH hatte – vor *eDate* – in seiner Rechtsprechung zu § 32 ZPO in Bezug auf den Inhalt einer Webseite differenzierter argumentiert und mit Recht eine internationale Zuständigkeit deutscher Gerichte – trotz eines gewöhnlichen Aufenthalts des Opfers im Inland – abgelehnt, wenn der Content einer russischsprachigen Webseite sich auf Vorgänge in Moskau bezog, die offensichtlich für ein breites Publikum in Deutschland nicht von Interesse waren („Klassenfahrt nach Moskau").[149]

5. Grenzüberschreitende Verletzungen von Rechten des geistigen Eigentums

a) *Einführung*

Die sehr kontextspezifische – um nicht zu sagen: idiosynkratische – Begründung des EuGH in der Rechtssache *eDate* hat zu erheblichen Zweifeln Anlass gegeben, ob und ggf. inwieweit die darin entwickelten Grundsätze auf sonstige Internetdelikte, insbesondere im Hinblick auf Immaterialgüterrechtsverletzungen, übertragen werden können. Im Gegensatz zum europäischen Kollisionsrecht

147 Ausführliche Kritik hieran übt *Reymond*, YbPIL 14 (2012/13), 207–211.
148 EuGH 25.10.2011 – *eDate*, Slg. 2011, I-10269 Rn. 50.
149 BGH 29.3.2011, NJW 2011, 2059 = RIW 2011, 634.

(Art. 8 Abs. 1 Rom II-VO, sog. Schutzlandprinzip) enthält das europäische Zivilprozessrecht keine Spezialregel für Verletzungen von Immaterialgüterrechten, wie z. B. Marken; der ausschließliche Gerichtsstand in Art. 24 Nr. 4 EuGVO n.F. betrifft lediglich Klagen über die Eintragung oder die Gültigkeit solcher Rechte. Eingriffe in das geistige Eigentum unterfallen daher – wie andere Delikte – dem allgemeinen Gerichtsstand (Art. 4 Abs. 1 EuGVO n.F.) sowie dem Gerichtsstand der unerlaubten Handlung in Art. 7 Nr. 2 EuGVO n.F. Dies ist im Grundsatz unbestritten; durchaus kontrovers wird hingegen die Frage beurteilt, ob und inwieweit der Tatortgerichtsstand im Lichte des Territorialitätsprinzips, das für Immaterialgüterrechte prägend ist, der Modifikation bedarf.

b) Ubiquitätsprinzip

Zunächst ist fraglich, ob das herkömmliche Ubiquitätsprinzip überhaupt auf Immaterialgüterrechtsverletzungen Anwendung finden kann. Ob es insoweit einen vom Erfolgsort zu trennenden Handlungsort gibt, ist in der Lehre lebhaft umstritten. Vielfach wird die Auffassung vertreten, dass der Handlungs- und der Erfolgsort notwendigerweise am Ort der Verletzung zusammenfielen, da in einem Staat, in dem ein Recht nicht geschützt sei, auch keine darauf bezogene Verletzungshandlung vorgenommen werden könne.[150] In ähnlicher Weise hatte Generalanwalt *Cruz Villalón* erst kürzlich in seinen Schlussanträgen in der Rechtssache *Hejduk* dafür plädiert, dass der Tatort im Falle einer Urheberrechtsverletzung über das Internet allein am Handlungsort zu lokalisieren sei, d. h. dort, wo der urheberrechtsverletzende Inhalt auf einer Webseite eingestellt worden sei.[151] Dem Umstand, dass dieser Inhalt auch am gewöhnlichen Aufenthaltsort des Geschädigten abrufbar gewesen sei, dürfe im Interesse der Rechtssicherheit keine Bedeutung zukommen.[152]

Der EuGH hat jedoch allen Versuchen zur Einschränkung des Ubiquitätsprinzips bei Verletzungen nationaler Immaterialgüterrechte wiederholt eine

---

150 So insbesondere die CLIP-Principles, abgedr. bei Jürgen Basedow/Toshiyuki Kono/Axel Metzger (Hrsg.), Intellectual Property in the Global Arena (2010) Annex II; Rauscher/*Leible* Art. 5 EuGVO Rn. 85a; *Schack* IZVR (Fn. 13) Rn. 347; *Haimo Schack*, Internationale Zuständigkeit bei Verletzung von Urhebervermögensrechten über Internet, NJW 2013, 3629 f.; a.A. MüKo-ZPO/*Gottwald*, Art. 5 EuGVO Rn. 72 sowie das American Law Institute, in: Basedow/Kono/Metzger, a.a.O. Annex I.

151 Schlussanträge des Generalanwalts *Pedro Cruz Villalón* v. 11.9.2014, Rs. C-441/13 – *Hejduk*, ECLI:EU:C:2014:2212 Rn. 41–47.

152 Schlussanträge GA *Pedro Cruz Villalón* v. 11.9.2014, ECLI:EU:C:2014:2212 Rn. 43.

deutliche Absage erteilt.[153] In der Sache *Wintersteiger* nahmen die Richter einen vom Schutzland (Österreich) unabhängigen Handlungsort am Ort der Niederlassung des Beklagten in Deutschland an;[154] in der Sache *Pinckney* wurde einem Beklagten, der urheberrechtlich geschützte Musikstücke in Österreich lediglich hatte vervielfältigen lassen, auch der in Frankreich erfolgte Vertrieb dieser Datenträger durch einen anderen zugerechnet.[155] Auch außerhalb des Schutzgebiets einer nationalen Marke, heißt es etwa in der Rechtssache *Wintersteiger*, könne, insbesondere im Hinblick auf die Beweisnähe des Forums, eine internationale Zuständigkeit gerechtfertigt sein.[156] Anderes gilt aber in Bezug auf die Verletzung einer Gemeinschaftsmarke, für die vorrangig nicht die EuGVO, sondern die Gemeinschaftsmarkenverordnung anwendbar ist.[157] Insoweit hat der EuGH in der Sache *Coty* entschieden, dass die Ubiquitätstheorie nicht von der EuGVO auf Art. 93 Abs. 5 GMV 1994 (= Art. 97 Abs. 5 GMV 2009) übertragen werden könne (Rn. 37). Hierfür spricht nicht nur der vom EuGH betonte Wortlaut der Vorschrift (Rn. 33 ff.), sondern vor allem die Überlegung, dass sich ein nationaler Erfolgsort bei einem unionsweit einheitlich geltenden Schutz eines Rechts nicht bestimmen lässt, ein Gedanke, dem auch das europäische IPR in Art. 8 Abs. 3 Rom II-VO folgt.[158]

c) Erfolgsort

Die Bestimmung sowohl des Handlungs- als auch des Erfolgsortes bereitet bei Immaterialgüterrechtsverletzungen erhebliche Schwierigkeiten. In Bezug auf den Erfolgsort orientiert sich der EuGH am Schutzlandprinzip, d. h., dass nationale Immaterialgüterrechte in jedem Mitgliedstaat nur nach Maßgabe des anwendbaren

---

153 EuGH 19.4.2012 – *Wintersteiger*, ECLI:EU:C:2012:220 Rn. 17–20; EuGH 3.10.2013 – C-170/12 (*Peter Pinckney ./. KDG Mediatech AG*), ECLI:EU:C:2013:635 Rn. 26; EuGH 22.1.2015 – C-441/13 (*Pez Hejduk ./. EnergieAgentur.NRW GmbH*), ECLI:EU:C:2015:28 Rn. 18.

154 EuGH 19.4.2012 – *Wintersteiger*, ECLI:EU:C:2012:220.

155 EuGH 3.10.2013 – *Pinckney*, ECLI:EU:C:2013:635.

156 EuGH 19.4.2012 – *Wintersteiger*, ECLI:EU:C:2012:220 Rn. 32.

157 Verordnung (EG) Nr. 40/94 des Rates vom 20. Dezember 1993 über die Gemeinschaftsmarke, ABl. 1994 L 303/1 (GMV 1994) bzw. Verordnung (EG) Nr. 207/2009 des Rates vom 26. Februar 2009 über die Gemeinschaftsmarke, ABl. 2009 L 78/1 (kodifizierte Fassung) (GMV 2009).

158 *von Hein*, LMK 2012, 338414.

materiellen Rechts verletzt werden können.[159] Diese Lösung stimmt mit der Kollisionsnorm in Art. 8 Abs. 1 Rom-II-VO überein, d. h. der herkömmlichen *lex loci protectionis*. Von einem verfahrensrechtlichen Standpunkt fügt der EuGH hinzu, dass "sowohl das Ziel der Vorhersehbarkeit als auch das Ziel einer geordneten Rechtspflege dafür sprechen, die Zuständigkeit aufgrund der Verwirklichung des Schadenserfolgs den Gerichten des Mitgliedstaats zuzuweisen, in dem das fragliche Recht geschützt ist. Die Gerichte des Mitgliedstaats der Eintragung der fraglichen Marke sind nämlich am besten in der Lage [...] zu beurteilen, ob in einem Fall wie dem des Ausgangsverfahrens tatsächlich eine Verletzung der geschützten nationalen Marke vorliegt.[160] Diese Gedankenführung hat der EuGH jedoch nicht auf Immaterialgüterrechte beschränkt, die zu ihrer Entstehung der Eintragung in ein Register bedürfen, sondern auch auf Urheberrechte erstreckt, obwohl diese Rechte automatisch in allen Mitgliedstaaten geschützt werden.[161]

In Einklang mit der früheren *eDate*-Entscheidung lehnt der EuGH es auch für den Bereich des geistigen Eigentums ab, eine Zuständigkeit am Erfolgsort nur unter der Voraussetzung zu gewähren, dass der Schädiger seine Aktivitäten auf diesen Mitgliedstaat ausgerichtet hat.[162] Gegen ein solches Erfordernis führt der EuGH ins Feld, dass Art. 5 Nr. 3 EuGVO a.F. bzw. Art. 7 Nr. 2 EuGVO n.F. im Gegensatz zum Gerichtsstand für Verbraucherverträge (Art. 17 Abs. 1 lit. c EuGVO n.F.) hierzu schweige.[163] Im Lichte des allgemein anerkannten Grundsatzes, dass Art. 7 Nr. 2 EuGVO n.F. es einem verständigen Beklagten ermöglichen solle, vorherzusehen, vor welchem Gericht er verklagt werden könnte (siehe oben II.2.b), erscheint dieses Argument jedoch extrem schwach. Tatsächlich wäre es dogmatisch relativ leichtgefallen, auf dieser normativen Basis ein Ausrichtungskriterium zu entwickeln.[164] Der Gerichtshof hat jedoch erst jüngst erneut klargestellt, dass die bloße Abrufbarkeit einer Webseite ausreiche, um eine Erfolgsortzuständigkeit

---

159 EuGH 19.4.2012 – *Wintersteiger*, ECLI:EU:C:2012:220 Rn. 25; EuGH 3.10.2013 – *Pinckney*, ECLI:EU:C:2013:635 Rn. 32; EuGH 22.1.2015 – *Hejduk*, ECLI:EU:C:2015:28 Rn. 29.

160 EuGH 19.4.2012 – *Wintersteiger*, ECLI:EU:C:2012:220 Rn. 27 f.

161 EuGH 3.10.2013 – *Pinckney*, ECLI:EU:C:2013:635 Rn. 39; EuGH 22.1.2015 – *Hejduk*, ECLI:EU:C:2015:28 Rn. 27–38.

162 EuGH 3.10.2013 – *Pinckney*, ECLI:EU:C:2013:635 Rn. 42; EuGH 22.1.2015 – *Hejduk*, ECLI:EU:C:2015:28 Rn. 32.

163 EuGH 3.10.2013 – *Pinckney*, ECLI:EU:C:2013:635 Rn. 42; EuGH 22.1.2015 – *Hejduk*, ECLI:EU:C:2015:28 Rn. 32.

164 Vgl. *Martin Husovec*, Comment on „Pinckney", International Review of Intellectual Property and Competition Law (IIC) 2014, 370, 373; s. auch bzgl. Ansprüchen wegen unlauteren Wettbewerbs BGH 12.12.2013, NJW 2014, 2504.

zu begründen.[165] Dies ist unbefriedigend. Zwar lag es etwa in der Sache *Wintersteiger* auf der Hand, dass österreichische Wintersportler sich wegen der sprachlichen und räumlichen Nähe zur Bundesrepublik auch auf deutsche Internet-Suchseiten begeben werden und somit eine Auswirkung der in Deutschland begangenen Verletzungshandlung auf das Schutzland Österreich nicht von vornherein verneint werden konnte. Fraglich ist aber, ob die Erfolgsortzuständigkeit auch dann noch angemessen wäre, wenn die Beklagte für ihr Skizubehör z. B. auf einer finnischen oder schwedischen Webseite geworben hätte, die den meisten österreichischen Kunden wohl kaum verständlich sein dürfte.

Die Ablehnung eines Ausrichtungskriteriums öffnet folglich einem *forum shopping* durch den Kläger Tür und Tor. Um diese Gefahr einzudämmen, nahm der EuGH eine wichtige Klarstellung vor: Während bei Persönlichkeitsrechtsverletzungen der Kläger am „Mittelpunkt seiner Interessen", in der Regel also seinem gewöhnlichen Aufenthalt, auch bei Streudelikten (d. h. bei Verletzungen des Persönlichkeitsrechts in mehreren Staaten) den gesamten Schaden einklagen kann (siehe oben III.4.c), bleibt die Zuständigkeit der Gerichte am Erfolgsort z. B. bei Markenrechtsverletzungen auf die Verletzung des gerade dort eingetragenen Schutzrechts beschränkt.[166] Hieran zeigt sich, dass die besondere Sensibilität für die Belange des Opfers bei Persönlichkeitsrechtverletzungen im Internet (siehe oben III.4.c) auf diese Fallgruppe begrenzt bleibt und keinen allgemeinen Paradigmenwechsel hin zu einer stärker an materiellen Schutzerwägungen orientierten Rechtsprechung bedeutet. In weiteren Fällen hat der EuGH das Festhalten an der *Shevill*-Doktrin auch für Urheberrechtsverletzungen bekräftigt.[167] Insoweit bekennt sich der Gerichtshof explizit zu einer nach Deliktstypen differenzierenden Betrachtungsweise und betont, „dass der Ort der Verwirklichung des Schadenserfolgs […] in Abhängigkeit von der Natur des Rechts variieren kann, das verletzt worden sein soll".[168] Im Lichte der Schwierigkeiten, die Verbreitung von Online-Inhalten effektiv zu kontrollieren und die hieraus erwachsenden Schäden

165 EuGH 3.10.2013 – *Pinckney*, ECLI:EU:C:2013:635 Rn. 43; EuGH 22.1.2015 – *Hejduk*, ECLI:EU:C:2015:28 Rn. 34.

166 EuGH 22.1.2015 – *Hejduk*, ECLI:EU:C:2015:28 Rn. 36; s. auch EuGH 19.4.2012 – *Wintersteiger*, ECLI:EU:C:2012:220 Rn. 21–26; EuGH 3.10.2013 – *Pinckney*, ECLI:EU:C:2013:635 Rn. 45.

167 EuGH 3.10.2013 – *Pinckney*, ECLI:EU:C:2013:635 Rn. 45; EuGH 22.1.2015 – *Hejduk*, ECLI:EU:C:2015:28 Rn. 36; ähnlich, in einem Fall bzgl. Ansprüchen wegen unlauteren Wettbewerbs, BGH NJW 2014, 2504.

168 EuGH 3.10.2013 – *Pinckney*, ECLI:EU:C:2013:635 Rn. 32; vgl. auch EuGH 19.4.2012 – *Wintersteiger*, ECLI:EU:C:2012:220 Rn. 21–24.

zu quantifizieren, die der EuGH in *eDate* hervorgehoben hatte (siehe oben III.4.b), ist allerdings nicht ganz klar, weshalb solche technischen Probleme – wenn sie existieren – nur im Hinblick auf Persönlichkeitsrechtsverletzungen, aber nicht im Bereich des geistigen Eigentums relevant sein sollten.[169] Wenn man die vom Gerichtshof in *eDate* geäußerten Sorgen ernst nimmt, muss seine Rechtsprechung zu Immaterialgüterrechtsverletzungen im Internet zu erheblichen Bedenken in Bezug auf den *effet utile* des Art. 7 Nr. 2 EuGVO n.F. Anlass geben. Es ist eine Sache, ob ein Gericht nach dem kollisionsrechtlichen Schutzlandprinzip auf eine Rechtsverletzung mehrere Rechtsordnungen anwenden muss; es ist aber eine erheblich größere Beschwer, wenn diese Teilschäden auch noch in unterschiedlichen Gerichtsständen eingeklagt werden müssen.[170] Der letztgenannte Aspekt lenkt die Aufmerksamkeit auf den zweiten Ort, an dem im Rahmen des Art. 7 Nr. 2 EuGVO n.F. Klage erhoben werden kann, den Ort des ursächlichen Geschehens.

d) Handlungsort

Auch die Bestimmung des Handlungsortes kann bei Immaterialgüterrechtsverletzungen im Internet Schwierigkeiten bereiten, weil zur Online-Platzierung eines Inhalts mehrere technische Schritte erforderlich sind, die zudem in verschiedenen Mitgliedstaaten erfolgen können. Der EuGH sieht als maßgebende Verletzungshandlung bei der Verwendung einer Marke als Schlüsselwort einer Suchmaschine weder das Erscheinen der Werbung auf dem Monitor der Nutzer noch die Einspeisung der Daten vom Server des Betreibers der Suchmaschine an: Der erstgenannte Vorgang stelle kein Verhalten des Werbenden dar (Rn. 34); der zweitgenannte Ort sei nicht vorhersehbar (Rn. 36). Handlungsort sei vielmehr allein der Ort der Niederlassung des Werbenden, an dem über das Auslösen des technischen Anzeigevorgangs entschieden werde (Rn. 37). Diese Rechtsprechung hat der EuGH auch auf das Einstellen urheberrechtsverletzender Inhalte ins Netz übertragen.[171]

Die praktische Bedeutung des Tatortgerichtsstandes wird durch diese Rechtsprechung erheblich eingeschränkt: Lokalisiert man nämlich den Handlungsort an der (Haupt-)Niederlassung des Beklagten, geht unter Konkurrenzaspekten der allgemeine Gerichtsstand nach Art. 4 Abs. 1 EuGVO n.F. ohnehin dem Deliktsgerichtsstand nach Art. 7 Nr. 2 EuGVO n.F. vor. Die Erhebung einer Klage am

---

169 Vgl. Schlussanträge GA *Pedro Cruz Villalón* v. 11.9.2014, ECLI:EU:C:2014:2212 Rn. 42.

170 *Schack*, NJW 2013, 3629, 3630.

171 EuGH 22.1.2015 – *Hejduk*, ECLI:EU:C:2015:28 Rn. 25 ff.

allgemeinen Gerichtsstand dürfte überdies nur selten zweckmäßig sein, da das angerufene Gericht in diesem Fall nach Art. 8 Abs. 1 Rom II-VO das ihm fremde Recht des Schutzlandes u.U. kostspielig ermitteln müsste.

Besondere Probleme wirft auch im Bereich der Immaterialgüterrechtsverletzungen die Bestimmung des Handlungsortes bei einem Zusammenwirken mehrerer Tatbeteiligter auf. In den Sachen *Pinckney*[172] und *Hi Hotel*[173] verneinte der EuGH eine Handlungsortzurechnung auch in Bezug auf nationale Immaterialgüterrechte, stellte aber klar, dass am Ort der Verwirklichung des Schadenserfolgs auch für einen Teilnehmer, der dort nicht selbst gehandelt habe, eine Zuständigkeit eröffnet werde. Sofern man akzeptiert, dass es bei Immaterialgüterrechtsverletzungen einen von der konkreten Verletzungshandlung abspaltbaren Erfolgsort gibt (siehe oben III.5.b), wird die praktische Tragweite der fragwürdigen *Melzer*-Entscheidung hierdurch erheblich reduziert, denn die Begründung einer Zuständigkeit bleibt nur noch für diejenigen Tatorte ausgeschlossen, an denen nicht auch ein schädigender (Teil-)Erfolg eingetreten ist. Allerdings mindert der EuGH die Attraktivität der Erhebung einer Klage am Erfolgsort dadurch, dass er die Kognitionsbefugnis eines dort angerufenen Gerichts auf den Teilschaden beschränkt, der in diesem Staat eingetreten ist.[174] Auch hieran zeigt sich, dass die *eDate*-Entscheidung nur eine eng begrenzte Durchbrechung der *Shevill*-Doktrin für Online-Persönlichkeitsrechtsverletzungen begründet, aber keinesfalls als generelle Abkehr von der Mosaikbetrachtung zu bewerten ist.

Für Immaterialgüterrechte unionsrechtlichen Ursprungs versagt diese Lösung jedoch: Da der EuGH dem Erfolgsort in der GMV eine gerichtsstandsbegründende Wirkung abspricht (siehe oben III.5.b), ist der vom Gerichtshof in *Pinckney* und *Hi Hotel* gewiesene Ausweg, dem Teilnehmer die Erfolgsorte zuzurechnen, an denen ein anderer Beteiligter gehandelt hat, versperrt, sodass die Frage an Bedeutung gewinnt, ob der Teilnehmer sich auch den bloßen Handlungsort z. B. des Haupttäters zurechnen lassen muss. Dies wird vom EuGH in der Rechtssache *Coty* als gleichsam selbstverständlich verneint,[175] womit er der Problematik nicht gerecht wird, denn angesichts der besonderen Interessenlage hätte der Ausschluss

---

172 EuGH 3.10.2013 – *Pinckney*, ECLI:EU:C:2013:635, NJW 2013, 3627 m. abl. Anm. *Schack*.

173 EuGH 3.4.2014 – C-387/12 (*Hi Hotel HCF SARL ./. Uwe Spoering*), ECLI:EU:C:2014:215, EuZW 2014, 431 m. Anm. *M. Müller*.

174 EuGH 3.10.2013 – *Pinckney*, ECLI:EU:C:2013:635; EuGH 3.4.2014 – *Hi Hotel*, ECLI:EU:C:2014:215.

175 EuGH 5.6.2014- *Coty*, ECLI:EU:C:2013:764 Rn. 38.

der Handlungsortzurechnung in der GMV zumindest eine eigenständige Begründung erfordert.[176] Auf die nicht in der GMV geregelten lauterkeitsrechtlichen Ansprüche bleibt zudem Art. 7 Nr. 2 EuGVO n.F. -einschließlich der in *Pinckney* und *Hi Hotel* entwickelten Zurechnung des Erfolgsortes, an dem ein Teilnehmer oder der Haupttäter gehandelt hat, an einen anderen Teilnehmer- anwendbar.[177] Hierdurch erschwert es der EuGH beträchtlich, konkurrierende lauterkeits- und markenrechtliche Ansprüche aus demselben Lebenssachverhalt in einem Prozess zu bewältigen. Indem der EuGH die wechselseitige Handlungsortzurechnung im Rahmen der GMV verneint, macht er zudem den Abschluss außergerichtlicher Einigungen mit einzelnen im Gerichtsstaat wohnhaften Beteiligten faktisch unmöglich. Diese Personen müssen nunmehr selbst bei Vergleichsbereitschaft in den Prozess hineingezogen werden, um eine Zuständigkeit nach Art. 8 Nr. 1 EuGVO n.F. gegenüber im Ausland wohnhaften Teilnehmern zu begründen.

e) Ergebnis

Die neuere Rechtsprechung des EuGH zu grenzüberschreitenden Immaterialgüterrechtsverletzungen bewirkt eine erhebliche Rechtsunsicherheit. Obwohl es grundsätzlich zu begrüßen ist, dass der EuGH versucht, bei der Bestimmung des Handlungs- und Erfolgsortes den Besonderheiten des jeweiligen Deliktstyps Rechnung zu tragen, bleibt zweifelhaft, ob die auf dieser Grundlage vom Gerichtshof getroffenen Differenzierungen vollauf zu überzeugen vermögen. Indem der EuGH die Entwicklung eines Ausrichtungskriteriums im Rahmen des Tatortgerichtsstandes ablehnt, vervielfältigt er ohne Not die Zahl der in Betracht kommenden Erfolgsortgerichtsstände. Dies verleitet potenzielle Kläger zu einem unerwünschten *forum shopping*, das sodann mit Hilfe des Mosaikprinzips auf ein erträgliches Maß reduziert werden muss. Soweit hingegen der Ort des ursächlichen Geschehens in Rede steht, verfolgt der Gerichtshof einen sehr restriktiven Ansatz, der dazu führt, dass in einer Vielzahl von Fällen allein eine Klage am allgemeinen Gerichtsstand des Schädigers eröffnet wird. Im Lichte des *efffet utile* und des Ziels einer geordneten Rechtspflege lässt die einschlägige EuGH-Rechtsprechung sicherlich noch Raum für Verbesserungen.

---

176 Näher *Jan von Hein*, Markenrecht: Internationale Zuständigkeit bei Markenverletzung durch mehrere Beteiligte, EuZW 2014, 267.

177 EuGH 5.6.2014- *Coty*, ECLI:EU:C:2013:764 Rn. 52 ff.

IV. Versuch einer Synthese

1. Eigenständigkeit von IZVR und IPR

Wie bereits (oben II.4) ausgeführt wurde, ist ein strikter Gleichlauf von internationaler Zuständigkeit und anwendbarem Recht aufgrund der Eigengesetzlichkeiten des IPR einerseits, des IZVR andererseits, im europäischen Rechtsraum weder wünschenswert noch machbar, da andernfalls erneut dem *forum shopping* Raum gegeben würde. Auch im internationalen Vertragsrecht laufen das Prinzip der charakteristischen Leistung im Kollisionsrecht (Art. 4 Rom I-VO) und der Gerichtsstand des Erfüllungsortes (Art. 7 Nr. 1 EuGVO n.F.) bekanntlich nicht notwendigerweise parallel. Gerade dort, wo es um den Schutz Schwächerer in Fällen struktureller Unterlegenheit geht, etwa bei Arbeits- und Verbraucherverträgen, sind die Regelungen der EuGVO einerseits, der Rom I-VO andererseits aber sehr eng aufeinander abgestimmt. Insbesondere die Vorschriften der EuGVO zum verfahrensrechtlichen Arbeitnehmerschutz (heute Art. 20–23 EuGVO n.F.) haben sich zudem aus einem zunächst unspezifisch gefassten Vertragsgerichtsstand (Art. 5 Nr. 1 EuGVÜ a.F.) herauskristallisiert.[178] Die Betonung der Eigenständigkeit des IZVR gegenüber dem IPR schließt es daher nicht aus, gestützt auf genuin verfahrensrechtliche Kriterien eine weitere deliktstypspezifische Konkretisierung des Art. 7 Nr. 2 EuGVO n.F. voranzutreiben.

2. Deliktstypspezifische Konkretisierung auch im IZVR

Der Grundgedanke des EuGH, dass je nach Delikt eine stärkere Beziehung zum Handlungs- oder Erfolgsort bestehen könne, legt es nahe, die Entscheidung zwischen Handlungs- und Erfolgsort nicht schematisch durch das Ubiquitätsprinzip, sondern ebenso wie im europäischen IPR (Rom II-VO) durch die Bildung von Fallgruppen für einzelne Deliktstypen zu lösen.[179] Gegen eine solche Lösung wird zwar herkömmlich das Ziel der EuGVO angeführt, sichere und voraussehbare Zuständigkeitszuweisungen festzulegen.[180] Man kann aber nur schwerlich behaupten, dass der Rechtssicherheit und Vorhersehbarkeit der Zuständigkeit durch

178 Zur Entwicklung des Art. 5 Nr. 1 EuGVÜ siehe *Jan Kropholler*, Europäisches Zivilprozeßrecht[6] (1998) Art. 5 EuGVÜ Rn. 26.

179 Vgl. *Kurt Kiethe*, Internationale Tatortzuständigkeit bei unerlaubter Handlung – die Problematik des Vermögensschadens, NJW 1994, 222, 225.

180 Vgl. Schlussanträge GA *Capotorti* v. 10.11.1976, Slg. 1976, 1749, 1755; ebenso i. Erg. *Kiethe*, NJW 1994, 222, 225; zu diesem Ziel des EuGVÜ s. auch EuGH 19.9.1995 – *Marinari*, Slg. 1995, I-2719, 2741 (Rn. 19).

die neuere Rechtsprechung des EuGH zur Bestimmung von Handlungs- und Erfolgsort, insbesondere auf dem Gebiet der Persönlichkeitsrechtsverletzungen und des Immaterialgüterrechts, in jeder Hinsicht optimal gedient wäre. Hier besteht erheblicher Raum für Verbesserungen, die eine fragwürdige Spaltung der Zuständigkeit nach unterschiedlichen medialen Kanälen (*eDate*) ebenso vermeiden wie die Zersplitterung der Rechtsdurchsetzung in Bezug auf unionsmarkenrechtliche Ansprüche einerseits, konkurrierende wettbewerbsrechtliche Ansprüche andererseits (*Coty*). Die sich von Einzelfall zu Einzelfall vorantastende, kasuistische Rechtsprechung des EuGH gerät vielmehr in einen zunehmenden Widerspruch gerade zu den Zielen der Vorhersehbarkeit und der geordneten Rechtspflege, d. h. einer prozessökonomischen Bewältigung sachlich zusammenhängender Ansprüche aus einem Lebenssachverhalt.

3. Berücksichtigung struktureller Ungleichgewichtslagen auch im IZVR

Das Postulat einer deliktstypspezifischen Konkretisierung des Art. 7 Nr. 2 EuGVO n.F. schränkt das Ubiquitätsprinzip aber nicht in jedem Fall ein, sondern lässt hinreichenden Raum für die Berücksichtigung struktureller Ungleichgewichtslagen in bestimmten Fallgruppen, etwa im Bereich des Umweltschutzes, des Kapitalanlegerschutzes, medialer Persönlichkeitsrechtsverletzungen und der Produkthaftung gegenüber Verbrauchern. Die Beschränkung des verfahrensrechtlichen Schutzes von Verbrauchern, insbesondere Kapitalanlegern und Opfern fehlerhafter Produkte, auf vertragliche Ansprüche (Art. 17 ff. EuGVO n.F.) überzeugt – zumindest *de lege ferenda* – nicht. Es ist keineswegs systematisch zwingend, unter Berufung auf eine vermeintliche Neutralität des Tatortgerichtsstandes jede Berücksichtigung einer strukturellen Unterlegenheit geschädigter Verbraucher zu negieren, nur weil sie keine vertraglichen, sondern deliktische Ansprüche geltend machen. Insbesondere ist es, auch im Hinblick auf das IPR, keine gangbare Lösung, genuin außervertragliche Anspruchsgrundlagen zu vertraglichen „umzuqualifizieren", nur um den Anwendungsbereich der Art. 17 ff. EuGVO n.F. zu eröffnen. Zwar ließe sich in bestimmten Fällen eine Annexkompetenz im Verbrauchergerichtsstand auch für deliktische Ansprüche erwägen. Eine solche Konstruktion hilft dem Verbraucher aber in denjenigen Fällen nicht weiter, in denen, wie etwa typischerweise bei der Produkt- oder Prospekthaftung, gerade keine vertraglichen Beziehungen zum Schädiger bestehen (siehe oben III.2.c). Sofern der Anbieter (Produzent, Emittent) seine Tätigkeit auf den Wohnsitzstaat eines Verbrauchers ausrichtet, erscheint dort – unabhängig vom Vorliegen einer Vertragsbeziehung – auch für deliktische Ansprüche eine internationale Zuständigkeit – zumindest *de lege ferenda* – grundsätzlich angemessen. Die generelle Nicht-Berücksichtigung des Ausrichtungskriteriums im Rahmen des Art. 7 Nr. 2 EuGVO n.F. durch den EuGH (siehe oben III.5.c) ist vor diesem Hintergrund nicht zukunftsweisend. Im Bereich des Kapitalanlegerschutzes führt die Rechtsprechung des EuGH zur Unzulässigkeit einer wechselseitigen Handlungsortzurechnung vielfach dazu, dass – sofern nicht verbrauchervertragliche Ansprüche eingreifen oder die Handlung zumindest eines Teilnehmers am Erfolgsort vorgenommen wurde – der Geschädigte im Ergebnis zu einer Klageerhebung am allgemeinen Gerichtsstand des Schädigers gezwungen wird. Den seit der Finanzkrise 2008 verfolgten Bestrebungen, den Schutz geschädigter Kapitalanleger zu verbessern, läuft dies zuwider.

V. Zusammenfassung

1. Die Beschränkung auf den Erfolgsort im europäischen Internationalen Deliktsrecht (Art. 4 Abs. 1 Rom II-VO) erfordert keine generelle Aufgabe des Ubiquitätsprinzips im Internationalen Zivilverfahrensrecht (Art. 7 Nr. 2 EuGVO n.F.). Das Ubiquitätsprinzip lässt sich verfahrensrechtlich vielmehr grundsätzlich durch die Zwecke der Sach- und Beweisnähe des Tatortgerichtsstandes rechtfertigen.
2. Eine möglichst kohärente Auslegung von Rom II-VO und EuGVO darf nicht im Sinne eines starren Gleichlaufpostulats missverstanden werden, da andernfalls erneut dem *forum shopping* Raum gegeben würde.
3. Die Betonung der Eigenständigkeit des IZVR gegenüber dem IPR schließt es jedoch nicht aus, gestützt auf genuin verfahrensrechtliche Kriterien eine weitere deliktstypspezifische Konkretisierung des Art. 7 Nr. 2 EuGVO n.F. voranzutreiben. Auch der EuGH bewegt sich faktisch in diese Richtung, schafft hierbei jedoch eine zum Teil unübersichtliche und nicht widerspruchsfreie Kasuistik, welche die Vorhersehbarkeit des Tatortgerichtsstandes selbst für anwaltlich beratene Parteien erheblich erschwert (insbesondere im Immaterialgüterrecht).
4. Das Postulat einer deliktstypspezifischen Konkretisierung des Art. 7 Nr. 2 EuGVO n.F. schränkt das Ubiquitätsprinzip nicht in jedem Fall ein, sondern lässt hinreichenden Raum für die Berücksichtigung struktureller Ungleichgewichtslagen in bestimmten Fallgruppen, etwa im Bereich des Umweltschutzes, des Kapitalanlegerschutzes, medialer Persönlichkeitsrechtsverletzungen und der Produkthaftung gegenüber Verbrauchern.
5. Die Ablehnung einer wechselseitigen Handlungsortzurechnung durch den EuGH, sofern am Handlungsort nicht auch ein schädigender Erfolg eingetreten ist, überzeugt nicht und führt – insbesondere im Immaterialgüterrecht – zu problematischen Konsequenzen.

6. Die Beschränkung des spezifischen verfahrensrechtlichen Schutzes von Verbrauchern, insbesondere Kapitalanlegern und Opfern fehlerhafter Produkte, auf vertragliche Ansprüche (Art. 17 ff. EuGVO n.F.) überzeugt – zumindest *de lege ferenda* – nicht. Insbesondere ist es, auch im Hinblick auf das IPR, keine gangbare Lösung, genuin außervertragliche Anspruchsgrundlagen zu vertraglichen „umzuqualifizieren".
7. Sofern der Anbieter (Produzent, Emittent) seine Tätigkeit auf den Wohnsitzstaat eines Verbrauchers ausrichtet, erscheint dort auch für deliktische Ansprüche eine internationale Zuständigkeit – zumindest *de lege ferenda* – grundsätzlich angemessen. Die generelle Nicht-Berücksichtigung des Ausrichtungskriteriums im Rahmen des Art. 7 Nr. 2 EuGVO n.F. durch den EuGH ist vor diesem Hintergrund nicht zukunftsweisend.

Jens Kleinschmidt

Grenzüberschreitende Rechtsdurchsetzung und Gemeinsames Europäisches Kaufrecht

I. Problemstellung: Grenzüberschreitende Rechtsdurchsetzung als Hemmnis für den Binnenmarkt

Im Oktober 2011 hat die Europäische Kommission den Verordnungsvorschlag für ein Gemeinsames Europäisches Kaufrecht (CESL) vorgelegt und damit die europäische Zivilrechtswissenschaft in Aufregung versetzt.[1] Nicht minder aufregend war jedoch ihre Ankündigung vom Dezember 2014, diesen Vorschlag zurückzuziehen und durch einen geänderten Verordnungsvorschlag zu ersetzen, der in stärkerem Maße die Bedürfnisse des digitalen Binnenmarkts in den Blick nimmt.[2] Dieser geänderte Vorschlag liegt noch nicht vor; er soll, wie die Kommission inzwischen verlautbart hat, „es Händlern ermöglichen, anhand eines verbindlichen Sockels an wesentlichen vertragsrechtlichen EU-Bestimmungen für den innerstaatlichen und grenzüberschreitenden Online-Handel mit Sachgütern auf ihr einzelstaatliches Recht zurückzugreifen". Gedacht ist dabei offenbar vor allem an ein einheitliches Leistungsstörungsrecht.[3] Dieser Strategiewechsel wird somit eine Begrenzung des Anwendungsbereichs des europäischen Instruments

---

1 Vorschlag für eine Verordnung des Europäischen Parlaments und des Rates über ein Gemeinsames Europäisches Kaufrecht, KOM(2011) 635 endg.; modifiziert durch die legislative Entschließung des Europäischen Parlaments vom 26.2.2014, P7_TA (2014) 0159.

2 Mitteilung der Kommission vom 16.12.2014 an das Europäische Parlament, den Rat, den Europäischen Wirtschafts- und Sozialausschuss und den Ausschuss der Regionen – Arbeitsprogramm der Kommission 2015. Ein neuer Start, KOM(2014) 910 endg.; dazu *Jürgen Basedow*, Gemeinsames Europäisches Kaufrecht – Das Ende eines Kommissionsvorschlags, ZEuP 2015, 432 ff.

3 Mitteilung der Kommission vom 6.5.2015 an das Europäische Parlament, den Rat, den Europäischen Wirtschafts- und Sozialausschuss und den Ausschuss der Regionen – Strategie für einen digitalen Binnenmarkt für Europa, KOM(2015) 192 endg. Daneben ist eine Harmonisierung der EU-Vorschriften für den Online-Erwerb digitaler Inhalte geplant.

auf den Online-Handel bewirken[4] und zugleich den Regelungsbereich des Instruments verkleinern.

Das Anliegen dieses vor der Rückzugsankündigung erarbeiteten Beitrags wird durch die Änderung in keiner Weise obsolet. Im Gegenteil bietet die Neuausrichtung die Gelegenheit, die hier angestellten Gedanken bereits im Vorfeld einfließen zu lassen. Sie können leicht auf einen potentiellen geänderten Vorschlag bezogen werden. Da dieser Vorschlag jedoch noch nicht bekannt ist, wird im Folgenden vom CESL auszugehen sein.

Dessen Vorschriften sollen nicht an die Stelle der nationalen Zivilrechtsordnungen treten, sondern als optionales Instrument den Marktteilnehmern neben den bestehenden Vertragsrechten zur Wahl gestellt werden.[5] Den Bedarf für ein derartiges Regelwerk begründet die Kommission mit den Hemmnissen, die sich aus der Verschiedenheit der mitgliedstaatlichen Vertragsrechtsordnungen für den Binnenmarkt ergeben.[6] Unternehmer würden davon abgehalten, ihre Waren grenzüberschreitend zu vertreiben, weil sie den „Sprung ins Dunkle" eines ausländischen Vertragsrechts scheuten.

Um das zu verstehen, muss man sich den kollisionsrechtlichen Hintergrund ins Gedächtnis rufen. Dabei ist, was nicht immer beachtet wird, zwischen Verbrauchergeschäften und Unternehmergeschäften zu differenzieren. Das CESL will auf beide anwendbar sein; die kollisionsrechtliche Ausgangslage ist jedoch jeweils eine andere.

Ein Unternehmer, der seine Waren in anderen Mitgliedstaaten an Verbraucher vertreiben will, muss sich darauf einstellen, dass nach Art. 6 Abs. 1 Rom I-VO das Heimatrecht des Verbrauchers zur Anwendung gelangt. Mit einer Rechtswahl zugunsten seines eigenen Rechts kann der Unternehmer dem zwar entgehen, jedoch nicht vollständig: Dem strukturellen Ungleichgewicht zwischen Unternehmer und Verbraucher bei dieser Rechtswahl trägt kollisionsrechtlich Art. 6 Abs. 2 Rom I-VO Rechnung. Aufgrund des darin angeordneten Günstigkeitsvergleichs kann es dazu kommen, dass Verbraucherschutzbestimmungen am gewöhnlichen

---

4 Eine derartige Beschränkung hatte bereits das Europäische Parlament gefordert, siehe die legislative Entschließung (Fn. 1) Abänderung 61 zu Art. 5 Abs. 1.

5 Ob auch der geänderte Vorschlag als optionales Instrument konzipiert werden wird, ist nach der letzten Kommissionsmitteilung (oben Fn. 3, S. 5 f.) nicht ganz klar, wenn es darin heißt, dem Verkäufer solle ermöglicht werden, auf sein einzelstaatliches Recht zurückzugreifen. Dies kann ebenso gut auf eine klassische Harmonisierung der nationalen Rechte mittels einer Richtlinie hindeuten.

6 ErwGr 2 ff. CESL-VO; siehe auch die Mitteilung der Kommission vom 6.5.2015 (Fn. 3) 4 f.

Aufenthalt des Verbrauchers sich gegenüber dem gewählten Recht durchsetzen. Der Unternehmer müsste sich also trotz der Rechtswahlmöglichkeit mit dem Verbraucherrecht seiner Kunden im Ausland auseinandersetzen. Hier bestehen angesichts des bisher von der EU gepflegten Ansatzes der Mindestharmonisierung durchaus Unterschiede im Detail. An eine Reform des Art. 6 Abs. 2 Rom I-VO war jedoch offenkundig nie ernsthaft gedacht.[7] Vielmehr will das CESL dem Unternehmer einen Standardisierungsvorteil verschaffen, indem er ausschließlich nach dem CESL anbieten kann, ohne sich noch mit nationalen Verbraucherschutzbestimmungen auseinandersetzen zu müssen. Es ist deshalb verständlich, dass das CESL zugleich ein hohes Verbraucherschutzniveau sicherstellen möchte,[8] um Verbrauchern nicht das zu nehmen, was ihnen nach Art. 6 Abs. 2 Rom I-VO zustünde, und um sie zu ermutigen, grenzüberschreitend einzukaufen.[9] Am Rande: Ein wirklicher Vergleich des CESL mit den mitgliedstaatlichen Verbraucherrechten hat nicht stattgefunden.[10] Und ob das CESL aus kollisionsrechtlicher Sicht tatsächlich so, wie die Kommission sich das vorstellt,[11] in der Lage ist, Art. 6 Abs. 2 Rom I-VO auszuschalten, scheint mehr als fraglich.[12]

---

7 Wenn der geänderte Vorschlag in der Tat nicht ein optionales Instrument enthalten wird, sondern zu einer weitergehenden Angleichung der nationalen Rechte führen soll (siehe oben Fn. 5), wird er freilich nicht umhinkommen, sich zu dieser Kollisionsnorm zu verhalten. Dann liegt für die Zwecke der folgenden Ausführungen die Option des Verkäufers nicht mehr darin, sich für das CESL zu entscheiden, sondern in der Möglichkeit der Wahl seines eigenen Rechts auch gegenüber Verbraucherkäufern überhaupt. Siehe außerdem *Gralf-Peter Calliess*, Transnationales Verbrauchervertragsrecht, RabelsZ 68 (2004), 244 (261 ff.).

8 ErwGr 11 CESL-VO.

9 ErwGr 4 f. CESL-VO.

10 *Heinz-Peter Mansel*, Der Verordnungsvorschlag für ein Gemeinsames Europäisches Kaufrecht –Teil II–, WM 2012, 1309 (1321 f.) hält den Schutzstandard des CESL gegenüber dem deutschen Recht nicht für überlegen.

11 ErwGr 12 S. 2 CESL-VO; *Dirk Staudenmayer*, Der Kommissionsvorschlag für eine Verordnung zum Gemeinsamen Europäischen Kaufrecht, NJW 2011, 3491 (3495).

12 Zweifelnd auch *Heinz-Peter Mansel*, Der Verordnungsvorschlag für ein Gemeinsames Europäisches Kaufrecht –Teil I–, WM 2012, 1253 (1263 f.) (Vergleich des CESL mit sich selbst als „Taschenspielertrick“); *Horst Eidenmüller/Nils Jansen/Eva-Maria Kieninger/Gerhard Wagner/Reinhard Zimmermann*, Der Vorschlag für eine Verordnung über ein Gemeinsames Europäisches Vertragsrecht – Defizite der neuesten Textstufe des europäischen Vertragsrechts, JZ 2012, 269 (273) („Auffassung der Kommission … ist falsch“); zustimmend aber *Matteo Fornasier*, „28.“ versus „2. Regime“ – Kollisionsrechtliche Aspekte eines optionalen Vertragsrechts, RabelsZ 76 (2012), 401 (420 f.);

Ist der Käufer hingegen ein Unternehmer, steht einer Rechtswahl nach Art. 3 Rom I-VO eigentlich nichts entgegen. Allenfalls ist zu befürchten, dass auch hier ein strukturelles Ungleichgewicht besteht – in diesem Fall aber mit umgekehrtem Vorzeichen – und ein verhandlungsstärkerer Käufer die Wahl seines eigenen Rechts durchsetzt. In diesem Szenario wäre es einem Unternehmen also ebenfalls nicht ohne gewissen Aufwand der Rechtsermittlung möglich, nach Belieben grenzüberschreitend zu verkaufen. Deshalb widmet sich das CESL auch besonders dem Schutz kleiner und mittlerer Unternehmen vor größeren Unternehmen. Unabhängig davon ist es sinnvoll, die Anwendbarkeit des CESL nicht nach der Rolle der beteiligten Parteien zu definieren.[13] Ein Unternehmer, der nach CESL anbieten möchte, müsste sich sonst äußerst mühsam über die Verbraucher- oder Unternehmereigenschaft seines Vertragspartners Gewissheit verschaffen.

Jedoch: Ob die Verschiedenheit der mitgliedstaatlichen Vertragsrechtsordnungen das einzige und eigentlich entscheidende Hemmnis darstellt, kann bezweifelt werden und ist in der rechtspolitischen Diskussion um das CESL auch schon verschiedentlich bezweifelt worden. Diese Zweifel kommen aus zwei Richtungen. Erstens wird geltend gemacht, das anwendbare Recht spiele jedenfalls im elektronischen Handel ohnehin nur eine untergeordnete Rolle. Maßgebliche Anreize für das Verkäuferverhalten beruhten stattdessen auf der Möglichkeit der Kunden, ihre Lieferanten unkompliziert und für jeden zukünftigen Kunden sichtbar zu bewerten.[14] Wer etwa die Wahl hat zwischen einem Verkäufer mit 85 % positiven Bewertungen und einem mit 98 %, der wird im Zweifel bei letzterem bestellen und das sogar, wenn die Ware dort ein wenig mehr kostet. Dieser Anreiz motiviere Händler dazu, Ansprüchen von Kunden unabhängig davon nachzukommen, ob diese Ansprüche nach dem anwendbaren Recht tatsächlich bestehen. Jedenfalls könne beobachtet werden, dass dem Kunden Rechte eingeräumt werden, die über das hinausgehen, was ihnen eigentlich nach anwendbarem Recht zustünde. Ein typisches Beispiel sind gegenüber dem Widerrufsrecht des Verbrauchers nach

---

Christoph Busch, Kollisionsrechtliche Weichenstellungen für ein Optionales Instrument im Europäischen Vertragsrecht, EuZW 2011, 655 (659).

13 *Max Planck Institute for Comparative and International Private Law*, Policy Options for Progress Towards a European Contract Law: Comments on the issues raised in the Green Paper from the Commission of 1 July 2010, COM(2010) 348 final, RabelsZ 75 (2011), 371 (Rn. 114 ff.); *Walter Doralt*, Rote Karte oder grünes Licht für den Blue Button?, AcP 211 (2011), 1 (19).

14 *Doralt* AcP 211 (2011), 1 (24 ff.); zustimmend *Eidenmüller/Jansen/Kieninger/Wagner/Zimmermann* JZ 2012, 269 (286).

Art. 9 Abs. 1 der Verbraucherrechte-Richtlinie[15] erweiterte Rückgabemöglichkeiten. Auf Art. 6 Abs. 2 Rom I-VO kommt es dann im Ergebnis nicht mehr an.

Wenn aber das anwendbare Vertragsrecht nicht der entscheidende Faktor für eine Zurückhaltung mit grenzüberschreitendem Vertrieb ist, rücken zweitens andere Faktoren ins Blickfeld. Genannt werden unter anderem die Sprache, der höhere Logistik-Aufwand eines grenzüberschreitenden Versands, Steuerbestimmungen im Ausland, regulatorische Unterschiede etwa in der Produktesicherheit oder der Anpreisung von Waren sowie schließlich Schwierigkeiten bei der grenzüberschreitenden Rechtsdurchsetzung.[16] Tatsächlich kann gerade die Rechtsdurchsetzung[17] – viel mehr als das anwendbare Recht – erklären, weshalb nicht eine größere Zahl von Unternehmern ihre Waren europaweit vertreibt. Deshalb kann das CESL nicht losgelöst davon erarbeitet werden, wie seine Regeln später einmal durchzusetzen sind.[18]

---

15 Richtlinie 2011/83/EU des Europäischen Parlaments und des Rates vom 25. Oktober 2011 über die Rechte der Verbraucher, zur Abänderung der Richtlinie 93/13/EWG des Rates und der Richtlinie 1999/44/EG des Europäischen Parlaments und des Rates sowie zur Aufhebung der Richtlinie 85/577/EWG des Rates und der Richtlinie 97/7/EG des Europäischen Parlaments und des Rates, ABl. 2011 L 304/64.

16 Siehe Flash Eurobarometer 320 (European contract law in business-to-business transactions) und 321 (European contract law in consumer transactions); *Eidenmüller/Jansen/Kieninger/Wagner/Zimmermann* JZ 2012, 269 (286); *Peter Mankowski*, CESL – who needs it?, IHR 2012, 45 (52); *Jan Smits*, Diversity of Contract Law and the European Internal Market, in ders. (Hg.), The Need for a European Contract Law: Empirical and Legal perspectives, 2005, 153 ff.

17 Sie betonen auch *Mankowski* IHR 2012, 45 (52); *Julie Farley/Kristien Geeurickx*, Common European Sales Law: the Commission's proposal – The start of the next stage of the heated debate, (2011) 26 JIBFL 707; *Sebastian Nardone*, Das Europäische Verfahren für geringfügige Forderungen, Rpfleger 2009, 73 (74); *Calliess* RabelsZ 68 (2004), 244 (266 f.); Special Eurobarometer 395 „European Small Claims Procedure", April 2013, S. 37 ff. bestätigt diesen Befund aus Verbrauchersicht: Die Bereitschaft, einen Unternehmer im Ausland zu verklagen, ist geringer als die zur Klage im eigenen Land.

18 Ebenso *Mankowski* IHR 2012, 45 (49); diese Erkenntnis hat inzwischen auch die Kommission erreicht, siehe die Mitteilung der Kommission vom 6.5.2015 (Fn. 3) 5: „Es muss auch dafür gesorgt werden, dass die Verbraucherschutzvorschriften bei Online-Käufen und Käufen digitaler Produkte schneller, leichter und konsequenter durchgesetzt werden, wenn sie ihre Wirkung voll entfalten sollen." Als Grund für das gesetzgeberische Handeln wird jedoch weiterhin die Verschiedenheit der Vertragsrechte angeführt (siehe oben Fn. 6).

II. Die Interessen der Beteiligten

Dazu sind zunächst die Interessen von Käufer und Verkäufer bei der Rechtsdurchsetzung im Online-Handel zu betrachten. Auszugehen ist dabei von dem wohl typischen Streitfall der Geltendmachung von Gewährleistungsrechten durch den Käufer, also der Kundenreklamation. Insgesamt 21 % der europäischen Verbraucher berichteten im Jahre 2010, dass sie Anlass zur Reklamation einer Ware oder Dienstleistung hatten.[19] Typisch ist dieser Streitfall auch deshalb, weil der Verkäufer seinen korrespondierenden Anspruch auf Kaufpreiszahlung regelmäßig auf andere Weise durchsetzt: Er verpflichtet den Käufer zur Vorleistung.[20] Die Konzentration auf diese Fallgestaltung gegenüber dem durchaus auch anzutreffenden Fall der Lieferung gegen Rechnung rechtfertigt sich zudem aus der Vielgestaltigkeit potentieller Käuferbegehren gegenüber dem stets auf Geldzahlung gerichteten Anspruch des Verkäufers. Überdies bringen die Gewährleistungsrechte des Käufers einen in tatsächlicher und rechtlicher Hinsicht komplexeren Streitstoff mit sich, der höhere Anforderungen an die Rechtsdurchsetzung stellt.

1. Die Sicht des Käufers

Lässt man ein gewisses rationales Desinteresse des Käufers an der Durchsetzung von Forderungen wegen kleiner Mängel eines Alltagsgegenstandes beiseite, so kommen aus seiner Sicht fünf Interessen in Betracht:[21] (i) Insbesondere einem Verbraucherkäufer liegt an einem möglichst unkomplizierten Verfahren.[22] Im Idealfall kann er dieses ohne Einschaltung eines Anwalts bewältigen, zumal Anwälte aufgrund des geringen Streitwerts wenig Interesse an einer intensiven Einarbeitung in einen angesichts des grenzüberschreitenden Charakters nicht unkomplizierten

---

19 Special Eurobarometer 342 (Consumer Empowerment), April 2011, 169.

20 *Pablo Cortés/Fernando Esteban de la Rosa*, Building a Global Redress System for Low-Value Cross-Border Disputes, (2013) 62 ICLQ 407 (412) machen deshalb die strukturelle Ungleichgewichtslage an dieser Vorleistungspflicht und nicht (nur) an der Verbrauchereigenschaft des Käufers fest.

21 *Wolfgang Hau*, Zur Fortentwicklung des europäischen Verfahrens für geringfügige Forderungen – die große Zukunft der kleinen Münze?, in FS Gottwald, 255 (256) macht die interessante Beobachtung, dass dieses Desinteresse im Vergleich der Mitgliedstaaten variiert und in reicheren Staaten *schwächer* ausgeprägt ist; zusammenfassend zu den beteiligten Interessen *Christof Berlin*, Alternative Streitbeilegung in Verbraucherkonflikten, 2014, 146 ff.

22 Zu einer generellen „Scheu vor dem Gang zu den Gerichten“ *Günter Hirsch*, Außergerichtliche Beilegung von Verbraucherstreitigkeiten – ein alternativer Zugang zum Recht entsteht, NJW 2013, 2088 (2093).

Rechtsfall haben.[23] Das bedeutet insbesondere, dass er sich nicht ins Ausland begeben und auch nicht auf eine Rechtsordnung einlassen will, die ihm noch weniger bekannt ist als die eigene und die im Gegenteil einen erhöhten Aufwand der Rechtsermittlung sowie eine schwierigere Einschätzung der Erfolgsaussichten nach sich zieht.[24] Die gesteigerte Komplexität, die sich aus dem grenzüberschreitenden Charakter ergibt, hängt nicht vom Streitwert ab.[25] (ii) Mit der Einfachheit eng verbunden ist der zweite Aspekt: die Schnelligkeit. Der typische Kauf von Konsumgütern rechtfertigt in der Regel keine langwierige Streitbeilegung.[26] Dem Käufer liegt daran, möglichst rasch die Ware mangelfrei nutzen zu können oder sein Geld zurückzuerhalten. (iii) Hinzu kommt ein dritter, gerade bei niedrigen Streitwerten wichtiger Aspekt: Die Streitbeilegung muss kostengünstig sein und in einem angemessenen Verhältnis zum Streitwert stehen. Zu hohe Kosten können Verbraucher ebenfalls davon abhalten, ihr Recht durchzusetzen.[27] (iv) Zwei weitere Punkte, die Vollstreckbarkeit und Sprachprobleme[28], sollen hier ausgeklammert bleiben.

All diese Punkte bewirken Zugangsschwellen für den Rechtssuchenden. Es verwundert daher nicht, dass insbesondere im Verbraucherrecht die grenzüberschreitende Rechtsdurchsetzung unter dem übergreifenden Gesichtspunkt des „Zugangs zum Recht“ (*access to justice*) verhandelt wird.[29] Ein System der

---

23 Zu letzterem *Burkhard Hess*, Verbrauchermediation, ZZP 118 (2005), 427 (438).

24 *Hau* (Fn. 21) 255 (256); *Cortés/de la Rosa* (2013) 62 ICLQ 407 (407 f.); *Horst Eidenmüller/Martin Engel*, Against False Settlement: Designing Efficient Consumer Rights Enforcement Systems in Europe, (2014) 29 Ohio State Journal on Dispute Resolution 261 (268).

25 *Hau* (Fn. 21) 255 (256); *Jan Kropholler/Jan von Hein*, Europäisches Zivilprozessrecht, 9. Aufl. 2011, EuGFVO Einl. Rn. 1; ErwGr 7 EuBagatellVO.

26 *Hess* ZZP 118 (2005), 427 (438 f.); *Hans-Peter Mayer/Julia Lindemann*, Grenzüberschreitende Rechtsdurchsetzung mit dem Europäischen Verfahren für geringfügige Forderungen: einfach, schnell und kostengünstig, DAR 2013, 692 (693).

27 *Hess* ZZP 118 (2005), 427 (438); *Horst Eidenmüller/Martin Engel*, Die Schlichtungsfalle: Verbraucherrechtsdurchsetzung nach der ADR-Richtlinie und der ODR-Verordnung der EU, ZIP 2013, 1704 (1705 f.); *Caroline Meller-Hannich/Armin Höland/Elisabeth Krausbeck*, „ADR“ und „ODR“: Kreationen der europäischen Rechtspolitik. Eine kritische Würdigung, ZEuP 2014, 8 (31); *Mayer/Lindemann* DAR 2013, 692 (693).

28 *Burkhard Hess/David Bittmann*, Die Verordnungen zur Einführung eines Europäischen Mahnverfahrens und eines Europäischen Verfahrens für geringfügige Forderungen – ein substantieller Integrationsschritt im Europäischen Zivilprozessrecht, IPRax 2008, 305 (312); allgemein *Burkhard Hess*, Europäisches Zivilprozessrecht, 2010, § 3 Rn. 55.

29 Siehe nur „Aktionsplan für den Zugang des Verbrauchers zum Recht“, KOM(1996) 36 endg.; *Hess* ZZP 118 (2005), 427 und passim; grundlegend *Mauro Cappelletti/Bryant Garth* (Hg.), Access to Justice, 4 Bände, 1978/79; *Mauro Cappelletti*, Access to Justice, RabelsZ 40 (1976), 669 ff.; *Hess* (Fn. 28) § 3 Rn. 38 ff.

grenzüberschreitenden Rechtsdurchsetzung sollte aus dieser Perspektive so ausgestaltet sein, dass die Barrierewirkung der genannten fünf Punkte für Verbraucher möglichst gering ausfällt.

Damit wird die Thematik freilich vor allem aus der Sicht der – vermeintlich oder tatsächlich – strukturell unterlegenen Partei betrachtet. Ob dies rechtspolitisch immer schlüssig ist, mag hier dahinstehen. In Bezug auf das CESL ergeben sich jedoch zwei Einwände: Erstens adressiert das CESL zwei verschiedene Situationen eines strukturellen Ungleichgewichts, nämlich zum einen den im Fokus der Diskussion stehenden Verbraucherkauf, zum anderen aber auch den Kauf durch ein großes Unternehmen bei einem kleinen oder mittleren Unternehmen (KMU), das vom CESL ebenfalls als strukturell unterlegen angesehen wird. Vor allem aber hilft zweitens die Perspektive des Zugangs des Käufers zum Recht nicht weiter, wenn es darum geht, die Attraktivität und Funktionsfähigkeit des CESL zu erhöhen. Denn es ist die *Verkäuferseite*, die das CESL in den Vertrag einführt und damit über Erfolg oder Misserfolg des Instruments entscheidet.[30]

2. Die Sicht des Verkäufers

Für den Verkäufer ist problematisch, wenn er sich im Ausland gegen Gewährleistungsansprüche zur Wehr setzen muss. Abschreckend ist also weniger die Rechtsverfolgung als vielmehr die potentielle Gerichtspflichtigkeit aufgrund von Gewährleistungsansprüchen im Ausland. Damit verbunden sind die Mühen, sich mit einem ausländischen Verfahrensrecht auseinanderzusetzen.[31] Das Interesse des Verkäufers richtet sich deshalb in erster Linie darauf, dass eine Rechtsdurchsetzung durch den Käufer nicht im Ausland erfolgt.[32] In zweiter Linie wird auch er ein einfaches und kostengünstiges Verfahren anstreben, das den Streit zu einem raschen Abschluss bringt.[33]

---

30 Siehe nur *Eidenmüller/Jansen/Kieninger/Wagner/Zimmermann* JZ 2012, 269 (275); *Mankowski* IHR 2012, 45 (51); *Doralt* AcP 211 (2011), 1 (13 ff.); *Max Planck Institute* RabelsZ 75 (2011), 371 (Rn. 102 ff.).

31 *Farley/Geeurickx* (2011) 26 JIBFL 707.

32 Siehe *Mankowski* IHR 2012, 45 (52); näher zu den damit verbundenen Nachteilen *ders.*, Die Lehre von den doppelrelevanten Tatsachen auf dem Prüfstand der internationalen Zuständigkeit, IPRax 2006, 454 (456 f.).

33 *Hess* ZZP 118 (2005), 427 (440); *Wolfgang Hau*, Das neue europäische Verfahren zur Beitreibung geringfügiger Forderungen, JuS 2008, 1056 (auch „Unternehmer werden sich eher am grenzüberschreitenden Waren- und Dienstleistungsverkehr beteiligen, wenn sie darauf vertrauen dürfen, im Streitfall auf Rechtsverfolgungsinstrumente zurückgreifen zu können, die denen des innerstaatlichen Bereichs möglichst gleichwertig

III. Gerichtliche und außergerichtliche Wege der grenzüberschreitenden Rechtsdurchsetzung unter dem CESL

Schon seit einiger Zeit wird der Gedanke eines „Verbraucherprozessrechts", eines Sonderprozessrechts für Verbraucher, diskutiert.[34] Damit soll einerseits der Rechtsschutz für Verbraucher (*access to justice*) verbessert und andererseits die Einhaltung materiellen Verbraucherschutzes gewährleistet werden. Das Europäische Zivilprozessrecht kennt deshalb verschiedene Privilegien für Verbraucher. Die bisherigen Überlegungen zeigen jedoch, dass mit diesen Zielen nur ein Ausschnitt der Problematik erfasst wird und dass dieser Ausschnitt im Hinblick auf die Attraktivität und Erfolgsaussichten des CESL nicht einmal der entscheidende ist. Im Folgenden sollen deshalb verschiedene Reaktionen auf die beteiligten

---

sind"); anders *Giesela Rühl*, Die Richtlinie über alternative Streitbeilegung und die Verordnung über Online-Streitbeilegung, RIW 2013, 737 (739) (Unternehmer können darauf vertrauen, dass „ein eventuelles Fehlverhalten gänzlich ohne Folgen bleibt"); *Christoph A. Kern*, Das europäische Verfahren für geringfügige Forderungen und die gemeineuropäischen Verfahrensgrundsätze, JZ 2012, 389 (392) (regelwidriges Verhalten bliebe ohne unmittelbare Sanktion, „was auf Dauer gerade im unteren Segment des Marktes seine Funktion beeinträchtigt und zu einer rechtlichen Subkultur mit eigenen und eigenartigen Regeln führen kann"); *Eidenmüller/Engel* ZIP 2013, 1704 (1706) (fehlende Durchsetzung von Verbraucherrechten schaffe Anreize für „illegale Verhaltensweisen"). Natürlich könnte ein kompliziertes, langwieriges und teures Verfahren potentielle Beschwerdesteller davon abhalten, überhaupt zu versuchen, ihre Rechte durchzusetzen. Insofern trifft die Beobachtung zu, dass eine Erleichterung des Rechtsschutzes zu einer Zunahme von Verfahren führen kann (*Hess* ZZP 118 [2005], 427 [440]). Dennoch kann ein Verkäufer an einer Erschwerung des Rechtsschutzes für den Käufer kein nachhaltiges Interesse haben, da auch eine ungelöste Reklamation zu einer negativen Bewertung führen kann. Im Gegenteil kann eine erfolgreiche Streitbeilegung der Reputation des Verkäufers eher dienlich sein. Zudem wäre hier das Interesse des Staates an der Durchsetzung des Rechts betroffen. Schließlich sollte die Erarbeitung eines neuen Rechtsinstruments von der Prämisse eines Verkäufers ausgehen, der sich redlich verhält.

34 Siehe etwa *Hess* (Fn. 28) § 10 Rn. 84 ff.; *Gerhard Wagner*, Entwicklungstendenzen und Forschungsperspektiven im Zivilprozess- und Insolvenzrecht, ZEuP 2008, 6 (17); *Hans-W. Micklitz*, Brauchen Konsumenten und Unternehmen eine neue Architektur des Verbraucherrechts?, in Verhandlungen des 69. Deutschen Juristentages, Bd. I, 2012, A3 (A89 f.); kritisch *Herbert Roth*, Modernisierung des Zivilprozesses, JZ 2014, 801 (806 f.) m.w.N.

Interessen im Hinblick auf ihre Tauglichkeit zur Durchsetzung von Rechten aus dem CESL analysiert werden.

1. Reklamationen

Vorab ist jedoch festzustellen, dass die förmliche Rechtsdurchsetzung im Online-Handel sicher nicht den einzigen, möglicherweise nicht einmal den hauptsächlichen Weg der Behandlung von Kundenreklamationen darstellt. Vielmehr haben sich spezifische außerrechtliche Lösungswege entwickelt.[35] Zu nennen sind etwa Käuferschutz-Mechanismen nach Art eines Treuhandkontos sowie bestimmte Gütesiegel oder Zertifikate. Darüber hinaus führen die Reputationsmechanismen zu einem Umgang mit Reklamationen, der nicht nur von rechtlichen Erwägungen beeinflusst ist.[36] So wird denn auch betont, dass ein weiteres Interesse des Verkäufers auf den Erhalt seiner Reputation gerichtet ist.[37] Sie dient klassischerweise dem Aufbau einer langfristigen Kundenbindung[38], im Online-Handel dürfte die Reputation vor allem für die Gewinnung neuer Kunden relevant sein. Vermutlich wird der Verkäufer deshalb versuchen, viele Punkte bereits im Verhandlungswege – möglicherweise sogar auf Kulanzbasis – zu lösen. Hierbei können insbesondere auch die mitgliedstaatlichen Verbraucherzentralen helfen, die sich untereinander vernetzen und auf diese Weise Verbrauchern bei ihrem Kontakt zu Verkäufern im Ausland beistehen. Eine Umfrage unter europäischen Verbrauchern ergab, dass die nichtförmliche Reklamation beim Unternehmer überwiegend die erste – und teilweise auch einzige – Reaktion auf ein Problem bei einem Verbrauchervertrag darstellt.[39]

Freilich lassen sich nicht alle Reklamationen auf diese Weise lösen. Hinzu kommt eine grundsätzliche Erwägung: Einer EU, die aktiv materielle Normen zum Verbraucherschutz erlässt und diese Normen zwingend ausgestaltet, muss an deren Durchsetzung gelegen sein.[40] Das heißt, es muss auch und vielleicht sogar vorrangig Mechanismen zur rechtlichen Durchsetzung des CESL geben. Wenn

---

35 *Doralt* AcP 211 (2011), 1 (25); *Calliess* RabelsZ 68 (2004), 244 (267 ff.).

36 Siehe oben bei Fn. 14.

37 Inwieweit die Vertraulichkeit des Verfahrens (von *Hess* ZZP 118 [2005], 427 [439] als ein Interesse des Gewerbetreibenden identifiziert) im vorliegenden Kontext eine Rolle spielt, ist fraglich. Breite negative Publizität hat der Verkäufer eher dann zu befürchten, wenn die Käuferreklamation zu einer negativen Bewertung führt.

38 *Hess* ZZP 118 (2005), 427 (439).

39 Special Eurobarometer 342 (Consumer Empowerment), April 2011, 184.

40 Zum staatlichen Interesse an der Anwendung zwingenden Verbraucherrechts *Hess* ZZP 118 (2005), 427 (440); *Meller-Hannich/Höland/Krausbeck* ZEuP 2014, 8 (32).

zwingendes Recht Marktversagen korrigieren soll, darf nicht allein der Markt über die Einhaltung dieses Rechts wachen.[41]

2. Europäischer Zahlungsbefehl

Führt die Bearbeitung der Reklamation im Verhandlungswege zu keiner Lösung, so stellt sich die Frage nach einer grenzüberschreitenden Rechtsdurchsetzung. Sofern sich das Begehren des Käufers auf eine Geldzahlung richtet, bietet sich zunächst die Überlegung an, ob ihm in einem zweiten Schritt nach der formlosen Reklamation ein Europäischer Zahlungsbefehl bei der Durchsetzung helfen kann. Eingeführt durch die Europäische Mahnverordnung steht dieses Instrument seit dem 12.12.2008 einem Anspruchsteller in grenzüberschreitenden Streitigkeiten neben den – meist seit langem etablierten[42] – nationalen Mahnverfahren zur Wahl[43], um – möglichst einfach, zügig und kostensparend[44] – eine Geldforderung titulieren zu lassen.[45] Aus diesem Titel kann der Gläubiger dann – anders als nach den nationalen Verfahren[46] – europaweit ohne weiteres Exequatur-Verfahren vollstrecken.[47]

---

41 *Eidenmüller/Engel* ZIP 2013, 1704 (1705).

42 Länderberichte in *Walter H. Rechberger/Georg E. Kodek* (Hg.), Orders for Payment in the European Union, 2001, 75 ff.; Grünbuch über ein europäisches Mahnverfahren und über Maßnahmen zur einfacheren und schnelleren Beilegung von Streitigkeiten mit geringem Streitwert, KOM(2002) 746 endg., 18 ff.

43 Vgl. Art. 1 Abs. 2 und ErwGr 10 EuMahnVO („eine zusätzliche und fakultative Alternative"); zur Ausübung der Option *David Einhaus*, Qual der Wahl: Europäisches oder internationales deutsches Mahnverfahren, IPRax 2008, 323 ff.; zu den bei der Wahl zu berücksichtigenden Aspekten *Kropholler/von Hein* (Fn. 25) Art. 1 EuMVVO Rn. 6 f.; nicht ausdrücklich geregelte Verfahrensfragen richten sich nach der jeweiligen *lex fori*, Art. 26 EuMahnVO (zur vergleichbaren Regelung in Art. 19 EuBagatellVO siehe unten bei Fn. 213).

44 Zur Zielsetzung *Urs Peter Gruber* in Thomas Rauscher (Hg.), Europäisches Zivilprozess- und Kollisionsrecht. Kommentar, 4. Aufl. 2015, Einl EG-MahnVO Rn. 4, 7 f.; *Walter H. Rechberger*, Europäisches Mahnverfahren, in Stefan Leible/Jörg P. Terhechte (Hg.), Europäisches Rechtsschutz- und Verfahrensrecht, Bd. 3, 2014, § 20 Rn. 2; gleichzeitig führt ein Mahnverfahren zu einer Entlastung der Justiz, *Anatol Dutta*, Nationales Mahnverfahren und die Effektivität des europäischen Verbraucherschutzes, ZZP 126 (2013), 153 (154).

45 Diese Geldforderung muss beziffert und fällig sein, Art. 4 EuMahnVO.

46 *Rechberger* (Fn. 44) § 20 Rn. 11; freilich verliert dieser Vorteil an Gewicht unter der reformierten EuGVO, die ihrerseits eine Vollstreckung ohne Zwischenverfahren erlaubt (Art. 39 Brüssel Ia-VO).

47 Art. 1 Abs. 1 lit. b EuMahnVO; die Vollstreckbarerklärung nach Art. 18 Abs. 1 EuMahnVO hat insofern nur den Sinn einer Vollstreckungsklausel, *Rechberger* (Fn. 44)

Anders als bei der Verordnung über einen europäischen Vollstreckungstitel ist der Anwendungsbereich der EU-Mahnverordnung zwar nicht ausdrücklich auf unbestrittene Forderungen beschränkt.[48] Jedoch hilft der Europäische Zahlungsbefehl rein praktisch nur bei unbestrittenen Forderungen, da im Übrigen ein Einspruch des Schuldners nach Art. 17 EuMahnVO zum Übergang in ein reguläres Klageverfahren nach mitgliedstaatlichem Verfahrensrecht führt.[49] Anders als nach den §§ 688 ff. ZPO kann der Antragsteller zwar erklären, dass ein Einspruch des Antragsgegners nicht zum Übergang in ein streitiges Verfahren, sondern zur Beendigung führen soll (Art. 17 Abs. 1 EuMahnVO). Er könnte somit theoretisch auch mit einer potentiell bestrittenen Forderung zunächst im Mahnverfahren sein Glück versuchen. Doch bleibt es dabei, dass bei einem Streit über die Berechtigung der Forderung das Mahnverfahren nicht zum Ziel führt.

Die eigentliche Wirkung des Mahnverfahrens liegt darin, dass sich die Initiativlast für die Einleitung eines streitigen Verfahrens vom Gläubiger auf den Schuldner umkehrt.[50] Die Verordnung begegnet damit eher der Beobachtung, dass Geldforderungen häufig nicht deshalb nicht beglichen werden, weil sie nach Grund oder Höhe streitig sind, sondern weil der Schuldner schlicht nicht zahlen kann oder will.[51] Da aber die vorliegend als typisch angenommene

---

§ 20 Rn. 66 sowie zu praktischen Erfahrungen Rn. 126. Zur Beachtung der europäischen Klauselverbote in mitgliedstaatlichen Mahnverfahren *EuGH* 14.6.2012 – C-618/10 – Banco Español de Crédito/Joaquín Calderón Camino; dazu *Dutta* ZZP 126 (2013), 153 ff.

48 Siehe aber Art. 1 Abs. 1 lit. a und ErwGr 6 EuMahnVO („rasche und effiziente Beitreibung ausstehender Forderungen, die nicht Gegenstand eines Rechtsstreits sind"); siehe *Kropholler/von Hein* (Fn. 25) Art. 4 EuMVVO Rn. 2; *Rechberger* (Fn. 44) § 20 Rn. 25; *Bartosz Sujecki*, Europäisches Mahnverfahren, ZEuP 2006, 124 (134) (ob eine Forderung bestritten ist, solle gerade im Verfahren geklärt werden und unterliege deshalb zunächst der Einschätzung des Antragstellers). Zur Reichweite der Überprüfung des Antrags (Schlüssigkeit oder Begründetheit) *Rechberger* (Fn. 44) § 20 Rn. 39 ff.

49 ErwGr 24 EuMahnVO spricht insoweit von einem „ordentlichen Zivilprozess"; siehe dazu noch § 1090 ZPO. Die EU-Kommission plant eine Klarstellung, dass auch eine Überführung in ein Europäisches Bagatellverfahren denkbar ist, KOM(2013) 794 endg., S. 4.

50 *Rechberger* (Fn. 44) § 20 Rn. 3.

51 *Gruber* in Rauscher, 4. Aufl. 2015, Einl. EG-MahnVO Rn. 1 ff.; *Rechberger* (Fn. 44) § 20 Rn. 3, 8 (mit Hinweis auf eine Studie der Kommission, wonach 50 bis 80 % aller gerichtlichen Verfahren unbestrittene Forderungen zum Gegenstand haben). Verzögerte Zahlungen bedrohen nach Ansicht des Unionsgesetzgebers vor allem kleine und mittlere Unternehmen, ErwGr 6 EuMahnVO; *Kropholler/von Hein* (Fn. 25) EuMVVO Einl Rn. 1.

Gewährleistungskonstellation eine streitige ist, in der insbesondere über das Bestehen und die Reichweite einer Nichterfüllung (in Form der Schlechterfüllung) des Verkäufers gestritten wird, dürfte es sich für den Käufer selten lohnen, den Weg eines Europäischen Zahlungsbefehls zu beschreiten, wenn er etwa seinen Kaufpreis nach Vertragsaufhebung oder Schadensersatz wegen Mehrkosten aufgrund der Mangelhaftigkeit der Kaufsache verlangt. Außervertragliche Ansprüche sind nach Art. 2 Abs. 2 lit. d EuMahnVO ohnehin vom Anwendungsbereich ausgenommen.[52] Im Ergebnis erleichtert das Bestehen der EuMahnVO nicht die Rechtsdurchsetzung unter dem CESL.[53] Allenfalls der Verkäufer mag davon bei der Durchsetzung seines Anspruchs auf Kaufpreiszahlung profitieren, wenn ausnahmsweise der Käufer nicht vorleisten musste.[54]

3. Gerichtspflichtigkeit des Verkäufers im Ausland

Ist damit der Blick auf ein streitiges Gerichtsverfahren gerichtet, wird die aus der – maßgeblichen – Sicht des Verkäufers drängende Frage nach einer Gerichtspflichtigkeit im Ausland aktuell. Diese Frage verdient eine unterschiedliche Antwort je nachdem, ob der Käufer Verbraucher oder Unternehmer ist.

a) Verbraucherkäufer: Prozessualer Verbraucherschutz

Dem Verbraucherkäufer ermöglicht Art. 18 Abs. 1 Brüssel Ia-VO eine Klage an seinem Wohnsitz. Zwar hat die Zuständigkeit bei Verbrauchersachen in jüngerer Zeit zu einigen Auslegungsschwierigkeiten geführt, festgemacht an der Begriffsbestimmung des Ausrichtens, der möglichen Beschränkung auf Fernabsatzverträge und der Notwendigkeit einer Kausalität zwischen Ausrichten und Vertragsschluss. Derlei Auslegungsprobleme können es dem Verkäufer naturgemäß erschweren vorherzusehen, wo er verklagt werden kann – entgegen dem Grundanliegen der Brüssel Ia-VO, „in hohem Maße" vorhersehbare Zuständigkeitsvorschriften zu schaffen.[55] Zu dem Wunsch, nicht im Ausland verklagt zu

---

52 Kritisch *Gruber* in Rauscher, 4. Aufl. 2015, Art. 2 EG-MahnVO Rn. 14; *Rechberger* (Fn. 44) § 20 Rn. 19 f. m.w.N.

53 Auch wenn der Europäische Zahlungsbefehl im Allgemeinen von den Rechtssuchenden offenbar „gut angenommen" wird (*Rechberger* [Fn. 44] § 20 Rn. 120).

54 Der Antrag ist bei einem Verbraucherkauf freilich ausschließlich im Wohnsitzstaat des Verbrauchers zu stellen, Art. 6 Abs. 2 EuMahnVO, dazu *Jens Heinig*, Die Konkurrenz der EuGVVO mit dem übrigen Gemeinschaftsrecht, GPR 2010, 36 (37 f.). Im Übrigen verweist Art. 6 Abs. 1 EuMahnVO für die internationale Zuständigkeit auf die EuGVO.

55 ErwGr 15 Brüssel Ia-VO.

werden, tritt das Interesse, überhaupt die Zuständigkeiten für eine gerichtliche Auseinandersetzung absehen zu können.[56] Antworten auf diese drei Auslegungsprobleme hat inzwischen der EuGH in den Rechtssachen *Pammer/Alpenhof*[57], *Mühlleitner*[58] und *Emrek*[59] gegeben, in Randfragen sind jedoch – insbesondere beim Begriff des Ausrichtens[60] – durchaus noch Fragen offengeblieben. Im hier interessierenden Kontext verlieren diese Fragen freilich an Brisanz: Ein Verkäufer, der seine Waren im Internet auch in anderen Mitgliedstaaten anbieten will, richtet seinen Geschäftsbetrieb notwendig auf diese Staaten aus;[61] und ein Käufer, der dieses Angebot in Anspruch nimmt, tut dies beim Online-Kauf zwingend im Fernabsatz sowie deshalb, weil er von der zuvor betrachteten Webseite dazu veranlasst wurde. Hinzu kommt, dass sich der Verkäufer gegen diese Zuständigkeit im Verbraucherstaat nicht durch eine Gerichtsstandsklausel absichern kann: Art. 19 Brüssel Ia-VO gestattet im grenzüberschreitenden Verbrauchergeschäft nur eine nachträgliche oder eine nicht-ausschließliche Gerichtsstandsvereinbarung.[62] Die Sorge vor einer Gerichtspflichtigkeit im Ausland ist also begründet.

b) Unternehmerkäufer: Rechtsaktübergreifende Auslegung des Art. 7 Nr. 1 lit. b Brüssel Ia-VO

Für den Unternehmerkäufer gilt Art. 18 Brüssel Ia-VO natürlich nicht. Vorbehaltlich einer – hier ohne weiteres zulässigen Gerichtsstandsvereinbarung (Art. 25 Brüssel Ia-VO) – muss er den Verkäufer an dessen Wohnsitz verklagen, Art. 4 Abs. 1 Brüssel Ia-VO. Jedoch führt bislang die *Car Trim*-Rechtsprechung des EuGH[63] häufig dazu, dass bei einem Versendungskauf – wiederum vorbehaltlich einer Prorogation, diesmal zugunsten des Verkäufers – ein zusätzlicher besonderer

---

56 Bzw. als Verbraucher vorhersehen zu können, wo eine Klage zu erheben ist, dazu *Rühl* RIW 2013, 737 (739).

57 *EuGH* 7.12.2010 – C-585/08 – Pammer/Reederei Karl Schlüter; C-144/09 – Hotel Alpenhof/Heller.

58 *EuGH* 6.9.2012 – C-190/11 – Mühlleitner/Yusufi.

59 *EuGH* 17.10.2013 – C-218/12 – Emrek/Sabranovic.

60 Dazu *Jan von Hein*, JZ 2011, 954 ff.

61 Siehe noch *Mankowski* IHR 2012, 45 (51) zu Strategien, ein „Ausrichten" zu vermeiden.

62 Als Reaktion enthalten die AGB von Amazon.de folgende Klausel: „Es wird die nicht-ausschließliche Gerichtsbarkeit der Gerichte des Bezirks Luxemburg Stadt vereinbart. Dies bedeutet, dass Sie Ansprüche im Zusammenhang mit diesen Nutzungsbedingungen, die sich aus verbraucherschützenden Normen ergeben, wahlweise sowohl in Luxemburg als auch in dem EU-Mitgliedsstaat, in dem Sie leben, einreichen können."

63 *EuGH* 25.02.2010 – C-381/08 – Car Trim/KeySafety Systems.

Gerichtsstand des Erfüllungsorts nach Art. 7 Nr. 1 lit. b Brüssel Ia-VO am Sitz des Käufers besteht. Nach dieser Rechtsprechung ist bekanntlich der Erfüllungsort autonom zu bestimmen: Lässt sich auf der Grundlage der Vertragsbestimmungen ohne Bezugnahme auf das anwendbare materielle Recht kein Erfüllungsort ermitteln, ist Erfüllungsort derjenige der körperlichen Übergabe der Waren, durch die der Käufer am endgültigen Bestimmungsort des Verkaufsvorgangs die tatsächliche Verfügungsgewalt über diese Waren erlangt hat oder hätte erlangen müssen. Regelmäßig ist dies der Käufersitz. Bei der Auslegung des Vertrags können nach der Entscheidung in der Rechtssache *Electrosteel*[64] – in Anlehnung an Art. 25 Abs. 1 S. 3 Brüssel Ia-VO – auch die geschäftlichen Gepflogenheiten einer Branche berücksichtigt werden und deshalb insbesondere die Verwendung von Incoterms zu einer Bestimmung des Erfüllungsorts auf der Grundlage des Vertrags führen.

Nach Art. 93 Abs. 1 lit. b (i) CESL ist Erfüllungsort für die Lieferverpflichtung des Verkäufers bei einem Versendungskauf „die am nächsten gelegene Abholstelle des ersten Beförderers“[65] und damit gerade nicht der Käufersitz. Darf diese Wertung im Rahmen des Art. 7 Nr. 1 lit. b Brüssel Ia-VO berücksichtigt werden mit der Folge, dass der Verkäufer nur an seinem Sitz verklagt werden kann? Oder läge darin ein von *Car Trim* ausgeschlossener Rückgriff auf das anwendbare Recht und somit ein Rückfall in die *Tessili*-Rechtsprechung[66]? Zwar lässt sich schwerlich sagen, dass die Wahl des CESL auf einer Stufe mit der Vereinbarung von Incoterms steht, die gezielt Fragen des Erfüllungsorts und der Gefahrtragung zum Gegenstand haben. Doch ist als Ausgangspunkt für eine Beantwortung der Frage in Erinnerung zu rufen, dass die Fassung des Art. 7 Nr. 1 lit. b Brüssel Ia-VO gerade eine verordnungsautonome, europaweit einheitliche Auslegung des Erfüllungsorts gewährleisten will.[67] Nun ist aber ein Element der autonomen Auslegung stets auch die rechtsaktübergreifende Auslegung, wie sie für die Verordnungen des Kollisions- und Verfahrensrechts vom europäischen Gesetzgeber selbst gefordert wird[68] und immer wiederkehrender Argumentationstopos in der

---

64 *EuGH* 9.6.2011 – C-87/10 – Electrosteel Europe/Edil Centro.

65 Zu Recht wird kritisiert, dass in dieser Formulierung der Bezug fehlt, wozu die Abholstelle am nächsten gelegen sein muss, *Oliver Remien*, in: Martin Schmidt-Kessel (Hg.), Der Entwurf für ein Gemeinsames Europäisches Kaufrecht. Kommentar, 2014, Art. 93 Rn. 5. Gemeint ist wohl der Verkäufersitz, wie sich aus dem Zusammenhang mit (ii) ergibt.

66 *EuGH* 6.10.1976 – 12/76 – Tessili/Dunlop.

67 *Stefan Leible* in Thomas Rauscher (Hg.), Europäisches Zivilprozess- und Kollisionsrecht. Kommentar, 2011, Art. 5 Brüssel I-VO Rn. 32.

68 ErwGr 7 Rom I-VO; ErwGr 7 Rom II-VO; ErwGr 10 Rom III-VO.

Rechtsprechung des EuGH ist.[69] Dann wäre es aber geradezu widersinnig, wenn ein harmonisierender Rechtsakt der EU den Erfüllungsort beim grenzüberschreitenden Versendungskauf beim Verkäufersitz sieht und ein anderer darunter den Ort des Übergangs der tatsächlichen Verfügungsgewalt auf den Käufer versteht. Zwar erfordert die Berücksichtigung des CESL aufgrund der darin implementierten kollisionsrechtlichen Vorschaltlösung eine kollisionsrechtliche Prüfung, die der autonome Erfüllungsortbegriff gerade entbehrlich machen möchte. Dies ist aber der überkomplizierten Regelung der Anwendbarkeit des CESL[70] geschuldet und sollte nicht die rechtsaktübergreifende Begriffsbildung verhindern. Ein Vorbild für eine derartige Auslegung hat der EuGH in der Rechtssache *Car Trim* selbst geliefert, indem er den in Art. 7 Nr. 1 Brüssel Ia-VO gebrauchten Begriff des Kaufvertrags in Anlehnung an das UN-Kaufrecht als internationalen Rechtsakt so interpretiert hat, dass davon auch Werklieferungsverträge umfasst sind.[71]

Nicht übersehen werden darf dabei, dass daraus auch ein Gerichtsstand am Sitz des Verkäufers für dessen Kaufpreisklage entsteht.[72] Diese verfahrensrechtlich unerwünschte Zuständigkeit, die etwa bei Anwendbarkeit des UN-Kaufrechts (Art. 57 Abs. 1 lit. a CISG), eine Folge der *Tessili*-Rechtsprechung[73] war, sollte durch die Schaffung des Art. 5 Nr. 1 lit. b EuGVO gerade zurückgedrängt werden.[74] Jedoch hat diese Vorschrift die Parteien nie daran gehindert, durch

---

69 Generell zur rechtsaktübergreifenden Auslegung *Jan D. Lüttringhaus*, Übergreifende Begrifflichkeiten im europäischen Zivilverfahrens- und Kollisionsrecht, RabelsZ 77 (2013), 31 ff.; *Stefan Grundmann*, „Inter-Instrumental-Interpretation", RabelsZ 75 (2011), 883 ff.; *Sebastian Martens*, Methodenlehre des Unionsrechts, 2013, 448 ff.; speziell zum Verbraucherschutz *Giesela Rühl*, Die rechtsaktübergreifende Auslegung im europäischen Internationalen Privatrecht, GPR 2013, 122 ff.

70 Kritisch auch *Eidenmüller/Jansen/Kieninger/Wagner/Zimmermann* JZ 2012, 269 (273 f.); *Fornasier* RabelsZ 76 (2012), 401 (430 f.); *Jan von Hein*, Einheitsrechtliche Anwendungsnormen und Internationales Vertragsrecht, in FS Martiny, 2014, 365 ff.; *Leander D. Loacker*, Unnötige Qual bei der Wahl des Gemeinsamen Europäischen Kaufrechts, EuZW 2014, 888 ff.

71 *EuGH* – C-381/08 – Car Trim, Rn. 33 ff. (mit Verweis auf Art. 1 Abs. 4 der VerbrGK-RL und Art. 3 Abs. 1 CISG).

72 Für diesen Hinweis danke ich *Wolfgang Hau*.

73 Siehe oben Fn. 66; zum Einheitsrecht *EuGH* 29.6.1994 – C-288/92 – Custom Made Commercial; *Leible* in Rauscher, 2011, Art. 5 Brüssel I-VO Rn. 32, 41; *Haimo Schack*, Internationales Zivilverfahrensrecht, 6. Aufl. 2014, Rn. 302.

74 *Kropholler/von Hein* (Fn. 25) EuGVO Art. 5 Rn. 27; *Wolfgang Hau*, Die Kaufpreisklage des Verkäufers im reformierten europäischen Vertragsgerichtsstand – ein Heimspiel?, JZ 2008, 974 (974 f.).

Vereinbarung eines Erfüllungsorts für die Lieferverpflichtung einen Klägergerichtsstand zu begründen.[75] Wer dies ganz ausschließen möchte, muss Art. 7 Nr. 1 lit. b Brüssel Ia-VO insgesamt kritisch sehen und die Parteien auf Gerichtsstandsvereinbarungen verweisen.[76]

Ohne gesonderte vertragliche Regelung hat der Verkäufer also bei einem B2B-Vertrag nach CESL im Gewährleistungsfall keine Gerichtspflichtigkeit im Ausland zu befürchten.[77] Dies kann der Verkäufer durch eine Gerichtsstandsklausel deklaratorisch absichern; er muss es aber nicht, wenn sich eine solche nicht durchsetzen lässt. Denn es bleibt zu bedenken, dass dies gegenüber kollidierenden Käufer-AGB außerordentlich mühsam sein dürfte.[78] Aus diesem Grund ist es aber zugleich für einen übermächtigen Käufer schwer, dem strukturell unterlegenen KMU-Verkäufer eine Erfüllungsortvereinbarung[79] oder eine Gerichtsstandsvereinbarung abzuringen.

Im Ergebnis haben damit die Interessen des Verkäufers beim Verbrauchervertrag und beim Unternehmervertrag ganz unterschiedliches Gewicht. Die Sorge vor einer Gerichtspflichtigkeit im Ausland, die einen Vertrieb in andere Mitgliedstaaten behindern kann, ist bei Verträgen mit Verbrauchern berechtigt. Bei Verträgen mit Unternehmern kann die Wahl des CESL hingegen die Gerichtspflichtigkeit im Ausland gerade verhindern; diese Option sollte deshalb vom Verkäufer ernsthaft in Erwägung gezogen werden. Die praktische Schwierigkeit für den Verkäufer zu erkennen, ob sein Vertragspartner als Verbraucher oder

---

75 Art. 7 Nr. 1 lit. b Brüssel Ia-VO: „soweit nichts anderes vereinbart worden ist"; siehe oben Fn. 64 zur Verwendung einer EXW-Klausel. Im Fall der Holschuld stünde dem Verkäufer ohnehin ein Heimatgerichtsstand zur Verfügung, siehe nur *Hau* JZ 2008, 974 (975) m.w.N.

76 *Hau*, JZ 2008, 974 (978 f.); zur Diskussion *Leible* in Rauscher, 2011, Art. 5 Brüssel I-VO Rn. 8; *Schack* (Fn. 73) Rn. 303 ff.; *Tanja Domej*, Die Neufassung der EuGVVO, RabelsZ 78 (2014), 508 (528); *Jan von Hein*, Die Neufassung der Europäischen Gerichtsstands- und Vollstreckungsverordnung (EuGVVO), RIW 2013, 97 (102).

77 Außen vor bleibt hier ein besonderer Gerichtsstand nach Art. 7 Nr. 2 Brüssel Ia-VO, wenn die Kaufsache zu einer Verletzung des Integritätsinteresses des Käufers geführt hat und diesem deshalb außervertragliche Ansprüche zustehen.

78 Bei einer Gerichtsstandsvereinbarung in kollidierenden AGB fehlt es an dem für Art. 25 Brüssel Ia-VO erforderlichen materiellen Konsens, siehe *Peter Mankowski* in Thomas Rauscher (Hg.), Europäisches Zivilprozess- und Kollisionsrecht. Kommentar, 2011, Art. 23 Brüssel I-VO Rn. 19, 39. Eine materiellrechtliche Erfüllungsortvereinbarung scheitert im Fall kollidierender AGB an Art. 39 CESL, der den berühmten „battle of forms" zugunsten der „knock-out-rule" (Restgültigkeitstheorie) auflöst.

79 Z. B. DDP nach Incoterms 2010, dazu BGHZ 195, 243.

als Unternehmer handelt,[80] lässt es jedoch nicht als gangbaren Weg erscheinen, das Auslandsgeschäft deshalb auf B2B-Verträge zu beschränken. Vielmehr ist im Folgenden nach Ansätzen zu suchen, die auch beim Verbrauchervertrag den Interessen des Verkäufers entgegenkommen. Dies ist eine Perspektive, die quer liegt zu dem gängigen Ansatz, ausgehend von einem strukturellen rollentypischen Ungleichgewicht zwischen Verbraucher und Unternehmer nach einem Schutz des Verbrauchers zu fragen.

4. Außergerichtliche Streitbeilegung in Verbrauchersachen

a) Konfliktlösung durch außergerichtliche Streitbeilegung

Es entspricht durchaus der Rechtswirklichkeit, wenn die EU einen Ort zur Befriedung von Verbraucherrechtsstreitigkeiten außerhalb der Gerichtssäle sieht. In vielen Mitgliedstaaten hat sich eine kompliziert zu durchschauende Vielfalt von außergerichtlichen Streitbeilegungsstellen für Verbraucherrechtsstreitigkeiten entwickelt.[81] Trotz ganz unterschiedlicher Verfahrensmodelle ist diesen Stellen gemeinsam, dass sie den Parteien unter Einschaltung eines Dritten bei der Befriedung ihres Konflikts außerhalb staatlicher Gerichtsverfahren helfen sollen.[82] Damit wird der Erkenntnis Rechnung getragen, dass offenbar gerade Verbraucher vor einem Gang zu Gericht zurückschrecken, weil sie hohen Aufwand und Kosten sowie ein langes Verfahren mit ungewissem Ausgang befürchten und generell das formalisierte Verfahren eine Hemmschwelle aufbaut.[83] Zudem kann gerade in der außergerichtlichen Streitbeilegung eine Chance auf eine nachhaltige Bewältigung eines Konflikts liegen.[84] Schon seit den 1990er Jahren hat die Kommission „die Förderung der außergerichtlichen Streitbeilegung ausdrücklich eingefordert“[85] und ihre Vorstellungen in zwei Empfehlungen aus den Jahren 1998 und 2001 näher

80 Siehe oben bei Fn. 13.

81 Ausführlich *Christopher Hodges/Iris Benöhr/Naomi Creutzfeldt-Banda*, Consumer ADR in Europe, 2012; *Civic Consulting*, Study on the use of Alternative Dispute Resolution in the European Union, 2009 (abrufbar unter: <http://www.civic-consulting.de/project_33.html>).

82 Zu dieser Minimaldefinition *Rühl* RIW 2013, 737; siehe auch Art. 2 Abs. 1 ADR-RL.

83 *Rühl* RIW 2013, 737 (738 f.); *dies.*, Die Vorschläge der Europäischen Kommission zur außergerichtlichen Streitbeilegung und die besonderen Probleme grenzüberschreitender Verbraucherverträge, in Bundesministerium für Ernährung, Landwirtschaft und Verbraucherschutz (Hg.), Alternative Streitbeilegung – Reden statt Klagen, 2012, 26 ff.

84 *Rühl* RIW 2013, 737.

85 *Hess* (Fn. 28) § 10 Rn. 107.

konkretisiert.[86] Nach der nicht speziell auf Verbraucherrechtsstreitigkeiten zugeschnittenen Mediationsrichtlinie[87] nehmen nun seit Mai 2013 die Richtlinie über alternative Streitbeilegung (ADR-Richtlinie) und die Verordnung über Online-Streitbeilegung gezielt die (nicht nur grenzüberschreitende)[88] Durchsetzung von Verbraucherrechten in den Blick.[89]

b) *Die Vorgaben der ADR-Richtlinie und der ODR-Verordnung*

Allerdings geschieht dies nicht in der Weise, dass die EU eigene Stellen zur Streitbeilegung schafft. Auch die Verordnung zur Online Dispute Resolution dient nur

86 Empfehlung 98/257/EG der Kommission vom 30. März 1998 betreffend die Grundsätze für Einrichtungen, die für die außergerichtliche Beilegung von Verbraucherrechtsstreitigkeiten zuständig sind, ABl. 1998 L 115/31; dazu die Mitteilung der Kommission „Die außergerichtliche Beilegung von Verbraucherrechtsstreitigkeiten" vom 30. März 1998, KOM(1998) 198 endg.; Empfehlung 2001/310/EG der Kommission vom 4. April 2001 über die Grundsätze für an der einvernehmlichen Beilegung von Verbraucherrechtsstreitigkeiten beteiligte außergerichtliche Einrichtungen, ABl. 2001 L 109/56; dazu die Mitteilung der Kommission zur „Erweiterung des Zugangs der Verbraucher zur alternativen Streitbeilegung" vom 4. April 2001, KOM(2001) 161 endg.; siehe weiter Grünbuch „Zugang der Verbraucher zum Recht und Beilegung von Rechtsstreitigkeiten der Verbraucher im Binnenmarkt", KOM(1993) 576 endg.; „Aktionsplan für den Zugang des Verbrauchers zum Recht", KOM(1996) 36 endg.; Grünbuch über alternative Verfahren zur Streitbeilegung im Zivil- und Handelsrecht vom 19.4.2002, KOM(2002) 196 endg.

87 Richtlinie 2008/52/EG des Europäischen Parlaments und des Rates vom 21. Mai 2008 über bestimmte Aspekte der Mediation in Zivil- und Handelssachen, ABl. 2008 L 136/3.

88 Zu Unrecht kritisch *Rühl* RIW 2013, 737 (738), da die Rechtsakte nicht auf Art. 81 AEUV, sondern auf Art. 114 AEUV gestützt sind, der ohne Weiteres auch eine Harmonisierung innerstaatlicher Sachverhalte erlaubt, wie die zahlreichen Richtlinien des materiellen Verbraucherrechts belegen. Freilich lässt sich diskutieren, ob Art. 114 AEUV überhaupt einschlägig sein kann. *Eidenmüller/Engel* ZIP 2013, 1704 (1707) sehen Art. 81 AEUV als einzig taugliche Rechtsgrundlage und in der ADR-RL und ODR-VO somit „ultra vires-Akte der Union"; ebenso *Herbert Roth*, Etabliert EU Verbraucherschutz zweiter Klasse?, DRiZ 2015, 24 (25).

89 Richtlinie 2013/11/EU des Europäischen Parlaments und des Rates vom 21. Mai 2013 über die alternative Beilegung verbraucherrechtlicher Streitigkeiten und zur Änderung der Verordnung (EG) Nr. 2006/2004 und der Richtlinie 2009/22/EG, ABl. 2013 L 165/63; Verordnung (EU) Nr. 524/2013 des Europäischen Parlaments und des Rates vom 21. Mai 2013 über die Online-Beilegung verbraucherrechtlicher Streitigkeiten und zur Änderung der Verordnung (EG) Nr. 2006/2004 und der Richtlinie 2009/22/EG, ABl. 2013 L 165/1.

der Koordinierung vorhandener Stellen und nicht der Etablierung eines eigenen, europäischen Systems. Vielmehr setzt der europäische Gesetzgeber bei den gewachsenen Strukturen an und verpflichtet lediglich dort, wo solche fehlen, die Mitgliedstaaten zur Einrichtung neuer Stellen.[90] Für diese – bestehenden oder neu eingerichteten – Stellen werden bestimmte Qualitätsstandards statuiert, die einer Vereinfachung und Beschleunigung des Verfahrens sowie einer Kostenreduzierung dienen sollen.[91] Eine bestimmte Verfahrensart wird hingegen nicht vorgegeben.[92] Dabei reicht es aus, wenn in jedem Mitgliedstaat mindestens eine Stelle diese Standards erfüllt.[93] Bestehende Stellen, die die Vorgaben nicht erfüllen (wollen), können weiter existieren.[94] Im Ergebnis sollen damit der Zugang des Verbrauchers zum Recht verbessert und auf diese Weise seine Bereitschaft, grenzüberschreitende Verträge zu schließen, erhöht werden.[95] Denn gerade im grenzüberschreitenden Bereich hat auch die außergerichtliche Streitbeilegung noch Nachholbedarf.[96]

Die ADR-Richtlinie betrifft Kaufverträge und Dienstleistungsverträge im B2C-Verhältnis.[97] Zu den statuierten Mindeststandards, die auf die genannten Empfehlungen zurückgehen,[98] gehören das Fachwissen sowie die Neutralität des mit der Streitbeilegung betrauten Dritten.[99] Zudem werden unter den Schlagworten

---

90 Art. 5 Abs. 1 ADR-RL.

91 ErwGr 4 ADR-RL.

92 Art. 2 Abs. 1 und ErwGr 19, 21 ADR-RL; dazu *Jens Kleinschmidt*, Das Verhältnis der ADR-Richtlinie zu Mediation und Schiedsgerichtsbarkeit, ZZP 128 (2015), 215 (217).

93 *Rühl* RIW 2013, 737 (741).

94 *Gerhard Wagner*, Die Richtlinie über Alternative Streitbeilegung und die Schiedsgerichtsbarkeit, in FS Schütze zum 80. Geburtstag, 2014, 679 (681) („Optionsmodell“); *Jochen Hayungs*, ADR-Richtlinie und ODR-Verordnung – Was haben der Rat und das Europäische Parlament an den Entwürfen der Kommission geändert?, ZKM 2013, 86 (88).

95 ErwGr 4, 6 ADR-RL; *Hirsch* NJW 2013, 2088; zu den besonderen Herausforderungen für Verbraucher in der grenzüberschreitenden Rechtsdurchsetzung *Rühl* RIW 2013, 737 (738 f.).

96 Zu Zahlen *Rühl* RIW 2013, 737 (739 bei Fn. 31).

97 Art. 2 Abs. 1 ADR-RL.

98 *Michael Stürner*, Außergerichtliche Streitbeilegung – Anforderungen aus Sicht des Verbraucherschutzes, in Bundesministerium für Ernährung, Landwirtschaft und Verbraucherschutz (Hg.) (Fn. 83) 9 (12 f.).

99 Art. 6 ADR-RL; näher zu den Qualitätsanforderungen siehe nur *M. Stürner* (Fn. 98) 9 (16 ff.). Die Anforderungen werfen im Einzelnen jeweils hochproblematische Fragen auf, denen hier aber nicht nachzugehen ist.

Effektivität[100] und Fairness[101] Mindestanforderungen an das Verfahren gestellt, darunter die Beachtung einer Art rechtlichen Gehörs und gewisse Beschleunigungsgebote. Schließlich muss das Streitbeilegungsverfahren für den Verbraucher im Wesentlichen kostenlos sein.[102] Das bedeutet freilich, dass entweder auf die Mitgliedstaaten oder – wahrscheinlicher – auf die Unternehmer, die an der Streitbeilegung teilnehmen wollen, erhebliche Kosten zukommen. Dies erhöht die Attraktivität für den Unternehmer nicht,[103] wenn er sich nicht davon zugleich eine unternehmerfreundliche Entscheidungspraxis erwartet.[104] Zudem dürften die Kosten über die Verbraucherpreise umgelegt werden.[105]

Die Teilnahme an einer außergerichtlichen Streitbeilegung ist für den Verbraucher grundsätzlich freiwillig.[106] Jedoch muss der Verbraucher, wenn er sich dazu entschließt, eine Streitbeilegungsstelle im Staat des Unternehmers anrufen. Denn Art. 5 Abs. 2 lit. e ADR-RL sorgt lediglich dafür, dass Streitbeilegungsstellen auch Beschwerden von Verbrauchern aus einem anderen Mitgliedstaat bearbeiten. Es wird gerade nicht sichergestellt, dass der Verbraucher in seinem Heimatstaat eine Streitbeilegungsstelle anrufen kann.[107] Vielmehr wird ihm – auch durch die ODR-Verordnung – lediglich eine gewisse Hilfestellung beim Auffinden und Anrufen einer Stelle im Unternehmerstaat gewährt.[108] Bei der Durchführung des Verfahrens im Ausland ist der Verbraucher auf sich gestellt.[109] Diesen Heimvorteil

100 Art. 8 ADR-RL.

101 Art. 9 ADR-RL.

102 Art. 8 lit. c ADR-RL.

103 Die Kommission erwartet demgegenüber erhebliche Einsparungen für Unternehmer aus vermiedenen Gerichtsverfahren, *Herbert Roth*, Bedeutungsverluste der Zivilgerichtsbarkeit durch Verbrauchermediation, JZ 2013, 637 (639).

104 Zu dieser Befürchtung *Eidenmüller/Engel* ZIP 2013, 1704 (1708); *dies.* (2014) 29 Ohio State Journal on Dispute Resolution 261 (293 f.).

105 *Gerhard Wagner*, Private law enforcement through ADR: Wonder drug or snake oil?, (2014) 51 CML Rev. 165 (183); *Eidenmüller/Engel* (2014) 29 Ohio State Journal on Dispute Resolution 261 (272).

106 *Eidenmüller/Engel* ZIP 2013, 1704 (1707) erwarten, dass Unternehmer massenhaft Schlichtungsklauseln in ihre AGB aufnehmen.

107 Kritisch *Roth* DRiZ 2015, 24 (26); *Meller-Hannich/Höland/Krausbeck* ZEuP 2014, 8 (33); *Michael Stürner*, ADR and Adjudication by State Courts: Competitors or Complements?, GPR 2014, 122 (124).

108 Einzelheiten bei *Rühl* RIW 2013, 737 (742 f.).

109 Vorbehaltlich einer Unterstützung durch Verbraucherzentralen *Rühl* RIW 2013, 737 (743).

im Unterschied zur Brüssel Ia-Verordnung mögen Unternehmer wiederum als attraktiv empfinden.[110]

c) *Außergerichtliche Streitbeilegung und Gerichtsverfahren*

Hinter der Förderung der außergerichtlichen Streitbeilegung steht die Vorstellung, dass mit deren Hilfe eine Lösung für Konflikte gefunden wird, die andernfalls nicht etwa vor staatlichen Gerichten, sondern überhaupt nicht gelöst worden wären.[111] Dabei wird offen angemerkt, dass eine außergerichtliche Streitbeilegung gegenüber dem Gerichtsverfahren eine schwächere Form der Rechtsdurchsetzung darstelle.[112] Ein Defizit der außergerichtlichen Streitbeilegung zeigt sich etwa, wenn es um die zwangsweise Durchsetzung einer auf diesem Wege gefundenen Vereinbarung geht. Während ein Gerichtsurteil EU-weite Freizügigkeit genießt, muss ein außergerichtlich gefundener Vergleich nicht einmal in dem Staat, in dem das Verfahren durchgeführt wurde, vollstreckbar sein.[113] Durch die EU-weite Reglementierung und Systematisierung werde die außergerichtliche Streitbeilegung aber immerhin gegenüber dem jetzigen Zustand aufgewertet.[114]

d) *Die Problematik einer Verzahnung von ADR-Richtlinie und CESL*

Gleichwohl sieht das Europäische Parlament in einer außergerichtlichen Streitbeilegung nach dem Modell der ADR-Richtlinie den Mechanismus der Wahl für

---

110 Zur Diskussion um die Überwindung des Verbrauchergerichtsstandes durch außergerichtliche Streitbeilegung *Calliess* RabelsZ 68 (2004), 244 (281 f.).

111 *Eidenmüller/Engel* (2014) 29 Ohio State Journal on Dispute Resolution 261 (275); *Rühl* RIW 2013, 737 (739); *Christopher Hodges*, Consumer ADR in Europe, ZKM 2012, 195 (197).

112 *Wagner* (2014) 51 CML Rev. 165 (173) („Law enforcement ‚light'"); *Roth* JZ 2013, 637 (642) („justizähnliche[s] Verfahren zweiter Klasse"); *Rolf Stürner*, Die Rolle des dogmatischen Denkens im Zivilprozessrecht, ZZP 127 (2014), 271 (317) („ein volles zweites Verfahrenssystem abgeschwächter Rechtsbindung"); *Eidenmüller/Engel* ZIP 2013, 1704 (1707) („Rechtsdurchsetzungsdefizite"); *Meller-Hannich/Höland/Krausbeck* ZEuP 2014, 8 (16) („Pseudo-Justiz"); siehe aber auch *Hirsch* NJW 2013, 2088 (2094) („alternativer Zugang zum Recht").

113 Eine bessere Vollstreckbarkeit anmahnend *Hess* (Fn. 28) § 10 Rn. 117; *Eidenmüller/Engel* (2014) 29 Ohio State Journal on Dispute Resolution 261 (286); *Rühl* RIW 2013, 737 (744).

114 *Ralf Deutlmoser/Martin Engel*, Ein neues Streitbeilegungssystem für Europa: Regulierungsvorschläge der EU zu Online-Streitbeilegung und außergerichtlicher Konfliktlösung, MMR 2012, 433 (434).

die grenzüberschreitende Rechtsdurchsetzung im CESL. In seiner legislativen Entschließung vom Februar 2014 fordert es, das CESL um einen Art. 186b zu ergänzen, der den Parteien „nahe[legt], in Erwägung [zu] ziehen, Streitigkeiten aus dem Vertrag auf der Grundlage des Gemeinsamen Europäischen Kaufrechts einer Stelle zur alternativen Streitbeilegung im Sinne von Artikel 4 Absatz 1 Buchstabe h der Richtlinie 2013/11/EU vorzulegen".[115] Grundsätzlich bestehende positive Aspekte einer außergerichtlichen Streitbeilegung sollen hier nicht in Abrede gestellt werden. Vor einer derartigen Verzahnung von außergerichtlicher Streitbeilegung und CESL ist jedoch ausdrücklich zu warnen.

Ein zentraler Einwand gegen eine flächendeckende außergerichtliche Streitbeilegung lautet, dass dadurch die korrekte Anwendung geltenden Rechts auf einen zutreffend ermittelten Sachverhalt auf der Strecke bleibe.[116] Der mit der Streitbeilegung befasste Dritte müsse nicht einmal Jurist sein.[117] Dabei sei gerade das Verbraucherrecht mit seiner schwierigen Gemengelage nationalen Rechts und europäischer Vorgaben für Laien kaum zu durchschauen.[118] Dass bei der Streitbeilegung überhaupt zwingendes materielles Verbraucherrecht befolgt und nicht der Streit nach

---

115 Legislative Entschließung (oben Fn. 1); siehe auch den darin vorgeschlagenen neuen ErwGr 34b; in diesem Sinne auch die Stellungnahme des Ausschusses für Wirtschaft und Währung des Europäischen Parlaments vom 11.10.2012 zum CESL-Vorschlag, PE491.011v02-00, S. 3, 7; siehe entsprechende Überlegungen bei *Hans-W. Micklitz*, Un futuro „certo" per lo strumento opzionale, Contratto e impresa/Europa 1-2012, 48 (59 f.); *Cortés/de la Rosa* (2013) 62 ICLQ 407 (436 ff.). Auch die Europäische Kommission propagiert nunmehr einen Zusammenhang zwischen ihrer geplanten weitergehenden Vereinheitlichung der Regeln über den Online-Kauf mit der außergerichtlichen Streitbeilegung, siehe die Mitteilung der Kommission vom 6.5.2015 (Fn. 3) 5 f.

116 *Wagner* (2014) 51 CML Rev. 165 (183 f.); *Roth* JZ 2013, 637 (639 f.) (Grundsatz der Rechtmäßigkeit werde durch Billigkeitserwägungen ersetzt); *ders.* DRiZ 2015, 24 (25 f.); *Eidenmüller/Engel* (2014) 29 Ohio State Journal on Dispute Resolution 261 (278 ff.); *Meller-Hannich/Höland/Krausbeck* ZEuP 2014, 8 (35); dezidiert anders *Günter Hirsch*, Streit um die außergerichtliche Streitbeilegung: neuer Zugang zum Recht oder Schlichterfalle?, in FS Egon Lorenz, 2014, 159 (167 ff.).

117 Art. 6 Abs. 1 lit. a ADR-RL verlangt nur ein „allgemeines Rechtsverständnis"; kritisch *Wagner* (2014) 51 CML Rev. 165 (178, 184); *Eidenmüller/Engel* ZIP 2013, 1704 (1707); *Meller-Hannich/Höland/Krausbeck* ZEuP 2014, 8 (36 f.); *Roth* DRiZ 2015, 24 (25 f.); zu bedenken ist freilich, dass in Mediationsverfahren, die von der Richtlinie ebenfalls erfasst werden, andere Fertigkeiten im Vordergrund stehen können und ein flexibler Standard deshalb gerechtfertigt ist, dazu *Kleinschmidt* ZZP 128 (2015), 215 (230) m.w.N.

118 *Roth* JZ 2013, 637 (638).

Billigkeit gelöst wird, ist nach der ADR-Richtlinie nur im Fall der verbindlichen Streitbeilegung vorgesehen.[119] Macht der Dritte lediglich einen – unverbindlichen, aber aufgrund seiner Autorität gleichwohl mit hoher Überzeugungskraft ausgestatteten – Schlichtungsvorschlag, so ist er lediglich zu dem Hinweis verpflichtet, dass dieser Vorschlag von der wahren Rechtslage abweichen kann.[120] Eine Entwertung des materiellen Verbraucherrechts könne die Folge sein.[121]

Auf den ersten Blick könnte man nun meinen, dass die Einführung eines CESL für den Nutzen der Verbraucher-ADR durchaus förderlich sein könnte: Denn wenn außergerichtliche Streitbeilegungsverfahren von einem einheitlichen Recht mit hohem Verbraucherschutzniveau flankiert werden, steigt mit der Anwendung dieser einheitlichen Regeln die Wahrscheinlichkeit einer zutreffenden Anwendung des materiellen Rechts.

Freilich hat nicht das materielle Recht eine dienende Funktion für das Verfahrensrecht, sondern – ungeachtet wichtiger Tendenzen der Materialisierung und Konstitutionalisierung[122] – umgekehrt.[123] Und umgekehrt kann es für den Erfolg des CESL gerade eine Gefahr darstellen, wenn dieses mit einer Ausdehnung der Verbraucher-ADR verbunden wird. Eine bevorzugte Verhandlung von CESL-Fragen in außergerichtlichen Verfahren wird eine Blüte des CESL behindern: Das CESL ist wie jeder Rechtsakt des Sekundärrechts autonom auszulegen. In Art. 4 Abs. 1 CESL wird dies besonders betont.[124] Die autonome, von den mitgliedstaatlichen Rechtsordnungen losgelöste Auslegung soll eine einheitliche Anwendung sicherstellen und damit verhindern, dass der Harmonisierungserfolg auf der Ebene

---

119 Art. 11 Abs. 1 ADR-RL; dazu *M. Stürner* (Fn. 98) 9 (23 f.) (dessen Plädoyer für eine Ausdehnung auf alle Verfahren etwa dann, wenn der Dritte lediglich einen Vergleichsvorschlag unterbreitet, problematisch sein kann); *Roth* JZ 2013, 637 (639) (verbindliche Streitbeilegung bilde die Ausnahme).

120 Art. 9 Abs. 2 lit. b (iii) ADR-RL.

121 *Roth* JZ 2013, 637 (643); *ders.* JZ 2014, 801 (806); *ders.* DRiZ 2015, 24 (26); *Eidenmüller/Engel* ZIP 2013, 1704 (1707); ausführlich *Wagner* (2014) 51 CML Rev. 165 (175 ff.).

122 Siehe nur *Wagner* ZEuP 2008, 6 (13 ff.); *Christian Heinze*, Zivilprozessrecht unter europäischem Einfluss, JZ 2011, 709 (715 f.); *Christoph Althammer*, Mindeststandards im Zivilprozess, ZZP 126 (2013), 3 (10 ff.).

123 Ähnliche Kritik bei *Roth* JZ 2013, 637 (643).

124 Dazu etwa *Thomas Jaeger*, Inhaltliche und methodische Vollständigkeit des Vorschlags für ein Gemeinsames Europäisches Kaufrecht, RabelsZ 77 (2013), 465 (476 ff.); siehe noch ErwGr 8 CESL-VO.

der Rechtsanwendung durch die mitgliedstaatlichen Gerichte geschmälert wird.[125] Organisatorisch wird die autonome Auslegung durch die Konzentration der Auslegungskompetenz auf den EuGH gewährleistet (Art. 267 AEUV).[126] Dass das Bedürfnis nach einer autonomen einheitlichen Auslegung nicht nur theoretisch behauptet, sondern praktisch höchst präsent ist, zeigt das Beispiel der Verjährung der Käuferrechtsbehelfe. Hier herrscht Streit über eine so fundamentale Frage wie die, ob die Verjährung eine Kenntnis vom Mangel voraussetzt und damit möglicherweise erst Jahre nach dem Kauf beginnt. Trotz der vermutlichen Absicht mancher am Verordnungsvorschlag Beteiligter, ein subjektives, kenntnisabhängiges Verjährungsregime zu implementieren, sprechen die besseren Gründe dafür, den CESL-Vorschlag als Grundlage eines objektiven Modells zu verstehen.[127]

Nun sind aber außergerichtliche Streitbeilegungsstellen nicht in der Lage, der daraus resultierenden Rechtsunsicherheit entgegenzuwirken.[128] Sie wären bereits nicht befugt, die Auslegungsfrage dem EuGH vorzulegen. Die fehlende Vorlageberechtigung von privaten Schiedsgerichten entspricht gesicherter Rechtsprechung.[129] Für sonstige Stellen gilt sie erst recht.[130] Darauf zu vertrauen, dass sich in einem anschließenden gerichtlichen Vollstreckungsverfahren die Gelegenheit

---

125 *Martens* (Fn. 69) 335 ff.; *Karl Riesenhuber*, Die Auslegung, in ders. (Hg.), Europäische Methodenlehre, 3. Aufl. 2015, § 10 Rn. 4 ff.

126 Kritisch zu den Möglichkeiten des EuGH, einheitliche Interpretationsstandards zum CESL zu liefern, *Max Planck Institute* RabelsZ 75 (2011), 371 (Rn. 150 ff.) m.w.N.; *Eidenmüller/Jansen/Kieninger/Wagner/Zimmermann* JZ 2012, 269 (286); *Farley/Geeurickx* (2011) 26 JIBFL 707.

127 Näher *Jens Kleinschmidt*, Einheitliche Verjährungsregeln für Europa? Zu den Gewährleistungsfristen im Vorschlag für ein Gemeinsames Europäisches Kaufrecht, AcP 213 (2013), 538 ff.

128 *M. Stürner* (Fn. 98) 9 (24).

129 Grundlegend *EuGH* 23.3.1982 – 102/81 – Nordsee/Reederei Mond; *EuGH* 1.6.1999 – C-126/97 – Eco Swiss China Time/Benetton International; *Rolf A. Schütze*, Die Vorlageberechtigung von Schiedsgerichten an den EuGH, SchiedsVZ 2007, 121 ff. Demgegenüber hat der EuGH in jüngerer Zeit mehrfach die Vorlageberechtigung von Schiedsgerichten bejaht, die zur vereinfachten Entscheidung *gesetzlich eingerichtet* waren, siehe mit detaillierter Begründung *EuGH* 12.6.2014 – C-377/13 – Ascendi Beiras Litoral e Alta, Auto Estradas das Beiras Litoral e Alta SA/Autoridade Tributária e Aduaneira, Rn. 23 ff.; zudem *EuGH* 13.2.2014 – C-555/13 – Merck Canada.

130 Ebenso *Wagner* (2014) 51 CML Rev. 165 (178). Für eine Prüfung, ob nicht *de lege ferenda* ein Weg von Streitbeilegungsstellen zum EuGH gefunden werden kann, jetzt *Jürgen Basedow*, Postmoderner Rechtsschutz und der Dialog mit dem Gerichtshof der Europäischen Union, EuZW 2015, 1 (2).

findet, verbraucherschützendes Sekundärrecht zum Klingen zu bringen,[131] reicht nicht aus. Ebenso wenig hilft die bloße Hoffnung auf einen „extra-judicial self-restraint" und die Verweisung auf den Klageweg, wenn eine Streitbeilegungsstelle eine Frage von grundsätzlicher Bedeutung erkennt.[132] Die grundsätzliche Bedeutung einer Rechtsfrage zählt von vornherein nicht zu den von Art. 5 Abs. 4 ADR-RL gestatteten Gründen, aus denen eine Streitbeilegungsstelle die Bearbeitung einer Beschwerde ablehnen darf.[133] Genauso gut denkbar ist es somit, dass „hard cases" kurzerhand durch Vergleich erledigt werden.[134] Schlimmstenfalls führt ein flächendeckender Erfolg der außergerichtlichen Streitbeilegung sogar zu einer Substitution und damit zu einer „Austrocknung" der Ziviljustiz.[135]

Hinzu kommt ein weiterer Aspekt: Selbst dann, wenn eine Streitbeilegungsstelle nach allen Regeln der juristischen Kunst eine Bestimmung des CESL auslegt, ist mangels Öffentlichkeit des Verfahrens nicht gewährleistet, dass andere Streitbeilegungsstellen von dieser Auslegung Notiz nehmen.[136] Zwar will die ODR-Verordnung in ihrem Anwendungsbereich eine Datenbank errichten, in der die Ergebnisse von

---

131 Mehrere Entscheidungen deuten darauf hin, dass der EuGH das europäische Verbraucherrecht als Teil des bei Vollstreckbarerklärung eines Schiedsspruchs zu prüfenden *ordre public* ansieht, siehe *EuGH* 26.10.2006 – C-168/05 – Mostaza Claro/Centro Móvil Milenium; *EuGH* 6.10.2009 – C-40/08 – Asturcom Telecomunicaciones/ Rodríguez Nogueira; zum Wettbewerbsrecht *EuGH* – C-126/97 – Eco Swiss; siehe auch (teilweise eher zurückhaltend) *Peter Schlosser* in Stein/Jonas, Kommentar zur Zivilprozessordnung, 23. Aufl. 2014, Anhang § 1061 Rn. 350; *Mary-Rose McGuire*, Grenzen der Rechtswahlfreiheit im Schiedsverfahrensrecht?, SchiedsVZ 2011, 257 (263 f.); *Katharina Hilbig*, Absoluter Verbraucherschutz bei unzulässigen AGB-Schiedsvereinbarungen?, SchiedsVZ 2010, 74 (78 ff.).

132 Hierzu *M. Stürner* (Fn. 98) 9 (24).

133 Ähnlich *Hirsch* NJW 2013, 2088 (2092); Art. 5 Abs. 4 lit. f ADR-RL soll es den Mitgliedstaaten aber ausweislich des ErwGr 25 ADR-RL erlauben, Streitbeilegungsstellen zu gestatten, dass sie die Bearbeitung einer Beschwerde ablehnen, wenn die „Streitigkeit zu komplex ist und deshalb besser vor Gericht gelöst werden sollte".

134 Dagegen hält *Hirsch* NJW 2013, 2088 (2092) es für ausreichend, wenn den Beteiligten auch in Fragen von grundsätzlicher Bedeutung ein Schlichtungsvorschlag unterbreitet wird, solange sie an diesen nicht gebunden sind.

135 *M. Stürner* (Fn. 98) 9 (22); *ders.* GPR 2014, 122 (127); *Rühl* RIW 2013, 737 (738); *Roth* JZ 2013, 637 (644) sieht sogar einen möglichen Verstoß gegen Art. 95 GG, wenn der BGH mangels Fallmaterial seinen Aufgaben als Revisionsgericht nicht mehr nachkommen kann.

136 Zu diesem Punkt etwa *Eidenmüller/Engel* (2014) 29 Ohio State Journal on Dispute Resolution 261 286); *Giesela Rühl*, Die Richtlinie über alternative Streitbeilegung: Handlungsperspektiven und Handlungsoptionen, ZZP 127 (2014), 61 (93 f.).

Streitbeilegungsverfahren gesammelt werden.[137] Doch ist keineswegs gesichert, dass zu dem übermittlungspflichtigen Ergebnis auch die Gründe gehören, auf denen es beruht. Und selbst wenn dem so wäre, bestünde keine Verpflichtung anderer Stellen zu derselben Auslegung. Es fehlt an einer Instanz, die eine einheitliche Rechtsprechung gewährleisten kann. Ebenso fehlt es an einer entwickelten Anmerkungskultur und Begleitung der Rechtsprechung durch die Wissenschaft, wie sie sich im Zivilprozess etabliert hat.[138] Wo veröffentlichte Ergebnisse einer Streitbeilegung von der in Gerichtsverfahren entwickelten Ansicht abweichen, droht schlimmstenfalls eine „Paralleljustiz“[139]. Dabei verlangt gerade die Regelungstechnik des CESL massiv nach einer vorhersehbaren einheitlichen Rechtsprechung auch innerhalb der Mitgliedstaaten.[140] Denn das CESL verlässt sich geradezu inflationär auf unbestimmte Rechtsbegriffe und Generalklauseln.[141] Wenn es aber darum geht zu bestimmen, was beispielsweise „angemessen“ bedeutet, wird sich der EuGH – wie bei den *Freiburger Kommunalbauten*[142] – zurückhalten.

Eine außergerichtliche Streitbeilegung kann somit nicht einmal im Schatten des CESL erfolgen, da das CESL noch keine Schatten wirft. Die Folgen sind als Gefahr für die Einheit der Rechtsordnung von gesamtgesellschaftlicher Relevanz. Sie treffen sowohl Verbraucher als auch Unternehmer. Und sie treffen im besonderen Fall des CESL sogar dann zu, wenn man die allgemeine rechtspolitische Kritik an der Stärkung der außergerichtlichen Streitbeilegung grundsätzlich nicht teilt. Die damit verbundene Rechtsunsicherheit wirkt sich insbesondere auch unmittelbar auf den einzelnen Unternehmer aus, der sich fragt, ob er seine Waren grenzüberschreitend nach dem CESL anbieten soll. Aus Unternehmersicht ist es deshalb

---

137 Art. 11 ODR-VO; hierin erkennt *M. Stürner* (Fn. 98) 9 (23) „eine gewisse Abhilfe“; zurückhaltender *ders.* GPR 2014, 122 (127).

138 *Roth* JZ 2013, 637 (644); allgemein *Reinhard Zimmermann*, Wider die „verderbliche Einseitigkeit“. Einführung in das Symposium, RabelsZ 77 (2013), 300 ff. und die nachfolgenden Beiträge zum Symposium „Dialog zwischen Rechtswissenschaft und Rechtsprechung“.

139 *M. Stürner* (Fn. 98) 9 (23); ähnlich *Roth* DRiZ 2015, 24 (25) („Schattenjustiz“); *ders.* JZ 2013, 637 (644) („Paralleluniversum“); positiv besetzt ist das „Paralleluniversum“ bei *Hirsch* NJW 2013, 2088 (2089).

140 Zum Problem der Kenntnisnahme ausländischer Entscheidungen *Doralt* AcP 211 (2011), 1 (28).

141 Zur Kritik *Mansel* WM 2012, 1309 (1321) (Verlagerung der Rechtssetzungsmacht auf die Judikative schürt Rechtsunsicherheit).

142 *EuGH* 1.4.2004 – C-237/02 – Freiburger Kommunalbauten/Hofstetter; siehe auch *Max Planck Institute* RabelsZ 75 (2011), 371 (Rn. 27, 153).

vorzugswürdig, wenn Verbraucherstreitigkeiten nach dem CESL in staatliche Verfahren zurückgeholt und diese Verfahren gestärkt werden.

5. Das Europäische Verfahren für geringfügige Forderungen („Bagatellverfahren")

Abschließend ist deshalb zu überlegen, wie Streitigkeiten unter dem CESL auf eine für Unternehmer attraktive Weise – die zugleich die Rechte des Verbrauchers wahrt – vor die staatliche Ziviljustiz gebracht werden können. Hier rückt das Europäische Bagatellverfahren in den Blick.[143] In diesem ist das materielle Recht anzuwenden, und die zur Rechtsanwendung aufgerufenen Gerichte sind zur Vorlage an den EuGH berechtigt.[144] Eine gütliche Einigung wird dadurch nicht verhindert, denn auch in diesem Verfahren hat sich der Richter darum zu bemühen.[145]

a) Ein optionales Instrument im Verfahrensrecht

Das Verfahren geht zurück auf die Verordnung Nr. 861/2007 und steht seit dem 1.1.2009 zur Verfügung. Bei der Verordnung handelt es sich um einen Rechtsakt der „neuen Generation". Er beschränkt sich nicht auf Regeln für die Zuständigkeit, die Verfahrenskoordination oder die Anerkennung und Vollstreckung, sondern regelt das Erkenntnisverfahren selbst.[146] Erste Stellungnahmen sprachen

---

143 Als „hausgemachte Konkurrenz" zur EU-Bagatellverordnung wird die ADR-RL bezeichnet von *Hau* (Fn. 21) 255 (265); als „Alternative" von *Roth* JZ 2013, 637 (638); sowie bereits *Ewoud Hondius*, Towards a European Small Claims Procedure?, in Liber amicorum Bernd Stauder, 2006, 131 (131).

144 Für „durchweg vorzugswürdig" gegenüber der außergerichtlichen Streitbeilegung hält den Ausbau staatlicher Bagatellverfahren auch *Roth* JZ 2013, 637 (644); ähnlich *ders.* DRiZ 2015, 24 (27); *Eidenmüller/Engel* (2014) 29 Ohio State Journal on Dispute Resolution 261 (287 ff.); *dies.* ZIP 2013, 1704 (1708): Es wäre „wesentlich besser, wenn die Mitgliedstaaten ihre Zivilprozessrechte selbst reformieren würden." – Ausgeklammert bleibt hier die Forderung nach einer Einführung von Kollektivverfahren zur Verbraucherrechtsdurchsetzung, dazu etwa *Wagner* (2014) 51 CML Rev. 165 (188 ff.); *Eidenmüller/Engel* ZIP 2013, 1704 (1709).

145 Art. 12 Abs. 3 EuBagatellVO; dazu *Juan Pablo Cortés Diéguez*, Does the Proposed European Procedure Enhance the Resolution of Small Claims?, (2008) 27 Civil Justice Quarterly 83 (96 f.), der eine Ergänzung des Bagatellverfahrens um außergerichtliche Streitbeilegung fordert; allgemein *R. Stürner* ZZP 127 (2014), 271 (326).

146 *Hess* (Fn. 28) § 4 Rn. 16 ff.; *Walter H. Rechberger*, Die neue Generation, Bemerkungen zu den Verordnungen Nr. 805/2004, Nr. 1896/2006 und Nr. 861/2007 des Europäischen Parlaments und des Rates, in FS Leipold, 2009, 301 ff.; siehe auch *Kern* JZ 2012, 389.

mithin davon, die Verordnung schaffe „eine Europäische Zivilprozessordnung en miniature“[147].

In der Tat bringt die Verordnung erstmals Regelungen für ein „vollwertige[s]“[148] kontradiktorisches Verfahren.[149] Das europäische Verfahren tritt nicht etwa an die Stelle der mitgliedstaatlichen Prozessordnungen. Vielmehr steht es dem Kläger als Alternative zu dem nationalen Prozessrecht des Forumsstaates zur Verfügung (Art. 1 Abs. 1 S. 2 EuBagatellVO), in Deutschland also neben dem üblichen amtsgerichtlichen Verfahren, unter Umständen modifiziert durch § 495a ZPO.[150] Das Verfahren schafft also – wie das CESL – ein optionales Instrument.[151]

---

147 *Hau* JuS 2008, 1056; zustimmend *Michael Stürner*, Europäisches Bagatellverfahren, in Leible/Terhechte (Hg.) (Fn. 44) § 21 Rn. 82 (allerdings bleibe die Komplexität der Verfahrensregeln aufgrund der Beschränkung auf Verfahren mit geringen Streitwerten hinter derjenigen der mitgliedstaatlichen Prozessordnungen zurück); *Kropholler/von Hein* (Fn. 25) EuGFVO Einl. Rn. 2; *Kern* JZ 2012, 389.

148 *Kern* JZ 2012, 389.

149 *M. Stürner* (Fn. 147) § 21 Rn. 17; *Hess/Bittmann* IPRax 2008, 305 (311) („wichtige[r] Integrationsschritt“); *Hau* in Münchener Kommentar zur Zivilprozessordnung, 4. Aufl. 2013, Vorbemerkung zu den §§ 1097 ff. Rn. 21; *ders.* JuS 2008, 1056 (1057); *Kropholler/von Hein* (Fn. 25) EuGFVO Einl. Rn. 2; *Rechberger* (Fn. 146) 301 (312).

150 In den mitgliedstaatlichen Verfahrensrechten sind grob gesprochen zwei Modelle zu unterscheiden (*Kern* JZ 2012, 389 [390]; *Hans-Peter Mayer/Julia Lindemann/Georg Haibach*, Small Claims Verordnung, 2009, 9 ff.): diejenigen Rechte, die wie das deutsche Recht Bagatellverfahren als vereinzelte Modifikation des normalen Verfahrens begreifen, und diejenigen Rechte, die wie das englische umfassend ein Bagatellverfahren neben dem normalen Zivilprozess regeln.
In seinem Gutachten zum 70. Deutschen Juristentag hat Calliess vorgeschlagen, für Streitigkeiten zwischen Verbrauchern und Unternehmern „am Amtsgericht ein singularinstanzliches Schnellverfahren“ einzuführen, „das in 3 bis 6 Monaten zu einem vollstreckbaren Ergebnis zu überschaubaren Kosten führt“. Das Verfahren sei „summarisch und unbürokratisch auszugestalten“. Siehe *Gralf-Peter Calliess*, Der Richter im Zivilprozess – Sind ZPO und GVG noch zeitgemäß?, in Verhandlungen des 70. Deutschen Juristentages, Bd. I, 2014, A5 (A98).

151 ErwGr 8 EuBagatellVO („fakultatives Instrument“); *Hess* (Fn. 28) § 4 Rn. 23 („‚optionale‘ Regelungen“), § 10 Rn. 87 („additives Instrument“); *ders./Bittmann* IPRax 2008, 305 (311); *M. Stürner* (Fn. 147) § 21 Rn. 1, 12 ff.; *Kropholler/von Hein* (Fn. 25) EuGFVO Einl. Rn. 2 („fakultativ“); *Xandra E. Kramer*, The European Small Claims Procedure: Striking the Balance between Simplicity and Fairness in European Litigation, ZEuP 2008, 355 (357) („optional nature“). Unberührt bleiben auch andere europäische Verfahren wie das Europäische Mahnverfahren (siehe bereits oben Fn. 49); *M. Stürner* (Fn. 147) § 21 Rn. 12 nennt dies „horizontale Optionalität“ und erwartet (Rn. 14) aufgrund eines von dem optionalen Instrument ausgehenden

Voraussetzung der Option ist, dass die EU-Bagatellverordnung anwendbar ist. Als geringfügig sieht die Verordnung jede Klage an, deren Wert 2.000 € nicht überschreitet, Art. 2 Abs. 1 S. 1.[152] Verfahrensgegenstand können dann aber nicht nur Geldzahlungsansprüche sein, sondern auch alle anderen Klägerbegehren.[153] Deshalb eignet sich das Verfahren für den Gewährleistungsstreit, der zum Beispiel auch die Forderung nach Nacherfüllung durch Reparatur oder Ersatzlieferung (Art. 111 CESL) zum Gegenstand haben kann. Auch konkurrierende Deliktsansprüche wegen Verletzung des Integritätsinteresses sind erfasst (Art. 2 Abs. 2 lit. h EuBagatellVO schließt nur außervertragliche Ansprüche wegen Persönlichkeitsrechtsverletzungen aus). In persönlicher Hinsicht kommt es – anders als bei der ADR-Richtlinie – nicht auf die Rollen der Parteien als Verbraucher oder Unternehmer an.[154] Vielmehr will die Verordnung sowohl den Zugang zum Recht für Verbraucher als auch die Rechtsdurchsetzung für Unternehmer verbessern.[155]

Häufig ausgeübt wird die Option freilich nicht.[156] Dies lässt sich schon anekdotisch feststellen, wenn man Amtsrichter nach ihren Erfahrungen fragt. Unterfüttert wird dieser Eindruck mit den Zahlen des statistischen Bundesamtes, wonach im Jahre 2012 von den über 100.000 dafür aufgrund des Auslandsbezugs in Betracht kommenden amtsgerichtlichen Verfahren gerade einmal 500 nach

---

„Anpassungsdruck[s]" einen „autonomen Nachvollzug auf mitgliedstaatlicher Ebene"; zu letzterem auch *Althammer* ZZP 126 (2013), 3 (20).

152 Diese Streitwertgrenze hat zu nachvollziehbarer Kritik an der Bezeichnung „Bagatell"-Verordnung geführt. Gleichwohl soll hier aus Lesbarkeitsgründen an dem etablierten Sprachgebrauch festgehalten werden. Im Ausland wurde eine höhere Grenze gefordert, *Cortés Diéguez* (2008) 27 Civil Justice Quarterly 83 (88 f.); *Hondius* (Fn. 143) 131 (138).

153 Begründet wird dies mit Art. 2 Abs. 2 lit. g und Art. 5 Abs. 5 EuBagatellVO, z. B. *M. Stürner* (Fn. 147) § 21 Rn. 30. Umstritten ist, ob auch Feststellungs- und Gestaltungsklagen erfasst sind, bejahend (mit der wohl überwiegenden Meinung) *Kropholler/von Hein* (Fn. 25) Art. 2 EuGFVO Rn. 8; *Robert Freitag/Stefan Leible*, Erleichterung der grenzüberschreitenden Forderungsbeitreibung in Europa, BB 2009, 2 (3); a.A. *Arno Brokamp*, Das Europäische Verfahren für geringfügige Forderungen, 2008, 9.

154 Vgl. ErwGr 4 EuBagatellVO („vereinfachte und beschleunigte grenzüberschreitende Gerichtsverfahren bei verbraucher- und handelsrechtlichen Ansprüchen mit geringem Streitwert"); *Hau* JuS 2008, 1056 (1057); *M. Stürner* (Fn. 147) § 21 Rn. 34; unklar deshalb die Einordnung als „Verbraucherprozessrecht" bei *Hess* (Fn. 28) § 10 Rn. 87 ff.

155 Deutlich *Kropholler/von Hein* (Fn. 25) EuGFVO Einl. Rn. 4.

156 Entsprechende Prognosen etwa bereits bei *Hess/Bittmann* IPRax 2008, 305 (314); *Kropholler/von Hein* (Fn. 25) EuGFVO Einl. Rn. 18.

der EU-Bagatellverordnung eingeleitet wurden.[157] In jedem Fall will nun die EU die Akzeptanz des mit großen Vorschusshoffnungen ausgestatteten Rechtsakts verbessern und hat deshalb auf der Grundlage von Art. 28 EuBagatellVO im November 2013 einen Reformvorschlag vorgelegt.[158] Unter anderem wird darin die Streitwertgrenze von 2.000 € auf 10.000 € angehoben.[159]

Programmatisch umreißt die Verordnung ihre Zielsetzung: Mit dem Verfahren sollen „Streitigkeiten in grenzüberschreitenden Rechtssachen mit geringem Streitwert einfacher und schneller beigelegt und die Kosten hierfür reduziert werden können."[160] Hier begegnet uns also – wie bei Zahlungsbefehl und Verbraucher-ADR – wieder die Trias Vereinfachung, Verkürzung, Kostensenkung.[161] Diese

---

157 Näher analysiert werden die Zahlen bei *Hau* (Fn. 21) 255 (256 f.) („Anteil der Fälle ... in Deutschland bestenfalls im niedrigen Promillebereich"); für 2011 berichten *Mayer/Lindemann* DAR 2013, 692 für Deutschland von 332 Verfahren bei insgesamt 8.000 in Betracht kommenden Verfahren (dort auch ähnliche Zahlen für andere Mitgliedstaaten); ältere Zahlen bei *Brokamp* (Fn. 153) 5 Fn. 32; Datenerhebung der Kommission in KOM(2013) 795 endg., S. 3; Special Eurobarometer 395 „European Small Claims Procedure", April 2013. Eine gewisse Anlaufphase gesteht *M. Stürner* (Fn. 147) § 21 Rn. 77 der Verordnung zu.

158 KOM(2013) 794 endg.; dazu *Hau* (Fn. 21) 255 (256 ff.); *Stefan Huber*, Der Kommissionsvorschlag zur Reform der EU-Mahn- und der EU-Bagatellverordnung: Fortentwicklung oder Paradigmenwechsel?, GPR 2014, 242 ff.; *Bartosz Suejcki*, Änderung des Europäischen Verfahrens für geringfügige Forderungen, ZRP 2014, 84 ff. Der von Art. 28 EuBagatellVO geforderte Bericht liegt in dem Dokument KOM(2013) 795 endg. vor. Nicht mehr nachgetragen werden konnte der Fortgang dieses Vorschlags, der nach Änderungswünschen von Parlament und Rat in wichtigen Punkten zu Trilog-Verhandlungen im Juni 2015 geführt hat, deren Ergebnisse teilweise vom Kommissionsvorschlag abweichen, siehe die generelle Ausrichtung des Rates im Ratsdokument 15841/14 ADD 1 und den Bericht des Rechtsausschusses PE539.630v02-00.

159 Art. 2 Abs. 1 des Reformvorschlags; begründet wird die Erhöhung mit den Interessen der KMU an einer effizienten Forderungsdurchsetzung; *Huber* GPR 2014, 242 (244) erkennt darin (zu Recht kritisch) einen „gewissen Paradigmenwechsel". Damit könnte in Deutschland eine sachliche Zuständigkeit des Landgerichts für Bagatellsachen begründet werden (vgl. §§ 71 Abs. 1, 23 Nr. 1 GVG). Für eine Zuweisung an die Landgerichte insgesamt *Hau* (Fn. 21) 255 (261), der freilich Probleme hinsichtlich des zwar nach § 78 Abs. 1 S. 1 ZPO, nicht aber nach Art. 10 EuBagatellVO bestehenden Anwaltszwangs absieht. Siehe bereits oben Fn. 152.

160 Art. 1 Abs. 1 S. 1 EuBagatellVO; zu den Zielsetzungen siehe noch ErwGr 7 EuBagatellVO.

161 Siehe oben bei Fn. 44 zum Europäischen Zahlungsbefehl und bei Fn. 91 zur Verbraucher-ADR.

Zielsetzung deckt sich mit den typischen Interessen der Streitparteien im vorliegenden Zusammenhang. Zu dem zentralen Interesse des Unternehmers – nicht in Rechtsstreitigkeiten im Ausland verwickelt zu werden – enthält diese Formel jedoch nichts. Vielmehr verbleibt es hinsichtlich der internationalen Zuständigkeit bei den Regeln der Brüssel Ia-VO.[162] Die Gerichtspflichtigkeit im Ausland bleibt dem Verkäufer in Verbrauchersachen somit nicht erspart. Die Verordnung kann allenfalls die Folgen des Rechtsstreits im Ausland abmildern.

Das Verfahren kann für sich mit schlanken Verfahrensregeln und geringen Kosten werben. Zudem winkt am Schluss des Prozesses ein Titel, der ohne weiteres Exequatur-Verfahren in allen teilnehmenden Mitgliedstaaten vollstreckt werden kann (Art. 20 ff. EuBagatellVO).[163] Die Verordnung gilt damit als „sehr gläubigerfreundlich“[164]. Bei ihrem Inkrafttreten sind deshalb verschiedentlich Befürchtungen laut geworden, das Verfahren könnte zielgerichtet zur Übervorteilung von Verbrauchern eingesetzt werden.[165] Es wurde erwartet, dass die Verordnung vor allem oder jedenfalls auch Unternehmern zur Forderungsbeitreibung dienen kann.[166] Genährt wurde diese Befürchtung nicht zuletzt daraus, dass die Verordnung – anders als andere Verordnungen[167] – den Verbraucher nicht mit eigenen Schutzvorschriften bedenkt.[168] In den hier diskutierten Fallgestaltungen befindet

---

162 *M. Stürner* (Fn. 147) § 21 Rn. 36; *Hess/Bittmann* IPRax 2008, 305 (311); *Hau* JuS 2008, 1056 (1058); *Hess* (Fn. 28) § 10 Rn. 91 (Abweichungen bei Drittstaatensachverhalten nicht ausgeschlossen); differenzierend *Istvan Varga* in Thomas Rauscher (Hg.), Europäisches Zivilprozess- und Kollisionsrecht, Kommentar, 4. Aufl. 2015, Art. 2 EG-BagatellVO Rn. 12, Art. 3 EG-BagatellVO Rn. 2 ff.

163 *Burkhard Hess*, Urteilsfreizügigkeit nach der VO Brüssel-Ia: beschleunigt oder ausgebremst?, in FS Gottwald, 2014, 273 (281) erwartet, dass die nur „gebremste Urteilsfreizügigkeit“ nach der Brüssel Ia-VO zu einer nachhaltigen Stärkung der Verfahren führen wird, die „eine raschere (und ungestörte) Vollstreckung ermöglichen“. Den Gläubigern sei zu raten, diesen Weg einzuschlagen; siehe noch *Rechberger* (Fn. 146) 301 (303 f.).

164 *M. Stürner* (Fn. 147) § 21 Rn. 10.

165 *Hau* JuS 2008, 1056 (1059); *Eva-Maria Kieninger*, Die Abschaffung des Vollstreckbarerklärungsverfahrens in der EuGVVO und die Zukunft des Verbraucherschutzes, VuR 2011, 243 (246); *Kropholler/von Hein* (Fn. 25) EuGFVO Einl. Rn. 18; *Varga* in Rauscher, 4. Aufl. 2015, Einl EG-BagatellVO Rn. 67 f.

166 *Kropholler/von Hein* (Fn. 25) EuGFVO Einl. Rn. 18; *Varga* in Rauscher, 4. Aufl. 2015, Einl EG-BagatellVO Rn. 68; *Brokamp* (Fn. 153) 6; *Kern* JZ 2012, 389 (393).

167 Zu Art. 6 Abs. 2 EuMahnVO siehe oben Fn. 54; außerdem Art. 6 Abs. 1 lit. d EuVTVO.

168 Kritisch deshalb *Kieninger* VuR 2011, 243 (246); *Kramer* ZEuP 2008, 355 (363); *Bartosz Sujecki*, Vereinheitlichung des Erkenntnisverfahrens in Europa: Das Europäische Verfahren für geringfügige Forderungen, EWS 2008, 323 (325); *Varga* in Rauscher,

sich jedoch nicht der Unternehmer, sondern der Verbraucher in der Rolle des freundlich behandelten Gläubigers. Ihm erleichtert die Verordnung den Zugang zur Justiz,[169] und er profitiert von den Zielen der Verordnung. Diese differenziert gerade nicht danach, ob der Kläger auf Angebots- oder Nachfrageseite steht.[170] Ist das Verfahren auch dann für den Unternehmer attraktiv?

b) *Verfahrensablauf und Kosten: Vorteile und offene Fragen*

Dieser Frage ist hier exemplarisch anhand einzelner Aspekte der Verordnung nachzugehen, die eine Erleichterung für den Verkäufer darstellen können. Vorweggeschickt sei, dass sich die Verordnung bei allem Streben nach Beschleunigung und Vereinfachung bemüht, die Balance zu rechtsstaatlichen Grundanforderungen zu wahren.[171] Doch bleiben in dieser Hinsicht Fragen offen.

Einen Vereinfachungs- und Standardisierungseffekt bringt erstens die zwingend vorgeschriebene Verwendung von Formblättern mit sich.[172] Dadurch werden insbesondere rechtskulturelle Besonderheiten bei der Abfassung von Schriftsätzen abgemildert, die eine Lektüre und somit eine Reaktion des Empfängers komplizieren.[173]

---

4. Aufl. 2015, Einl EG-BagatellVO Rn. 67 f.; *Kropholler/von Hein* (Fn. 25) Art. 4 EuGFVO Rn. 3; *Hau* in MünchKomm-ZPO, 4. Aufl. 2013, Art. 3 BagatellVO Rn. 11; *ders.* JuS 2008, 1056 (1059) („nicht sonderlich verbraucherfreundlich"); *Roth* JZ 2013, 637 (644) („wenig verbraucherfreundlich ausgestaltet"); weniger als problematisch sehen diese Inkohärenz *Reinhold Geimer* in Zöller Zivilprozessordnung, 30. Aufl. 2014, Art. 1 EuBagatellverfVO Rn. 6; *Brokamp* (Fn. 153) 21 f.

169 *M. Stürner* (Fn. 147) § 21 Rn. 11; *Kern* JZ 2012, 389 (392); der Bericht über die Anwendung der EU-Bagatellverordnung (dazu oben Fn. 158) nimmt an, dass das Verfahren „vorrangig von Verbrauchern genutzt" werde, KOM(2013) 795 endg., S. 3 Fn. 4. Insofern rechtfertigt sich auch die Einschätzung als „verbraucherschützend", so auch *M. Stürner* (Fn. 147) § 21 Rn. 34; zurückhaltender *Varga* in Rauscher, 4. Aufl. 2015, Einl EG-BagatellVO Rn. 68; *Brokamp* (Fn. 153) 6.

170 *Kropholler/von Hein* (Fn. 25) EuGFVO Einl. Rn. 1. Ein praktisches Beispiel für den Nutzen der VO für Verbraucher bietet die Geltendmachung von Ansprüchen nach der EU-Fluggastrechteverordnung, für die das Verfahren offenbar bereits zum Einsatz kam, *Hans-Peter Mayer/Julia Lindemann*, Einklagen von Fluggastrechten mit dem Europäischen Verfahren für geringfügige Forderungen, NJW 2012, 2317 ff.; *Hau* (Fn. 21) 255 (257).

171 ErwGr 9 EuBagatellVO.

172 Siehe etwa Art. 4 Abs. 1 EuBagatellVO für die Klage. Eine Änderung oder Aktualisierung der Formblätter kann nach Art. 26, 27 Abs. 2 EuBagatellVO im Komitologieverfahren stattfinden.

173 Kritisch wegen gerade im „Prozess des ‚einfachen Bürgers'" bedeutsamerer Kulturunterschiede *Kern* JZ 2012, 389 (392).

Praktische Handreichungen zum Umgang mit diesen Formblättern enthält der im Europäischen Justizportal abrufbare „Praktische Leitfaden für das europäische Verfahren für geringfügige Forderungen".[174] Kritik an der Komplexität der Formulare aus Laiensicht ist freilich noch nicht verstummt.[175]

Zweitens wird das Verfahren grundsätzlich schriftlich durchgeführt, Art. 5 Abs. 1 EuBagatellVO. Eine mündliche Verhandlung findet nur dann statt, wenn das Gericht eine solche für erforderlich hält oder eine der Parteien dies beantragt.[176] Und selbst wenn eine mündliche Verhandlung von einer Partei – oder gar von beiden Parteien – beantragt wird, kann das Gericht den Antrag unanfechtbar ablehnen, „wenn es der Auffassung ist, dass in Anbetracht der Umstände des Falles ein faires Verfahren offensichtlich auch ohne mündliche Verhandlung sichergestellt werden kann", Art. 5 Abs. 1 S. 3 und 5 EuBagatellVO.[177] Nach § 495a S. 2 ZPO wäre dem Antrag hingegen zwingend nachzukommen. Es verwundert nicht, dass die Regelung der EU-Bagatellverordnung im Hinblick auf den Grundsatz eines fairen und öffentlichen Verfahrens (Art. 6 Abs. 1 EMRK, Art. 47 GrCh) zum Teil sehr kritisch gesehen wird.[178] Zudem wird die Schriftlichkeit gerade in Prozessen von eher anleitungsbedürftigen Naturparteien als wenig zweckmäßig angesehen. Eine mündliche Verhandlung schaffe erst die Voraussetzungen für eine – auch nach Art. 12 Abs. 3 EuBagatellVO dem Gericht aufgegebene – gütliche Einigung (man denke auch an den frühen ersten Termin nach § 275 ZPO).[179] Demgegenüber wird

---

174 Abrufbar unter <https://e-justice.europa.eu/content_small_claims_forms-177-de.do>.

175 Z. B. *Eidenmüller/Engel* ZIP 2013, 1704 (1708); *Sujecki* ZRP 2014, 84 hält ein Ausfüllen der Formblätter ohne anwaltlichen Rat für schwierig; einen potentiell abschreckenden Effekt langer und technischer Formulare auf den Rechtssuchenden gibt *Kern* JZ 2012, 389 (394) zu bedenken; optimistischer *Hess* (Fn. 28) § 10 Rn. 94, der freilich in den Freitextfeldern des Formulars eine Abschwächung des Standardisierungsvorteils sieht; Bedenken aufgrund der in den Formularen enthaltenen Freitextfelder auch bei *Hess/Bittmann* IPRax 2008, 305 (312).

176 Art. 5 Abs. 1 S. 2 EuBagatellVO.

177 Siehe noch ErwGr 14 EuBagatellVO. Der Reformvorschlag schraubt die Anforderungen an eine mündliche Verhandlung noch höher.

178 *Kern* JZ 2012, 389 (394 ff.); *Varga* in Rauscher, 4. Aufl. 2015, Art. 5 EG-BagatellVO Rn. 2 ff.; *Hau* in MünchKomm-ZPO, 4. Aufl. 2013, Art. 5 BagatellVO Rn. 2; *Brokamp* (Fn. 153) 113 ff.; *Norbert A. Schoibl*, Miszellen zum Europäischen Bagatellverfahren, in FS Leipold, 2009, 335 (336 ff.); *Rechberger* (Fn. 146) 301 (313 f.); *Hess* (Fn. 28) § 10 Rn. 93; *Sujecki* ZRP 2014, 84 (85); *Huber* GPR 2014, 242 (245) (der interessanterweise belegt, dass die Vorschrift im Ausland weniger kritisch gesehen wird).

179 *R. Stürner* ZZP 127 (2014), 271 (321); *Varga* in Rauscher, 4. Aufl. 2015, Art. 5 EG-BagatellVO Rn. 4; *Kern* JZ 2012, 389 (395 f., 398). Der dort ebenfalls angeführte Vorzug einer dauerhaften Befriedung durch Aufdecken weiterer oder anderer Interessen dürfte

darauf verwiesen, dass die Effizienz des Verfahrens durchaus eine Beschränkung der Mündlichkeit rechtfertigen kann.[180] Ob dies weitergehende Konsequenzen haben kann als nur die Ablehnung missbräuchlicher Anträge,[181] erscheint fraglich.[182] In der Praxis soll es wohl regelmäßig – entgegen der Zielrichtung der Verordnung – zu einer mündlichen Verhandlung kommen.[183]

Selbst wenn eine mündliche Verhandlung stattfindet, kann diese drittens in Form einer Videokonferenz oder unter Zuhilfenahme anderer Kommunikationsmittel abgehalten werden, Art. 8 EuBagatellVO. Ob die Gerichte aller Mitgliedstaaten für diese Innovation reif sind, muss sich noch erweisen. In jedem Fall deutlich sichtbar ist das Bestreben, den Parteien eine Reise über die Grenze zu ersparen (vgl. §§ 1100, 128a ZPO).[184]

Viertens enthält die Verordnung Erleichterungen im Beweisverfahren. Es gilt das Freibeweisverfahren.[185] Auch hier ist das Ziel erkennbar, eine physische Präsenz von Zeugen oder Parteien entbehrlich zu machen.[186] Als problematisch wird jedoch

---

freilich in den hier diskutierten Konstellationen, denen in der Regel eine diskrete, keine relationale Transaktion zugrunde liegt, geringer wiegen.

180 *Kramer* ZEuP 2008, 355 (371) (auf den geringen Streitwert abstellend); *Kropholler/von Hein* (Fn. 25) Art. 5 EuGFVO Rn. 3 (auf die Besonderheiten grenzüberschreitender Verfahren abstellend); *Isabel Jahn*, Das Europäische Verfahren für geringfügige Forderungen, NJW 2007, 2890 (2892). Zu beherzigen ist aber mit *Hau* JuS 2008, 1056 (1058), dass die Justizgrundrechte „bei der richterlichen Verfahrensgestaltung nicht blindlings Effizienzbestrebungen geopfert werden dürfen"; ähnlich *Sujecki* ZRP 2014, 84 (85); siehe auch ErwGr 9 EuBagatellVO.

181 Diese kostenträchtige Gefahr gerade im grenzüberschreitenden Rechtsstreit betont *Jahn* NJW 2007, 2890 (2892).

182 Einen nicht allzu strengen Maßstab für die Zulassung der mündlichen Verhandlung fordern auch *M. Stürner* (Fn. 147) § 21 Rn. 49; *Schoibl* (Fn. 178) 335 (337); *Cortés Diéguez* (2008) 27 Civil Justice Quarterly 83 (92).

183 *Sujecki* ZRP 2014, 84 (85); abweichende Erwartung angesichts überlasteter Gerichte bei *Varga* in Rauscher, 4. Aufl. 2015, Art. 5 EG-BagatellVO Rn. 2.

184 Noch weitergehend Art. 8 des Reformvorschlags; skeptisch dazu aufgrund der limitierten technischen Möglichkeiten der Gerichte *Hau* (Fn. 21) 255 (262); *Huber* GPR 2014, 242 (245 f.); *Sujecki* ZRP 2014, 84 (86); eine Ausweitung elektronischer Verfahrensführung prognostiziert *Cortés Diéguez* (2008) 27 Civil Justice Quarterly 83 (94 f.).

185 Art. 9 EuBagatellVO; *Varga* in Rauscher, 4. Aufl. 2015, Art. 9 EG-BagatellVO Rn. 1; *M. Stürner* (Fn. 147) § 21 Rn. 51; *Hau* in MünchKomm-ZPO, 4. Aufl. 2013, Art. 9 BagatellVO Rn. 1.

186 Vgl. *Hau* JuS 2008, 1056 (1058); *Schoibl* (Fn. 178) 335 (339); *Brokamp* (Fn. 153) 108 ff.; weniger Unterschiede erkennt *Varga* in Rauscher, 4. Aufl. 2015, Art. 9 EG-BagatellVO Rn. 7, 10.

teilweise angesehen, dass nach Art. 9 Abs. 2 EuBagatellVO auch in Entscheidungen über die Erhebung von Beweisen Kostenerwägungen hineinspielen dürfen.[187] Ob sich eine darin liegende Gefahr für die Wahrheitsfindung verwirklicht,[188] hängt von der maßvollen Nutzung der Vorgaben durch den einzelnen Richter ab. Zum Teil wird aber Rechtssuchenden ausdrücklich geraten, die Kosten der Beweisführung in ihre Entscheidung für das europäische Verfahren einzubeziehen.[189]

Fünftens ist das gesamte Verfahren auf Schnelligkeit angelegt, die im Gewährleistungsstreit den Interessen beider Parteien entgegenkommt. Es gilt ein überaus straffes Fristenregime.[190] Bis zum Austausch von Klage und Erwiderung vergehen (ohne Postlauf) keine zwei Monate.[191] Weitere Verfahrensschritte sollen wiederum in einer Frist von 30 Tagen erfolgen.[192] Zusätzliche Beschleunigung bringen die sehr einfache Zustellung durch die Post mit Empfangsbestätigung[193] und die Kontrolle auf offenbare Unzulässigkeit oder Unbegründetheit in einem sehr frühen Verfahrensstadium[194]. Der Bericht über die Anwendung der EU-Bagatellverordnung konstatiert, dass die Verordnung zu einem Rückgang der durchschnittlichen Verfahrensdauer um immerhin zwei Jahre auf nur noch fünf Monate geführt haben will.[195]

---

187 Dieser Absatz entfällt im Reformvorschlag; befürwortend *Hau* (Fn. 21) 255 (263).

188 Dazu *Kern* JZ 2012, 389 (397); *Varga* in Rauscher, 4. Aufl. 2015, Art. 9 EG-BagatellVO Rn. 11 ff.

189 *Gregor Vollkommer/Stefan Huber*, Neues Europäisches Zivilverfahrensrecht in Deutschland. Das Gesetz zur Verbesserung der grenzüberschreitenden Forderungsdurchsetzung und Zustellung, NJW 2009, 1105 (1109); kritisch *Brokamp* (Fn. 153) 144.

190 Eine Verlängerung von Fristen durch das Gericht ist nach Art. 14 EuBagatellVO zwar möglich, sollte aber den Beschleunigungszweck wahren und darf keinesfalls dazu eingesetzt werden, eine Überlastung des Gerichts zu kompensieren, *Kern* JZ 2012, 389 (393 f.) (generell kritisch gegenüber gesetzlichen Fristen für einzelne Verfahrensschritte); sehr kritisch zu den Verlängerungsmöglichkeiten *Varga* in Rauscher, 4. Aufl. 2015, Art. 14 Rn. 3 f.

191 Art. 5 Abs. 2–4 EuBagatellVO.

192 Art. 7 Abs. 1 EuBagatellVO.

193 Art. 13 EuBagatellVO (dazu ErwGr 18); darin wird die Zustellung unmittelbar und nicht bloß als Mindeststandard geregelt, *Varga* in Rauscher, 4. Aufl. 2015, Art. 13 EG-BagatellVO Rn. 1; *Brokamp* (Fn. 153) 56; *Hess/Bittmann* IPRax 2008, 305 (312).

194 Art. 4 Abs. 4 UAbs. 2 EuBagatellVO. Der an eine offensichtliche Unbegründetheit anzulegende Maßstab ist freilich in der Verordnung nicht konkretisiert. Zu Recht kritisch gegenüber einer Abweisung als unbegründet *Varga* in Rauscher, 4. Aufl. 2015, Art. 4 EG-BagatellVO Rn. 13.

195 KOM(2013) 795 endg., S. 2.

Schließlich die Kosten: Zu den zentralen Anliegen der EU-Bagatellverordnung gehört die Beachtung der Verhältnismäßigkeit bei den Verfahrenskosten.[196] Gerade bei geringen Streitwerten dürfen die Verfahrenskosten nicht außer Verhältnis zu dem Betrag stehen, um den es geht.[197] Drohende Kosten können einen Verbraucher dazu veranlassen, auf eine Rechtsdurchsetzung ganz zu verzichten.[198] Doch auch aus Verkäufersicht ist ein Streitbeilegungsverfahren, aus dem unverhältnismäßig hohe Kosten drohen, unattraktiv. Gerade wenn sich der Verkäufer im Ausland gegen eine Klage zur Wehr setzen muss, kann er die aufzuwendenden Kosten schwer kalkulieren. Falls nun das europäische Verfahren sein Versprechen einlöst, die Kosten zu reduzieren, und damit ein Prozess im Ausland ein weniger schwer zu kalkulierendes Risiko darstellt, kann dies einen erheblichen Vorteil für den Verkäufer bedeuten.

Die EU-Bagatellverordnung folgt grundsätzlich dem Prinzip der Kostenerstattung durch die unterlegene Partei. Allerdings wird diese Kostenerstattung auf notwendige Kosten beschränkt, und zudem dürfen die Kosten nicht außer Verhältnis zum Streitwert stehen. Dies wirft vor allem Probleme hinsichtlich der anwaltlichen Vertretung auf. Auch wenn Art. 10 EuBagatellVO einen Anwaltszwang gerade ablehnt, dürfte es doch jeder Partei unbenommen sein, sich anwaltlich vertreten zu lassen.[199] Erwägungsgrund 29 EuBagatellVO erläutert, dass zu den erstattungsfähigen Kosten auch Rechtsanwaltskosten und Übersetzungsauslagen gehören. Jedoch wird die volle Erstattungsfähigkeit von Anwaltskosten verschiedentlich in Zweifel gezogen,[200] weil sie ab einer bestimmten Höhe unverhältnismäßig sein

---

196 ErwGr 7 und Art. 16 EuBagatellVO; *M. Stürner* (Fn. 147) § 21 Rn. 19; *Christian Friedrich Majer*, Grenzüberschreitende Durchsetzung von Bagatellforderungen, JR 2009, 270; *Mayer/Lindemann* DAR 2013, 692 (693).

197 *Hau* JuS 2008, 1056; weiterführend zur Rechtfertigung besonderer Verfahrensregeln bei geringen Streitwerten *Kern* JZ 2012, 389 (392 f.).

198 Special Eurobarometer 342 (Consumer Empowerment), April 2011, 217: Nur 43 % der befragten Verbraucher erklärten, bei einem Streitwert unter 500 € eine Klage vor Gericht anstrengen zu wollen. Für außergerichtliche Streitbeilegungsverfahren lag der Wert bei 52 % (S. 221).

199 *Hau* JuS 2008, 1056 (1058).

200 *Hau* (Fn. 21) 255 (264). Schon die Notwendigkeit anwaltlicher Beratung zu verneinen, dürfte im Hinblick auf ErwGr 29 EuBagatellVO kaum haltbar sein, *Jonas Kotzur*, Die Regelung der Kosten in der EuBagatellVO – Anreiz oder Unsicherheitsfaktor?, GPR 2014, 98 (104); *Kropholler/von Hein* (Fn. 25) Art. 16 EuGFVO Rn. 2; angesichts der Postulationsfähigkeit von Naturparteien offengelassen von *Hess/Bittmann* IPRax 2008, 305 (312).

könnten.[201] Hier dürfte einer der großen Unsicherheitsfaktoren der Verordnung liegen, da die Berechnung der Anwaltskosten Sache der *lex fori* ist. Soweit das RVG zugrunde gelegt wird, stellen dessen streitwertabhängige Sätze eine Verhältnismäßigkeit sicher.[202] Wo nach Stunden abgerechnet wird, kann das aber zur Folge haben, dass auch die obsiegende Partei auf einem Teil ihrer Kosten sitzenbleibt.[203]

Ebenso wie die Vorstellung verfehlt ist, mit Hilfe des CESL werde jeder EU-Bürger seine Rechte selbst erkennen,[204] geht es an der Wirklichkeit vorbei zu erwarten, dass Rechtssuchende sich flächendeckend ohne Rechtsrat in einen Prozess stürzen werden.[205] Selbst das von der Kommission entwickelte Standard-Informationsblatt zum CESL schließt lakonisch: „Im Streitfall ist eine rechtliche Beratung zu empfehlen."[206]

Mit dem Postulat der Kostenersparnis macht erst recht der Reformvorschlag ernst. Auch wenn die Festlegung der Gerichtsgebühren Sache der Mitgliedstaaten bleiben soll, führt Art. 15a Abs. 1 des Reformvorschlags eine Deckelung der Gerichtsgebühren[207] ein. Gebühren seien nur noch dann als verhältnismäßig anzusehen, wenn sie 10 % des Streitwerts nicht übersteigen. Dies würde etwa in Deutschland eine erhebliche Änderung des Kostenrechts nach sich ziehen, das bislang nicht zwischen herkömmlichen Verfahren und europäischen Bagatellverfahren differenziert und selbst beim maximalen Streitwert von 2.000 € noch

---

201 Näher *M. Stürner* (Fn. 147) § 21 Rn. 66; *Kotzur* GPR 2014, 98 (104 f.) m.w.N. (Unverhältnismäßigkeit ab Übersteigen des Streitwerts). Auf ähnliche Prinzipien im nationalen Recht macht *Kropholler/von Hein* (Fn. 25) Art. 16 EuGFVO Rn. 3 aufmerksam.

202 *M. Stürner* (Fn. 147) § 21 Rn. 66; *Kotzur* GPR 2014, 98 (105) (dort auch zu anderen Rechtsordnungen, skeptisch jedoch auf S. 106 zu Korrespondenzanwälten).

203 *Hau* in MünchKomm-ZPO, 4. Aufl. 2013, Art. 16 BagatellVO Rn. 2; *M. Stürner* (Fn. 147) § 21 Rn. 66. Auch der „Praktische Leitfaden" (siehe oben Fn. 174) warnt auf S. 65, dass aufgrund der Einschränkungen des Art. 16 EuBagatellVO eine Kostenerstattung für die Einschaltung eines Rechtsanwalts nicht gesichert sei.

204 *Eidenmüller/Jansen/Kieninger/Wagner/Zimmermann* JZ 2012, 269 (272).

205 Sehr kritisch *Hau* (Fn. 21) 255 (265); anwaltliche Vertretung empfehlend *ders.* JuS 2008, 1056 (1058). Das Ausfüllen der Formulare ohne rechtlichen Rat für schwierig halten z. B. *Kropholler/von Hein* (Fn. 25) EuGFVO Einl. Rn. 18; *Kramer* ZEuP 2008, 355 (369); siehe bereits oben Fn. 175.

206 Anhang II der CESL-VO; im Original: „In case of dispute you may wish to ask for legal advice."

207 Möglicherweise sogar einschließlich Auslagen für Übersetzungen und Reisen, *Hau* (Fn. 21) 255 (262) mit Verweis auf die Begründung in KOM(2013) 794 endg., S. 8.

mehr als 10 % des Streitwerts als Kosten ansetzt.[208] Die Folge wäre eine „ganz massive Quersubventionierung des europäischen Bagatellverfahrens".[209] Ob dies im Interesse des Binnenmarkts und des Zugangs zum Recht gewollt ist, ist eine politische Frage.[210] Die Folge muss aber klar benannt werden.

c) Die Lückenproblematik

Der Regelungsbereich des CESL enthält – teils verblüffende – Lücken wie etwa im Bereich der Stellvertretung oder der Aufrechnung.[211] Die daraus resultierende Gemengelage von harmonisiertem Kaufrecht und nationalem Schuldrecht kann Verkäufer veranlassen, von einer Wahl des CESL ganz Abstand zu nehmen.[212] Lücken finden sich genauso im europäischen Verfahrensrecht. In dem ausdrücklichen Verweis auf das Verfahrensrecht der *lex fori* in Art. 19 EuBagatellVO wird diese Ergänzungsfunktion des nationalen Rechts ausdrücklich angeordnet.[213] Ein Beispiel bietet die dem nationalen Recht überlassene Streitwertbestimmung.[214] Darüber hinaus enthält die EU-Bagatellverordnung weitere nicht ausdrücklich genannte Lücken, bei denen jeweils zu klären ist, ob ein Rückgriff auf die *lex fori*

---

208 *Hau* (Fn. 21) 255 (262).

209 *Hau* (Fn. 21) 255 (262).

210 Befürwortend *Huber* GPR 2014, 242 (246); skeptisch *Hau* (Fn. 21) 255 (262).

211 *Eidenmüller/Jansen/Kieninger/Wagner/Zimmermann* JZ 2012, 269 (271 f.); *Jens Kleinschmidt*, Stellvertretung, IPR und ein optionales Instrument für ein europäisches Vertragsrecht, RabelsZ 75 (2011), 497 (508 ff., 538 f.). In der Fassung des CESL durch das Europäische Parlament werden diese Lücken ausdrücklich anerkannt in einem von der legislativen Entschließung (siehe oben Fn. 1) geforderten Art. 11a Abs. 1 CESL-VO. Zum Umgang mit Lücken im CESL z. B. *Mansel* WM 2012, 1253 (1265 ff.); *Beate Gsell*, Der Verordnungsentwurf für ein Gemeinsames Europäisches Kaufrecht und die Problematik seiner Lücken, in Oliver Remien/Sebastian Herrler/Peter Limmer (Hg.), Gemeinsames Europäisches Kaufrecht für die EU?, 2012, 145 ff. Es ist aufgrund der Mitteilung der Kommission vom 6.5.2015 absehbar, dass die Lücken in dem geänderten Vorschlag (siehe oben bei Fn. 2) noch größer werden dürften.

212 *Mankowski* IHR 2012, 45 (50).

213 Deshalb wurden in Deutschland flankierend die §§ 1097–1109 ZPO erlassen.

214 Kritisch *Hau* JuS 2008, 1056 (1057) („misslich …, weil damit eine uneinheitliche Anwendung der Verordnung vorprogrammiert ist"); anders *M. Stürner* (Fn. 147) § 21 Rn. 33 („misslich, aber hinzunehmen"). An der Maßgeblichkeit mitgliedstaatlichen Rechts will der Reformvorschlag trotz Erhöhung der Streitwertgrenze nichts ändern. Weitere Verweise finden sich in den Art. 4 Abs. 1–3, 9 Abs. 1 S. 1, 17 Abs. 1, 21 Abs. 1, 2 lit. b EuBagatellVO.

erfolgen soll.[215] Damit werden die Einheitlichkeit des Verfahrens und somit dessen angestrebte Einfachheit in Frage gestellt.[216] Zum Teil wird in der daraus resultierenden Unsicherheit der maßgebliche Grund für den bislang fehlenden Erfolg des Verfahrens gesehen.[217] Ebenso kann potentiellen Nutzern auf diese Weise die Mühe, sich auf fremde Verfahrensordnungen einzustellen, nicht gänzlich genommen werden. Die daraus resultierenden Unsicherheiten lassen sich – wie im CESL – nur durch eine Schließung misslicher Lücken verringern.[218]

d) Ausübung der Option

Es wurde bereits festgestellt, dass die EU-Bagatellverordnung ein optionales Instrument geschaffen hat. Bemerkenswert ist jedoch, dass in der hier als typisch angenommenen Fallgestaltung des Gewährleistungsstreits – anders als beim CESL – nicht der Verkäufer, sondern der Käufer die Option ausüben wird. Der Käufer befindet sich in der „Angreiferrolle", und deshalb kann er entscheiden, welches Verfahren er einschlägt: herkömmliches nationales (Bagatell-)verfahren, außergerichtliche Streitbeilegung oder europäisches Bagatellverfahren. Gegen die Wahl des Käufers kann der Verkäufer sich nicht zur Wehr setzen.[219] Alle Vorteile, die das europäische Verfahren für den Verkäufer hat, und alle Anreize, die sich daraus für die Aufnahme einer grenzüberschreitenden Tätigkeit ergeben, hängen mithin von der Entscheidung des Käufers ab.

Ein Junktim zwischen CESL und Bagatellverfahren muss deshalb dazu führen, dass diese Option vom Käufer auf den Verkäufer übergeht. Der Verordnungsgeber müsste es dem Verkäufer ermöglichen, dass er den Käufer bei der Wahl zwischen europäischem Bagatellverfahren und nationalem kontradiktorischem

---

215 Näher *Hau* JuS 2008, 1056 (1059).

216 *Jahn* NJW 2007, 2890 (2894); *Hau* in MünchKomm-ZPO, 4. Aufl. 2013, Vorbemerkungen zu den §§ 1097 ff. Rn. 20.

217 *Sujecki* ZRP 2014, 84; ähnliche Befürchtung bei *Hess/Bittmann* IPRax 2008, 305 (314); *Kropholler/von Hein* (Fn. 25) EuGFVO Einl. Rn. 18; *Kramer* ZEuP 2008, 355 (368 f.); optimistischer *Kern* JZ 2012, 389 (391 f. mit Fn. 59).

218 Ein Konflikt mit der Verfahrensautonomie der Mitgliedstaaten droht nicht, wenn die Effektivität des europäischen Verfahrens eine einheitliche Regelung erfordert, vgl. etwa zur Kostenerstattung *Christian Heinze*, Europäisches Primärrecht und Zivilprozess, EuR 2008, 654 (666).

219 *Brokamp* (Fn. 153) 25; *Rechberger* (Fn. 146) 301 (309 Fn. 48).

Verfahren auf ersteres beschränken kann.[220] Eine solche Vorschrift wirft Fragen hinsichtlich der Justizgewährung auf. Schiedsklauseln in AGB sieht der EuGH zurückhaltend.[221] Klauseln, die den Verbraucher vor Entstehen der Streitigkeit zur verbindlichen außergerichtlichen Beilegung verpflichten, verstoßen gegen Art. 10 Abs. 1 ADR-RL.[222] Wenn jedoch das Bagatellverfahren als vollwertige Alternative im Hinblick auf die Justizgrundrechte des Käufers verstanden wird, so dürfte einer Vorschrift nichts entgegenstehen. Vorauszusetzen ist lediglich, dass die europäische Bagatellverordnung überhaupt anwendbar ist. Dies kann Probleme aufwerfen im Verhältnis zu Dänemark, wo zwar ein auf Art. 114 AEUV gestütztes CESL gelten würde,[223] nicht aber die aufgrund des Vorgängers von Art. 81 Abs. 2 lit. f AEUV erlassene EU-Bagatellverordnung gilt (Art. 2 Abs. 2 EuBagatellVO).

IV. Ergebnis

1. Der Erfolg oder Misserfolg des CESL (oder jedes anderen Regelwerks in dessen Nachfolge) wird davon abhängen, ob Unternehmer sich dazu entschließen, ihre Waren nach diesem Instrument anzubieten. Ob jedoch Unternehmer dazu bereit sind, ihren Vertrieb auf andere Mitgliedstaaten auszudehnen, hängt auch von anderen Faktoren ab als dem anwendbaren Recht. Zentral ist darunter der Faktor der Rechtsdurchsetzung. Prüfstein für adäquate Regeln zur Rechtsdurchsetzung ist die Gewährleistung als typischer Streitfall im Online-Handel.
2. Auch wenn Unternehmer nach dem CESL nicht mehr die Anwendung ausländischen Rechts fürchten müssen, müssen sie jedenfalls bei Verbraucherverträgen mit einer Gerichtspflichtigkeit im Ausland rechnen. Bei Unternehmerverträgen führt die Anwendung des CESL hingegen dazu, dass der Verkäufer in der Regel

220 Unberührt bliebe das Mahnverfahren, wo sich dieses anbietet, dazu oben Fn. 151. Insoweit entgegengesetzt der Vorschlag von *Calliess* (Fn. 150) A5 (A98), dem Verbraucher nicht nur die Wahl zu geben, sondern auch ein Veto gegen eine Wahl des Unternehmers.

221 *EuGH* 3.4.2014 – C-342/13 – Sebestyén/Zsolt Csaba Kővári; *EuGH* – C-168/05 – Mostaza Claro; *EuGH* – C-40/08 – Asturcom.

222 Zu Bedenken gegen sonstige Schlichtungsklauseln in AGB *Eidenmüller/Engel* ZIP 2013, 1704 (1707); *R. Stürner* ZZP 127 (2014), 271 (323 f.); zu Unrecht jedoch für ein Klauselverbot bereits auf der Grundlage von Art. 10 Abs. 1 ADR-RL *M. Stürner* GPR 2014, 122 (124); *Rühl* ZZP 127 2014, 61 (73).

223 Zur Kompetenzgrundlage siehe nur *Max Planck Institute* RabelsZ 75 (2011), 371 (Rn. 33 ff.); *Jürgen Basedow*, Fakultatives Unionsprivatrecht oder: Grundlagen des 28. Modells, in FS Säcker, 2011, 29 ff.; *Wulf-Henning Roth*, Rechtsetzungskompetenzen für das Privatrecht in der Europäischen Union, EWS 2008, 401 ff.

nur an seinem Sitz verklagt werden kann. Schlüssel ist also der von einem strukturellen Ungleichgewicht geprägte Verbrauchervertrag.

3. Die vom Europäischen Parlament favorisierte Verlagerung der Verbraucherrechtsstreitigkeiten in die alternative Streitbeilegung würde zwar eine Gerichtspflichtigkeit im Ausland vermeiden. Ein Unternehmer hätte dennoch keinen Anreiz, das CESL zu wählen – vor allem weil dieses gegenwärtig zu viel interpretatorischen Spielraum lässt, der sich in alternativen Verfahren nicht bewältigen lässt und für Rechtsunsicherheit sorgt.
4. Vorzugswürdig ist es, wenn Streitigkeiten nach dem CESL im Europäischen Bagatellverfahren ausgetragen werden. Dazu ist das CESL um eine Vorschrift zu ergänzen, wonach der Käufer verpflichtet ist, bei Beschreiten des Rechtswegs nach der EU-Bagatellverordnung vorzugehen, wenn die Parteien dies bei der Wahl des CESL vereinbaren. Eine Benachteiligung des Käufers läge hierin nur, wenn die EU-Bagatellverordnung rechtsstaatliche Defizite aufweist. Hier ist vor allem eine genaue Prüfung angezeigt hinsichtlich des Rechts auf eine mündliche Verhandlung und der Erstattung von Anwaltskosten.[224]
5. Dringend erforderlich ist daher ein zweigleisiges Vorgehen: Das Bagatellverfahren darf nicht als „minderwertiges" Verfahren verstanden werden, dessen Defizite allein deshalb als nicht so gravierend angesehen werden, weil es ja optional ausgestaltet ist. Denn für die andere Partei ist es keineswegs optional.[225] Bei der jetzt angestoßenen Reform der Bagatellverordnung sollte die Chance ergriffen werden, Bedenken und Kritikpunkten vor dem Hintergrund nationaler und transnationaler Erfahrungen nachzugehen. Die gerade einsetzende Diskussion um den Reformvorschlag offenbart, dass dabei nicht immer in eine überzeugende Richtung gedacht wird.
6. Der Befund fügt sich damit ein in das allgemeine Petitum, verfahrensrechtliche, kollisionsrechtliche und materiellrechtliche Harmonisierung besser zu verzahnen und aufeinander abzustimmen. Ohne Rechtsdurchsetzung bringt die materielle Rechtssetzung wenig.

---

224 Diese beiden Punkte greift auch *Hau* (Fn. 21) 255 (266) heraus.

225 Siehe auch *Huber* GPR 2014, 242 (245); zudem sind für manchen Verbraucher die auf dem Spiel stehenden Beträge keineswegs Bagatellen, näher *Kern* JZ 2012, 389 (392 f.).

Karsten Thorn

Schiedsvereinbarungen in Fällen struktureller Unterlegenheit

Hinreichende Schutzmechanismen oder Regelungslücken

I. Einleitung

Strukturelle Ungleichgewichte sind häufig Gegenstand rechtswissenschaftlicher Betrachtung. Neben dem Sachrecht stehen dabei das Kollisionsrecht sowie das Internationale Zivilverfahrensrecht im Mittelpunkt. Das Schiedsverfahrensrecht spielt im Vergleich hierzu eine untergeordnete Rolle. Insbesondere fehlt es aber an einer Gegenüberstellung beider Verfahrensarten.

Dies mag dem Umstand geschuldet sein, dass im Falle der Schiedsgerichtsbarkeit gedanklich sofort der Schritt zur Handelsschiedsgerichtsbarkeit vollzogen wird, während strukturelle Ungleichgewichtslagen traditionell außerhalb des Handelsverkehrs angesiedelt scheinen. Beide Schlüsse erscheinen fragwürdig.

Zum einen ist Schiedsgerichtsbarkeit nicht auf Handelsverträge beschränkt, sondern auch in Verbrauchersachen oder bei Individualarbeitsverträgen[1] denkbar. Auch das New Yorker UN-Übereinkommen über die Anerkennung und Vollstreckung ausländischer Schiedssprüche[2] ist nicht von vornherein auf Handelssachen beschränkt; Art. I Abs. 3 S. 2 UNÜ eröffnet den Vertragsstaaten lediglich die Möglichkeit, einen entsprechenden Vorbehalt zu erklären. Hiervon haben ca. 50 Vertragsstaaten Gebrauch gemacht, darunter auch die USA, nicht aber Deutschland und die meisten anderen Mitgliedstaaten der Europäischen Union.[3] Dass die Schiedsgerichtsbarkeit in Verbrauchersachen hierzulande bislang noch wenig

1 Freilich sind Streitigkeiten aus Individualarbeitsverträgen in Deutschland im Grundsatz nicht schiedsfähig; hierzu unten Fn. 76 ; http://www.nytimes.com/2015/11/02/business/dealbook/in-arbitration-a-privatization-of-the-justice-system.html; http://www.nytimes.com/2015/11/01/business/dealbook/arbitration-everywhere-stacking-the-deck-of-justice.html?r=O.

2 Abrufbar unter: http://www.uncitral.org/pdf/english/texts/arbitration/NY-conv/XXII_1_e.pdf (letzter Aufruf am 20.8.2015).

3 Vgl. hierzu *Ehle,* in: Wolff-New York Convention, Art. 1 Rn. 181.

entwickelt ist, mag an der Kostenstruktur liegen. Für die Zukunft sind hier aber Veränderungen zu erwarten.

Zum anderen ist festzustellen, dass es auch bei B2B-Verträgen strukturelle Ungleichgewichtslagen gibt, die den staatlichen Gesetzgeber sowie die Gerichte auf den Plan rufen. Notorisch sind insoweit Vertriebsverträge; aber auch andere Vertragstypen treten in diesem Zusammenhang bisweilen in Erscheinung.

Ziel dieses Beitrags ist es, nach einer kurzen Auseinandersetzung mit dem Rechtsbegriff der strukturellen Unterlegenheit das Instrumentarium, welches Internationales Zivilverfahrensrecht und Internationales Schiedsverfahrensrechts zur Bewältigung solcher Ungleichgewichtslagen bereithalten, zu beschreiben und zu bewerten. Dabei stehen naturgemäß die Effizienz bei der Erreichung des selbst gesteckten Regelungsziels sowie die Auswirkungen auf die Parteiautonomie im Vordergrund. Sollten sich gravierende Unterschiede ergeben, so ist zu hinterfragen, ob diese berechtigt sind. Ist dies nicht der Fall, so soll nach einer die Verfahrensarten übergreifenden Lösung gesucht werden, die den Abschluss des Beitrags bilden soll.

Dabei fühle ich mich dem Werk meines akademischen Lehrers verpflichtet, der die in der Parteiautonomie verankerte Schiedsgerichtsbarkeit stets als Möglichkeit der Parteien begriff, einen effizienten Streitentscheidungsmechanismus zu vereinbaren, der der staatlichen Rechtsschutzgarantie genügt.

II. Strukturelle Unterlegenheit

Für die Ermittlung eines strukturellen Ungleichgewichts zwischen den Vertragsparteien bestehen unterschiedliche Ansätze, die sich teilweise ergänzen, teilweise überlappen.

Der traditionelle Ansatz leitet strukturelle Unterlegenheit aus der fehlenden Wirtschaftskraft einer Vertragspartei ab, die anhand objektiver Kennzahlen wie Jahresumsatz, Bilanzsumme oder Beschäftigtenzahl bestimmt wird.[4] Ein solches Konzept liegt etwa dem europarechtlichen Begriff der KMU, d. h. der kleinen oder mittleren Unternehmen zugrunde. Nach der Empfehlung 2003/361 der EU-Kommission[5] hängt die Einstufung eines Unternehmens dabei einerseits von der Zahl der Mitarbeiter und andererseits entweder dem Umsatz oder der Bilanzsumme ab:

---

4 *Kroeger*, Der Schutz der „marktschwächeren" Partei im internationalen Vertragsrecht (1984), S. 69 ff.; *Pulkowski*, Subunternehmer und Internationales Privatrecht: der Subunternehmer als Quasi-Verbraucher im Europäischen Kollisionsrecht (2004), S. 42–44; *Sachse*, Der Verbrauchervertrag im Internationalen Privat- und Prozeßrecht (2006), S. 100 f.

5 ABl. EU 2003 Nr. L 124.

Unternehmenskategorie	**Mitarbeiter**	**Umsatz oder Bilanzsumme**	
Mittleres Unternehmen	< 250	≤ 50 Mio. EUR	≤ 43 Mio. EUR
Kleinunternehmen	< 50	≤ 10 Mio. EUR	≤ 10 Mio. EUR
Kleinstunternehmen	< 10	≤ 2 Mio. EUR	≤ 2 Mio. EUR

Auch der Schutzgerichtsstand in Versicherungssachen basiert zum Teil auf einem solchen Konzept, weil hiernach nur solche Versicherungsnehmer schutzbedürftig sind, die unterhalb bestimmter Kennzahlen bleiben.[6]

Da ein strukturelles Ungleichgewicht aber beide Seiten in den Blick nehmen muss, fragt sich, wie diese fehlende Wirtschaftskraft einer Vertragspartei auf der anderen Seite gespiegelt wird. Nahe läge eine relative Betrachtungsweise, die auf Seiten der strukturell überlegenen Partei die Überschreitung entsprechender Schwellenwerte fordert. Überraschenderweise findet sich aber im Falle der Versicherungsverträge nichts dergleichen. Vielmehr wird es als ausreichend empfunden, dass dem Versicherungsnehmer mit absolut gesehen geringer Wirtschaftskraft ein Versicherungsunternehmen gegenübersteht, das auf den Abschluss solcher Verträge spezialisiert ist.

Hier tritt also der Aspekt geschäftlicher bzw. juristischer Erfahrenheit/Unerfahrenheit hinzu. Während die eine Seite eine Vielzahl an Verträgen gleichen Typs abschließt und in der Folge über ein erhebliches diesbezügliches know how verfügt, handelt es sich für die andere Seite um eine unübliche Transaktion, für die sie über keine oder wenig Erfahrung verfügt. Zwar wäre sie theoretisch in der Lage, externe Expertise einzukaufen, aber die hierdurch verursachten Transaktionskosten amortisierten sich auf ihrer Seite mangels hinreichender Anzahl gleichartiger Verträge nicht.[7]

Derlei Informationsasymmetrien bestehen typischerweise auch bei Verbrauchern,[8] Arbeitnehmern sowie Existenzgründern, etwa Franchisenehmern[9].

Statt auf die aus Kennzahlen hergeleitete Wirtschaftskraft eines Unternehmens ließe sich auch auf die tatsächliche Marktmacht der beteiligten Parteien abstellen.

---

6 Hierzu sogleich.

7 *Rühl*, Cornell ILJ 44/3 (2011), 569, 576.

8 Hierzu *Dauner-Lieb*, Verbraucherschutz durch Ausbildung eines Sonderprivatrechts für Verbraucher: systemkonforme Weiterentwicklung oder Schrittmacher der Systemveränderung? (1983), S. 72 f.; speziell zu AGB-Recht: *Basedow*, in: MünchKomm-BGB Vor § 305 BGB Rn. 5.

9 *Wagenseil*, Die Sittenwidrigkeit von Franchisevereinbarungen aufgrund eines Leistungsmissverhältnisses: Möglichkeiten einer Kompensation durch Einbeziehung sämtlicher vertraglicher Leistungsbestimmungen (2005), S. 149.

Dass beides nicht notwendigerweise identisch ist, zeigt nachdrücklich das Phänomen der heimlichen Weltmarktführer,[10] die häufig zum Mittelstand zählen, sich aber in ihrem Marktsegment eine führende Position erarbeitet haben. Dies bedeutet, dass sie im Vertragsgefüge nicht ohne weiteres austauschbar sind und in der Folge eine starke Verhandlungsposition besitzen. Marktmacht leitet sich in diesem Modell nicht aus Größe, sondern aus relativer Marktstärke ab.

An dieser fehlt es, wenn eine der Vertragsparteien ohne weiteres ausgetauscht werden kann, was typischerweise in Vertriebsverhältnissen, also bei Vertragshändlern, Handelsvertretern oder Franchisenehmern der Fall ist.[11] Auch Subunternehmer befinden sich regelmäßig in einer solchen strukturell unterlegenen Position,[12] es sei denn, sie bieten singuläre Produkte bzw. Fertigkeiten an.

Freilich gilt auch hier, dass Austauschbarkeit einer Vertragspartei nicht zu struktureller Unterlegenheit führt, wenn die andere Seite aufgrund von Informationsasymmetrien keinen Gebrauch hiervon machen kann, insbesondere weil sie nicht in der Lage ist, die konkurrierenden Angebote miteinander zu vergleichen. In der Folge sind Verbraucher auch dann schutzbedürftig, wenn viele Anbieter von Waren oder Dienstleistungen auf einem funktionierenden Markt um sie konkurrieren;[13] Entsprechendes gilt allgemein für Personenbeförderungsverträge.[14]

Umgekehrt nutzt ein vollständiger Informationsstand dort nichts, wo infolge der Marktmacht der anderen Vertragsseite keine Chance besteht, diese Informationen in den Vertragsverhandlungen einzusetzen; als Beispiel mag der Fachautor für Urheberrecht im Verhältnis zu seinem Verleger dienen.

Ein überzeugendes Modell zur Bestimmung struktureller Unterlegenheit sollte somit alternativ auf relative Marktmacht der Vertragsparteien sowie Informationsasymmetrien abstellen.

---

10 Hierzu insbesondere: *Simon*, Hidden Champions des 21. Jahrhunderts: Die Erfolgsstrategien unbekannter Weltmarktführer (2007), S. 239 ff.

11 *von Hoffmann*, Über den Schutz des Schwächeren bei internationalen Schuldverträgen, RabelsZ 38 (1974), 396, 403.

12 *Pulkowski*, Subunternehmer und Internationales Privatrecht: der Subunternehmer als Quasi-Verbraucher im Europäischen Kollisionsrecht (2004), S. 45 f.

13 Ebenda, S. 41; *Rühl*, Cornell ILJ 44/3 (2011), 569, 572; *Sachse*, Der Verbrauchervertrag im Internationalen Privat- und Prozeßrecht (2006), S. 12.

14 *Wagner*, Neue kollisionsrechtliche Vorschriften für Beförderungsverträge in der Rom I-VO, TranspR 2008, 221, 222.

III. Schutz durch Zuständigkeitsregeln

In Fällen struktureller Unterlegenheit hat der Schutz durch Zuständigkeitsregeln zweierlei Funktion.

Auf den ersten Blick einsichtig ist der prozessuale Schutz. Durch die Bereitstellung eines vertrauten Forums wird der strukturell unterlegenen Partei ihr Recht auf rechtliches Gehör garantiert. Ein Staat, der das Gewaltmonopol für sich in Anspruch nimmt, muss seinen Bürgern über Art. 19 Abs. 4 GG hinaus auch für zivilrechtliche Streitigkeiten eine Rechtsschutzmöglichkeit bereitstellen. Aus dem Rechtsstaatsprinzip i.V.m. Art. 2 Abs. 1 GG wird daher ein allgemeiner Justizgewährungsanspruch hergeleitet.[15] Dieser umfasst den Zugang zu den Gerichten, die Prüfung des Streitbegehrens in einem förmlichen Verfahren sowie die verbindliche gerichtliche Entscheidung.

Daneben dienen Zuständigkeitsregeln aber auch dem materiellrechtlichen Schutz der strukturell unterlegenen Partei. Grundlegend hierfür ist der Dreiklang zwischen Sachnorm, Kollisionsnorm und Zuständigkeitsregel. Ausgangspunkt ist stets der materiellrechtliche Schutz im nationalen Recht, beispielsweise über das Widerrufsrecht bei Haustür- oder Fernabsatzgeschäften gemäß §§ 355 ff. BGB. Weist der Sachverhalt einen Auslandsbezug auf,[16] etwa weil der Unternehmer seinen Sitz in einem Drittstaat hat, so drohte der materiellrechtliche Schutz angesichts der durch Art. 3 Abs. 1 Rom I-VO eröffneten Rechtswahl leerzulaufen. Hier greift innerhalb seines räumlichen und sachlichen Anwendungsbereichs Art. 6 Abs. 2 Rom I-VO ein, der die Rechtswahl zwar zulässt, in ihren Wirkungen aber im Sinne der Rosinentheorie[17] modifiziert: Dem Verbraucher bleibt der Schutz der zwingenden Verbraucherschutzbestimmungen seines Aufenthaltsrechts als Mindeststandard erhalten. Einer Flucht in ausländisches Sachrecht scheint damit vorgebeugt. Freilich kommt Art. 6 Rom I-VO aufgrund des das Kollisionsrecht beherrschenden lex fori-Prinzips[18] nur bei einem Gerichtsstand innerhalb des Binnenmarkts zur Anwendung. Bei einem Gerichtsstand außerhalb der Europäischen Union würden hingegen die dortigen Kollisionsregeln zur Bestimmung des maßgeblichen Sachrechts herangezogen, die im Zweifelsfall keine Art. 6 Rom I-VO entsprechende Regelung aufweisen. Dieser Gefahr beugt Art. 18 Brüssel Ia-VO vor, indem er

---

15 BVerfGE 107, 395, 406 f.

16 Im Falle eines Binnensachverhalts hätte die Rechtswahl gemäß Art. 3 Abs. 3 Rom I-VO hingegen nur materiellrechtliche Wirkung; vgl. *Kegel/Schurig*, IPR^9 (2004), § 18 I 1 c.

17 *Martiny*, in: MünchKomm-BGB, Art. 6 Rom I-VO Rn. 51; *Schurig*, Zwingendes Recht, „Eingriffsnormen“ und neues IPR, RabelsZ 54 (1990), 225.

18 Statt vieler *Martiny*, in: MünchKomm-BGB, Art. 6 Rom I-VO Rn. 46.

einen Schutzgerichtsstand im Aufenthaltsstaat des Verbrauchers begründet, an dem der Verbraucher klagen kann, der Unternehmer klagen muss; eine hiervon zulasten des Verbrauchers abweichende Gerichtsstandsvereinbarung ist nach Art. 19 Brüssel Ia-VO regelmäßig unzulässig. Der garantierte inländische Gerichtsstand sichert somit die Anwendung des Art. 6 Abs. 2 Rom I-VO und damit letztlich der verbraucherschützenden Normen des materiellen Rechts ab.

Beide Schutzaspekte werden in der deutschen Rechtsprechung im Übrigen auch in Bezug auf internationale Schiedsverfahren bemüht.

Der prozessuale Schutzgesichtspunkt wird in den *Subway*-Entscheidungen einer Reihe deutscher Oberlandesgerichte deutlich,[19] denen Lebenssachverhalte wie der folgende zugrunde lagen.

Der in Berlin wohnhafte Deutsche A beschließt, sich als Franchisenehmer der B selbstständig zu machen. Bei B handelt es sich um einen im US-Bundesstaat New York ansässigen international erfolgreich operierenden Konzern, der in 98 Ländern ein Netz von 34.726 durch Franchisenehmer betriebenen Schnellrestaurants unterhält. Die Restaurants der B erfreuen sich weltweit großer Popularität. Im Internet füllt A ein „Bewerbungsformular" der B aus. Aufgrund der Angaben des A, über hinreichend finanzielle Mittel zu verfügen, wendet sich C, eine in Amsterdam ansässige Tochtergesellschaft der B, an A und übermittelt ihm im eigenen Namen einen standardisierten Franchisevertrag, der die Allgemeinen Geschäftsbedingungen der C enthält. Unter anderem enthalten diese eine Klausel, nach welcher sämtliche Streitigkeiten zwischen A und C durch ein am Sitz der B in New York ansässiges Schiedsgericht beizulegen sind. Der Vertrag enthält zudem eine Rechtswahlklausel zugunsten liechtensteinischen Rechts. A unterzeichnet den Vertrag. In der Folgezeit eröffnet er nach den Vorgaben der C ein Schnellrestaurant in Berlin, investiert 200.000 € und beschäftigt zwei Angestellte. Nach zwei Jahren des Geschäftsbetriebs kommt es zwischen A und C zu Streitigkeiten über die Höhe der abzuführenden Franchisegebühren. A verweigert die von C verlangte Nachzahlung, woraufhin C ein Schiedsverfahren in New York einleitet.

Nach Auffassung etwa des OLG Celle[20] wurde der Franchisenehmer durch die Schiedsklausel gröblich benachteiligt. Da hiernach die mündliche Verhandlung in New York stattzufinden habe, werde seine Rechtsverteidigung und Rechtsverfolgung in unzumutbarer Weise erschwert. Bereits die Anreise nach New York mit einem Transatlantikflug sei für ihn weitaus zeit- und kostenaufwendiger als bei

---

19 OLG Schleswig 26.9 2013, 16 U (Kart) 50/13; OLG Celle 4.12.2008, 8 Sch 13/07; OLG Bremen 6.10.2008, 2 Sch 2/08; OLG Dresden 7.12.2007, 11 Sch 8/07. Ebenso Hof Amsterdam 11.9.2012, NIPR 2014 Nr. 384 (S. 705).

20 OLG Celle 4.12.2008, 8 Sch 13/07.

einem Schiedsort in örtlicher Nähe der Parteien. Bei einer Regelung, die auf die Belange beider Parteien Rücksicht nimmt, wäre es naheliegend gewesen, einen Schiedsort am Sitz einer der Parteien oder in einem dazwischen gelegenen Ort zu bestimmen.

Darüber hinaus werde die Rechtsverteidigung für den Franchisenehmer, der als Existenzgründer einen Schnellimbiss eröffnet habe, gerade durch die Kombination des Verhandlungsortes in New York mit der in dem Franchisevertrag von der Franchisegeberin vorgegebenen Wahl des liechtensteinischen materiellen Rechts in unzumutbarer Weise erschwert. Ohne anwaltliche Hilfe werde sich ein deutscher Franchisenehmer in einem solchen Schiedsverfahren kaum sachgerecht verteidigen können. Es werde für ihn aber allenfalls mit einem ganz erheblichen Zeit- und Kostenaufwand möglich sein, zeitnah einen Anwalt zu finden, der bereit und in der Lage ist, für eine mündliche Verhandlung nach New York zu reisen und dort in englischer Sprache über liechtensteinisches Zivilrecht zu verhandeln.

Es sei zudem auch kein sachlicher Grund zu erkennen, der es aus Sicht der Franchisegeberin gebiete, New York als Verhandlungsort über Streitigkeiten mit ihren deutschen Franchisenehmern zu bestimmen. Es wäre der Franchisegeberin, die in Deutschland Hunderte von Franchisenehmern hat, ohne weiteres zuzumuten, ihre Rechtsverfolgung so zu organisieren, dass ein für ihre Vertragspartner mit weniger Schwierigkeiten erreichbarer Schiedsort gewählt wird. Dies lege die Vermutung nahe, dass die Klausel gerade darauf abzielt, dem Franchisenehmer die Rechtsverteidigung zu erschweren. Somit benachteilige die Klausel diesen gröblich und sei daher unwirksam.

Eine auf den materiellrechtlichen Schutz der strukturell schwächeren Partei zielende Begründung findet sich in einer Entscheidung des OLG München aus dem Jahre 2006,[21] der folgender Sachverhalt zugrunde lag:

Die Klägerin, ein Unternehmen mit Sitz in Manching bei München, befasste sich mit dem Vertrieb von Halbleiterbausteinen und begehrte von der Beklagten Handelsvertreterausgleich gemäß § 89 b HGB. Die Beklagte mit Sitz in San Jose/Kalifornien stellt Halbleiterbausteine her. Mit Vertrag vom 14.9.1998 übernahm die Klägerin den ausschließlichen Vertrieb der Produkte der Beklagten in Deutschland und Österreich; das Vertragsgebiet wurde später auf andere Länder erweitert.

In dem in englischer Sprache abgefassten Vertrag vom 14.9.1998 fand sich unter anderem eine Schiedsklausel, die eine Streitentscheidung gemäß den Regelungen der American Arbitration Association sowie im Weiteren die Zuständigkeit

21 OLG München 17.5.2006, 7 U 1781/06.

der Gerichte im Landkreis Santa Clara im Staat Kalifornien vorsah; zudem wurde als anwendbares Recht das Recht des Staates Kalifornien gewählt.

Das Gericht stellte zunächst fest, dass Gerichtsstandsvereinbarungen zur Umgehung zwingender Schutzvorschriften des inländischen Rechts unzulässig seien und insbesondere eine internationale Gerichtsstandsvereinbarung durch Derogation der inländischen Zuständigkeit nicht zu einem Verlust des Rechtsschutzes führen dürfe.[22]

Diese Grundsätze seien auch hier anzuwenden. Die über Art. 34 EGBGB (jetzt Art. 9 Abs. 1, 2 Rom I-VO) geschützten zwingenden Vorschriften der Handelsvertreterrichtlinie über Ausgleich und Entschädigung nach Vertragsbeendigung könnten nicht dadurch vereitelt werden, dass über die Rechtswahl hinaus der Gerichtsstand eines Drittstaates gewählt werde, dessen Recht dem Handelsvertreterausgleich entsprechende Ansprüche des Handelsvertreters nicht kenne.

Soweit die Beklagte hiergegen insbesondere auch in der mündlichen Verhandlung eingewandt habe, dass die Nichtanwendung der deutschen Vorschriften über den Handelsvertreterausgleich durch kalifornische Gerichte keineswegs festgestellt sei, greife dies nicht durch. Angesichts des Schutzzwecks der Eingriffsnorm reiche es vielmehr für die Annahme eines Derogationsverbots aus, wenn die naheliegende Gefahr bestehe, dass das Gericht des Drittstaats zwingendes deutsches Recht nicht zur Anwendung bringt. Dies sei hier der Fall. Es erscheine nämlich ernstlich zweifelhaft, dass kalifornische Gerichte angesichts der getroffenen Rechtswahl zur Anwendung der deutschen Vorschriften über den Handelsvertreterausgleich gelangten. Vielmehr könnten kalifornische Gerichte mit Blick auf den Sitz der Beklagten in Kalifornien und die Kaufmannseigenschaft beider Parteien (der Argumentation der Beklagten folgend) zum – jedenfalls aus kalifornischer Sicht vertretbaren – Ergebnis gelangen, dass das Vertragsverhältnis der Parteien ausnahmslos kalifornischem Sachrecht unterliege, da eine Bindung an EU-Richtlinien bzw. die Rechtsprechung des EuGH nicht bestehe.

Es folgt die lapidare Feststellung, Entsprechendes habe zu gelten, soweit die Parteien eine Schiedsvereinbarung nach den Regelungen der American Arbitration Association vereinbart hätten.

Unabhängig von der berechtigten Kritik gegenüber der Spekulation des Gerichts zum Inhalt des späteren Schiedsspruchs,[23] macht das Urteil die materielle

---

22 Näher zur „Unzulässigkeit" von Gerichtsstandsvereinbarungen nach autonomem Verfahrensrecht unten Fn. 39 ff.

23 Hierzu *Thorn/Grenz*, The effect of overriding mandatory rules on the arbitration agreement, in: Conflict of Laws in International Arbitration, 187, 195 ff.

Schutzrichtung der Zuständigkeitsregeln auch bei internationalen Schiedsverfahren deutlich.

IV. Schutzmechanismen des Internationalen Zivilverfahrensrechts

Schutzmechanismen des Internationalen Zivilverfahrensrechts finden sich im Rahmen der subjektiven wie der objektiven Bestimmung der internationalen Zuständigkeit.

Im Falle einer parteiautonomen Bestimmung gilt es, strukturell unterlegene Parteien gegenüber Gerichtsstandsvereinbarungen zu schützen, die ihnen durch die überlegene Partei aufoktroyiert werden. Als Mechanismen bestehen Zulässigkeitsschranken, Formvorschriften sowie die allgemeine Missbrauchskontrolle.

In objektiver Hinsicht ist namentlich auf die aus der Brüssel Ia-VO bekannten Schutzgerichtsstände in Versicherungs- und Verbrauchersachen sowie bei Individualarbeitsverträgen hinzuweisen.[24] Zwar scheinen die objektiven Schutzmechanismen des Internationalen Zivilverfahrensrechts im vorliegenden Zusammenhang zunächst nur von geringem Interesse, da das System der Schiedsgerichtsbarkeit ausschließlich auf der Parteiautonomie basiert, also stets eine entsprechende Schiedsvereinbarung voraussetzt. Freilich dient die Beschränkung von Gerichtsstandsvereinbarungen letztlich der Durchsetzung der Schutzgerichtsstände, weshalb diese mit in den Blick genommen werden müssen, zumal sich hieraus – wie später zu zeigen sein wird – interessante Perspektiven für die Schiedsgerichtsbarkeit ergeben können.

1. Zulässigkeitsschranken

Schutzgerichtsstände wirken im System der Brüssel Ia-VO auf dreierlei Weise:[25] Erstens wird der unterlegenen Partei alternativ ein Klägergerichtsstand eröffnet;[26] zweitens kann die unterlegene Partei – unter weitgehendem Ausschluss besonderer Gerichtsstände – nur in ihrem allgemeinen Gerichtsstand verklagt werden;[27]

---

24 Für Versicherungssachen: Art. 11–16 Brüssel Ia-VO; für Verbrauchersachen: Art. 17–19 Brüssel Ia-VO; für Individualarbeitsverträge Art. 20–23 Brüssel Ia-VO.

25 Auf einzelne Abweichungen wird vorliegend aufgrund der gebotenen Typisierung nicht eingegangen.

26 Für Versicherungssachen: Art. 11 I b) Brüssel Ia-VO; für Verbrauchersachen: Art. 18 I Brüssel Ia-VO; für Individualarbeitsverträge: Art. 21 I b) i) Brüssel Ia-VO.

27 Für Versicherungssachen: Art. 10 Brüssel Ia-VO; für Verbrauchersachen: Art. 17 I Brüssel Ia-VO; für Individualarbeitsverträge: Art. 20 I Brüssel Ia-VO.

drittens sind Gerichtsstandsvereinbarungen nur zugunsten der unterlegenen Partei oder nach Entstehung der Streitigkeit zulässig.[28]

Im letzten Punkt wird das Zusammenspiel zwischen objektiver und subjektiver Bestimmung der internationalen Zuständigkeit im Falle strukturell unterlegener Parteien besonders deutlich. Sollen die objektiven Regeln zum Schutz der schwächeren Partei nicht leerlaufen, bedarf es einer Einschränkung der Parteiautonomie, die hier auf der Ebene der Zulässigkeit der Vereinbarung ansetzt, also nicht erst bei der Wirksamkeit der Vereinbarung.

Dies gilt für alle drei im europäischen Zivilprozessrecht geregelten Fallgruppen in gleicher Weise. Von besonderem Interesse erscheint dabei für den Gegenstand dieser Untersuchung, dass im Falle von Versicherungsverträgen unter bestimmten Voraussetzungen auch gewerbliche Versicherungsnehmer geschützt werden. Gemäß Art. 15 Nr. 1, 16 Nr. 5 Brüssel Ia-VO sind aus dem Schutzregime nämlich – neben Transportschäden im weitesten Sinne[29] – nur Großrisiken nach Maßgabe der Solvabilität II-Richtlinie[30] ausgenommen. Großrisiken definiert Art. 13 Nr. 27 i.V.m. Anhang I Teil A der Richtlinie zunächst über die Art des Risikos;[31] in den meisten Fällen, so namentlich bei Feuer- und Elementarschäden, Kasko- und Haftpflichtversicherung für Landfahrzeuge, sonstigen Sachschäden, der allgemeinen Haftpflicht oder anderen finanziellen Verlusten, entfällt der prozessuale Schutz aber nur ab einer bestimmten Betriebsgröße des Versicherungsnehmers, deren einzelne Kriterien der Bilanzrichtlinie von 1978[32] entnommen sind. Entscheidend sind eine Bilanzsumme von 6,2 Mio. EUR, ein Nettoumsatz von 12,8 Mio. EUR[33] sowie eine

28 Siehe Art. 25 IV, 26 II Brüssel Ia-VO.

29 Hierzu im Einzelnen Art. 16 Nr. 1 bis 4 Brüssel I bis-VO.

30 Verordnung (EU) Nr. 2015/35.

31 Einteilung der Risiken nach Versicherungszweigen: Unfall, Krankheit, Landfahrzeug-Kasko (ohne Schienenfahrzeuge), Schienenfahrzeug-Kasko, Luftfahrzeug-Kasko, See-, Binnensee- und Flussschifffahrts-Kasko, Transportgüter (einschließlich Waren, Gepäckstücke und aller sonstigen Güter), Feuer- und Elementarschäden, Sonstige Sachschäden, Haftpflicht für Landfahrzeuge mit eigenem Antrieb, Luftfahrzeughaftpflicht, See-, Binnensee- und Flussschifffahrtshaftpflicht, Allgemeine Haftpflicht, Kredit, Kaution, Verschiedenen finanzielle Verluste, Anwalts- und Gerichtskosten, Beistand.

32 Art. 11 der Vierten Richtlinie 78/660/EWG des Rates der EG vom 25.7.1978.

33 Bilanzsumme und Nettoumsatz sind der letzten vor dem Abschluss des Versicherungsvertrags veröffentlichten Bilanz des Versicherungsnehmers zu entnehmen; hierzu *Dörner*, Internationales Versicherungsvertragsrecht, S. 82.

durchschnittliche[34] Beschäftigtenzahl von 250 Beschäftigten, wobei zwei der drei Schwellenwerte für die Bejahung eines Großrisikos überschritten sein müssen.

Rechtsvergleichend interessant erscheint ein Blick in die USA, wo das Internationale Zivilverfahrensrecht ebenso wie das Internationale Privatrecht in die Kompetenz der Einzelstaaten fällt.[35] Eine ganze Reihe von Einzelstaaten haben ausdrückliche gesetzliche Derogationsverbote zum Schutz strukturell unterlegener Unternehmer, namentlich von Franchisenehmern und Vertragshändlern erlassen. Als Beispiel sei hier § 20040.5 des kalifornischen Business and Professions Code[36] genannt:

"A provision in a franchise agreement restricting venue to a forum outside this state is void with respect to any claim arising under or relating to a franchise agreement involving a franchise business operating within this state."

Kalifornische Franchisenehmer werden somit davor geschützt, ihr heimisches Forum aufgrund einer Gerichtsstandsvereinbarung zu verlieren. Solche Derogationsverbote werden auch von den bundesstaatlichen Gerichten beachtet.[37] Zwar richten sich Wirksamkeit und Reichweite einer Gerichtsstandsvereinbarung zugunsten eines Bundesgerichts grundsätzlich nach Bundesrecht, also den Federal Rules of Civil Procedure (F.R.C.P.)[38,39]. Indes sei eine Gerichtsstandsvereinbarung dann als unwirksam anzusehen, wenn sie die public policy des Forums verletze. Das Derogationsverbot des kalifornischen Rechts konkretisiere die dortige public policy in der Weise, dass kalifornische Franchisenehmer vor dem Aufwand und dem Risiko eines Prozesses an einem nichtkalifornischen Forum geschützt werden sollen.[40] Somit wurde die Klage des kalifornischen Franchisenehmers

---

34 Maßgebend ist die im Anhang der voraufgehenden Bilanz veröffentlichte Zahl; hierzu *Dörner*, Internationales Versicherungsvertragsrecht, S. 82.

35 *Mills*, The Confluence of Public and Private International Law: Justice, Pluralism and Subsidiarity in the International Constitutional Ordering of Private Law (2009), S. 217; *Symeonides*, American Private International Law (2008), S. 24 f.

36 California Business and Professions Code (2005), abrufbar unter: http://law.justia.com/codes/california/2005/bpc.html (letzter Aufruf am 18.8.2015).

37 *Charles B. Jones v. GNC Franchising, Inc.*, 211 F.3d 495 (9th Cir., 2000), unter Hinweis auf *M/S Bremen v. Zapata Off-Shore Co.*, 407 U.S. 1 (US Supreme Court, 1972).

38 "These rules govern the procedure in all civil actions and proceedings in the United States district courts, except as stated in Rule 81" (Rule 1. F.R.C.P.).

39 *Charles B. Jones v. GNC Franchising, Inc.*, 211 F.3d 495, 497 (9th Cir., 2000).

40 *Charles B. Jones v. GNC Franchising, Inc.*, 211 F.3d 495, 498 (9th Cir., 2000): "In such circumstances it should be incumbent on the party seeking to escape his contract to show that trial in the contractual forum will be so gravely difficult and inconvenient that he will for all practical purposes be deprived of his day in court" (Id. at 18).

gegen den in Pennsylvania ansässigen Franchisegeber vor einem Bundesgericht in Kalifornien trotz Gerichtsstandsvereinbarung zugunsten eines Bundesgerichts in Pennsylvania für zulässig erklärt, und zwar unabhängig vom in der Hauptsache anwendbaren Recht sowie dem zu erwartenden Ausgang des Verfahrens.

Entsprechende Erwägungen finden sich auch in Entscheidungen einzelstaatlicher Gerichte unter Berufung auf das dortige einzelstaatliche Verfahrensrecht.[41]

Das autonome deutsche Zivilverfahrensrecht, das nach der jüngsten Ausweitung des räumlichen Anwendungsbereichs der Brüssel Ia-VO im Falle von Gerichtsstandsvereinbarungen[42] freilich kaum mehr relevant wird,[43] kennt hingegen für Vereinbarungen zwischen Parteien, von denen mindestens eine ihren allgemeinen Gerichtsstand im Ausland hat, keine Zulässigkeitsschranken zugunsten strukturell unterlegener Parteien.[44]

2. Formwirksamkeit

Außerhalb der Schutzgerichtsstände erweist sich das europäische Internationale Zivilverfahrensrecht als prorogationsfreundlich. Namentlich die Formerfordernisse des Art. 25 Brüssel Ia-VO sind vergleichsweise großzügig: Neben einer schriftlichen Vereinbarung,[45] die auch mittels AGB erfolgen kann,[46] und einer mündlichen Vereinbarung mit schriftlicher Bestätigung („halbe Schriftlichkeit"), beides auch in elektronischer Form (Art. 25 Abs. 2 Brüssel Ia-VO), sind zudem

---

41 *Kubis & Perszyk Associates, Inc. v. Sun Microsystems Inc.*, 680 A.2d 618 (Supreme Court New Jersey, 1996).

42 Namentlich entfiel die noch in Art. 23 Abs. 1 S. 1 Brüssel I-VO enthaltene Voraussetzung, dass zumindest eine der beiden Parteien ihren Wohnsitz im Hoheitsgebiet eines Mitgliedstaates haben muss. Nach Art. 25 Abs. 1 S. 1 Brüssel Ia-VO reicht nunmehr eine Prorogation zugunsten der Gerichte eines Mitgliedstaates aus, sodass die Verordnung auch dann anwendbar ist, wenn beide Parteien ihren Sitz in Drittstaaten haben.

43 Lediglich die Derogationswirkung zulasten deutscher Gerichte bei Vereinbarung eines Gerichtsstands in einem Drittstaat dürfte noch nach §§ 38 ff. ZPO zu beurteilen sein; so wohl auch *Patzina*, in: MünchKomm-ZPO, § 38 Rn. 25.

44 Ergibt sich im Umkehrschluss aus: *Heinrich*, in: Musielak/Voit-ZPO, § 38 Rn. 16; *Patzina*, in: MünchKomm-ZPO, § 38 Rn. 26.

45 Eine eigenhändige Unterschrift ist hierbei nicht erforderlich, da § 126 Abs. 2 BGB nicht gilt.

46 Zu den Erfordernissen einer ausdrücklichen Hinweisklausel im Vertrag sowie der Übergabe/Beifügung der AGB s. *Kropholler/von Hein*, Europäisches Zivilprozessrecht, Art. 23 EuGVO Rn. 35 sowie *Mankowski*, in: Rauscher, Art. 23 Brüssel I-VO Rn. 16a.

Vereinbarungen formwirksam, die internationalem Handelsbrauch[47] oder einer zwischen den Parteien entstandenen Gepflogenheit[48] entsprechen.

Das autonome deutsche Verfahrensrecht differenziert zwischen Gerichtsstandsvereinbarungen, an denen ausschließlich Kaufleute, juristische Personen des öffentlichen Rechts oder öffentlich-rechtliche Sondervermögen beteiligt sind, auf der einen und sonstigen Vereinbarungen, insbesondere mit Verbrauchern, auf der anderen Seite. Während erstere auch stillschweigend[49] geschlossen werden können (§ 38 Abs. 1 ZPO),[50] gelten für letztere strengere Regeln. Die Vereinbarung muss hier schriftlich oder aber mündlich mit schriftlicher Bestätigung geschlossen werden (§ 38 Abs. 2 S. 2 ZPO);[51] freilich ist zu bedenken, dass die fehlenden Zulässigkeitsschranken hierdurch nur partiell kompensiert werden.

3. Allgemeine Missbrauchskontrolle

Im autonomen deutschen Verfahrensrecht unterliegen Gerichtsstandsvereinbarungen seit jeher einer Missbrauchskontrolle. Geprüft wird dabei, ob ein legitimes Interesse der Parteien besteht, die Zuständigkeit des gewählten Gerichts zu begründen, was regelmäßig einen substantiellen Bezug des Forums zum Gegenstand des Rechtsstreits, etwa über den Sitz der Parteien oder den Erfüllungsort, erfordert. Im Falle einer Vereinbarung durch AGB fließen diese Erwägungen meist im Rahmen der Inhaltskontrolle gemäß § 307 BGB (unangemessene Benachteiligung) ein,[52] seltener – und aufgrund des Auslandsbezugs verfehlt – ist der Rückgriff auf § 305 c Abs. 1 BGB (überraschende Klausel).[53] Im Rahmen von § 38 Abs. 2 ZPO sollen derlei Erwägungen unabhängig von der Verwendung von AGB zum Tragen kommen, da es sich um eine Ausnahmeregelung zum allgemeinen, tendenziell verbraucherschützenden Prorogationsverbot handele.[54]

---

47 *Mankowski*, in: Rauscher, Art. 23 Brüssel I-VO Rn. 28; *Kropholler/von Hein*, Europäisches Zivilprozessrecht, Art. 23 EuGVO Rn. 51.

48 Ebenda, Rn. 50.

49 *Heinrich*, in: Musielak/Voit, ZPO, § 38 Rn. 12; *Patzina*, in: MünchKomm-ZPO, § 38 Rn. 21.

50 Zum umstrittenen Verhältnis zwischen § 38 Abs. 1 und Abs. 2 ZPO s. *Patzina*, in: MünchKomm-ZPO, § 38 Rn. 24.

51 *Patzina*, in: MünchKomm-ZPO, § 38 Rn. 32.

52 *Heinrich*, in: Musielak/Voit, ZPO, § 38 Rn. 12; *Patzina*, in: MünchKomm-ZPO, § 38 Rn. 22.

53 *Patzina*, in: MünchKomm-ZPO, § 38 Rn. 22.

54 Hierzu *Heinrich*, in: Musielak/Voit, ZPO, § 38 Rn. 1; *Patzina*, in: MünchKomm-ZPO, § 38 Rn. 1.

Somit kompensiert die Missbrauchskontrolle die fehlenden gesetzlichen Zulässigkeitsschranken.

Eine Missbrauchskontrolle findet bisweilen zudem bei Ausschaltung zwingender Schutzvorschriften des inländischen Rechts durch Verlagerung des Gerichtsstands ins Ausland statt.[55] Dabei handelt es sich letztlich um eine ordre public-Kontrolle.

Von Teilen des Schrifttums[56] wird auch im Rahmen des europäischen Zivilprozessrechts eine Missbrauchskontrolle von Gerichtsstandsvereinbarungen befürwortet, etwa wenn diese unter Zwang oder wirtschaftlichem Druck zustande gekommen sind. Dies betrifft insbesondere Fälle strukturellen Ungleichgewichts zwischen Unternehmern.

Dogmatisch wird eine solche Kontrolle entweder bei der Prüfung der materiellen Wirksamkeit der Vereinbarung verortet oder als allgemeine Missbrauchskontrolle i.S. einer Zulässigkeitsschranke begriffen. Beides begegnet indes schwerwiegenden Bedenken.

Die materielle Wirksamkeit der Gerichtsstandsvereinbarung unterliegt nach dem nunmehr eindeutigen Art. 25 I 1 a.E. Brüssel Ia-VO dem Recht des prorogierten Forums einschließlich seiner Kollisionsnormen.[57] Von der Verweisung sind sowohl die Vorschriften zur Willensbildung und Willensabgabe (mit Ausnahme der Form) als auch Vorschriften zur Inhaltskontrolle, im deutschen Recht etwa § 138 BGB, erfasst. Dabei ist indes zu beachten, dass mittels der Wirksamkeitskontrolle nicht die grundsätzlichen Wertungen der Brüssel Ia-VO unterlaufen werden dürfen, insbesondere die Vereinheitlichung der Zuständigkeitsnormen als Voraussetzung für das reibungslose Funktionieren des Binnenmarktes.[58] Insoweit kommen dieselben Erwägungen zum Tragen, die gegen eine allgemeine Missbrauchskontrolle sprechen.

Eine solche widerspräche jedoch Wortlaut, Systematik und Telos der Verordnung.

Aus dem Wortlaut des Art. 25 Brüssel Ia-VO ergibt sich keine allgemeine Missbrauchskontrolle, wie sie im Vergleich etwa Art. 5 Abs. 2 Schweizer IPRG vorsieht.[59]

---

55 So OLG München 17.5.2006, 7 U 1781/06.

56 Bejahend zum isolierten Derogationsvertrag: *Kropholler/von Hein*, Europäisches Zivilprozessrecht, Art. 23 EuGVO Rn. 15; *Magnus*, in: Magnus/Mankowski, Brussels I Regulation, Art. 23 Rn. 38 f.; *Mankowski*, in: Rauscher, Art. 23 Brüssel I-VO Rn. 7.

57 Erwägungsgrund (20).

58 Erwägungsgrund (4).

59 OLG Hamburg NJW 2004, 3126, 3128; *Mankowski*, in: Rauscher, Art. 23 Brüssel I-VO Rn. 12 f.

Auch die Systematik der Brüssel Ia-VO steht einer allgemeinen Missbrauchskontrolle entgegen:[60] Die ausdrücklichen Zulässigkeitsschranken zugunsten von Versicherungsnehmern, Verbrauchern und Arbeitnehmern in Art. 15, 19 und 23 Brüssel Ia-VO sprechen im Umkehrschluss gegen weitere ungeschriebene Fälle einer Missbrauchskontrolle; sie sind vielmehr – auch im Hinblick auf Art. 25 Abs. 3 sowie Art. 45 Abs. 1 lit. e (i) Brüssel Ia-VO – als abschließend anzusehen.[61]

Insbesondere streiten aber teleologische Gründe gegen eine Missbrauchskontrolle von Prorogationsklauseln zugunsten der Gerichte anderer Mitgliedstaaten. Die innerhalb Europas vorangetriebene Rechtsvereinheitlichung zielt auf die Verwirklichung eines europäischen Binnenmarktes ohne Binnengrenzen ab (vgl. Art. 3 EUV) und beruht zwingend auf gegenseitigem Vertrauen. Die Brüssel Ia-VO selbst geht, insbesondere in ihren Vorschriften zur Anerkennung und Vollstreckung, von der grundsätzlichen Gleichwertigkeit der mitgliedstaatlichen Justizsysteme aus. Im Zusammenspiel mit weiteren verfahrensrechtlichen Verordnungen[62] begründet sie

---

60 OLG Hamburg NJW 2004, 3126; *Weigel/Blankenheim*, Europäische Gerichtsstandsklauseln – Missbrauchskontrolle und Vermeidung von Unklarheiten bei der Auslegung widersprechender Vereinbarungen, WM 2006, 664; *Kropholler/von Hein*, Europäisches Zivilprozessrecht, Art. 23 EuGVO Rn. 86; *Mankowski*, in: Rauscher, Art. 23 Brüssel I-VO Rn. 11, 12 f.

61 Siehe nur: OGH 29.8.2000, ZfRV 2001, 113; Cass., Rev crit dip 96 (2007) 467, 648; *Gottwald*, Internationale Gerichtsstandsvereinbarungen – Verträge zwischen Prozessrecht und materiellem Recht, in: FS Henckel (1995) 295, 303; *Mankowski*, in: Rauscher, Art. 23 Brüssel I-VO Rn. 10.

62 Verordnung (EG) Nr. 805/2004 des Europäischen Parlaments und des Rates vom 21. April 2004 zur Einführung eines europäischen Vollstreckungstitels für unbestrittene Forderungen (ABl. EU 2004 Nr. L 143/15); Verordnung (EG) Nr. 1896/2006 des Europäischen Parlamentes und des Rates vom 12. Dezember 2006 zur Einführung des Europäischen Mahnverfahrens (ABl. EU 2008 Nr. L 399/1); Verordnung (EG) Nr. 861/2007 des Europäischen Parlamentes und des Rates vom 11. Juli 2007 zur Einführung eines europäischen Verfahrens für geringfügige Forderungen (ABl. EU 2007 Nr. L 199/1); Verordnung (EG) Nr. 1393/2007 des Europäischen Parlaments und des Rates vom 13. November 2007 über die Zustellung gerichtlicher und außergerichtlicher Schriftstücke in Zivil- oder Handelssachen in den Mitgliedstaaten („Zustellung von Schriftstücken") und zur Aufhebung der Verordnung (EG) Nr. 1348/2000 des Rates (ABl. EG 2007 Nr. L 324/79); Verordnung (EG) Nr. 1206/2001 des Rates vom 28. Mai 2001 über die Zusammenarbeit zwischen den Gerichten der Mitgliedstaaten auf dem Gebiet der Beweisaufnahme in Zivil- oder Handelssachen (ABl. EG 2001 Nr. L 174/1); Verordnung (EG) Nr. 1346/2000 des Rates vom 29. Mai 2000 über Insolvenzverfahren (ABl. EG 2000 Nr. L 160/1).

den Europäischen Justizraum[63]. Die Prorogation eines mitgliedstaatlichen Gerichts aus Gründen des Rechtsschutzes für unwirksam zu erklären, widerspräche diesem europarechtlichen Grundsatz.

Die Brüssel Ia-VO unterstellt die Wahl der Parteien über das zuständige Gericht außerhalb der gesondert normierten Schutzgerichtsstände für Verbraucher, Arbeitnehmer und Versicherungsnehmer keinem Rechtfertigungszwang.[64] Mit der einzigen, hier nicht einschlägigen Ausnahme des reinen Inlandssachverhalts räumt die Brüssel Ia-VO den Parteien vielmehr echte Wahlfreiheit ein. Dies umfasst nach ständiger Rechtsprechung auch die Wahl solcher Gerichte, die keine objektiven Bezüge zum Sachverhalt aufweisen.[65] Eine Bewertung der „Güte" der erfolgten Gerichtswahl oder des prorogierten Gerichts und der dahinterliegenden Motive der Parteien verbietet sich deshalb kategorisch.

Die Entscheidung des europäischen Gesetzgebers gegen eine allgemeine Missbrauchskontrolle sperrt auch den Rückgriff auf nationale Vorschriften, sowohl im Rahmen des Vertragsstatuts als auch im Wege der ordre public-Kontrolle. Dies gilt insbesondere für das Argument, die Gerichtsstandsvereinbarung verschaffe einer der Parteien im Einzelfall einen unangemessenen Vorteil. Die Vorteilsverschaffung liegt in der Natur der Wahl eines Gerichtsstands. In Betracht kommen Motive wie die sachliche Kompetenz oder die schnelle (bzw. langsame) Urteilsfindung durch das prorogierte Gericht, eine vereinfachte (internationale) Vollstreckbarkeit, die Bekanntheit der Gerichtssprache oder Vorteile aufgrund der damit verbundenen Verfahrensregeln, aber auch das bloße Streben nach dem heimischen Forum[66]. Durch die Zulassung der Gerichtsstandsvereinbarung hat der Verordnungsgeber solche Motive legitimiert. Dass dabei die Möglichkeit einer einseitigen Vorteilsverschaffung zugunsten einer der Parteien durchaus erkannt wurde, ergibt sich ohne weiteres aus den engen Grenzen, denen Gerichtsstandsvereinbarungen im Falle struktureller Ungleichgewichtslagen wie etwa bei Verbraucher- und Individualarbeitsverträgen unterworfen wurden.[67] Für den Bereich der B2B-Verträge sieht der

---

63 Vgl. Aktionsplan des Rates und der Kommission vom 3. Dezember 1998 zur bestmöglichen Umsetzung der Bestimmungen des Amsterdamer Vertrages über den Aufbau eines Raumes der Freiheit, der Sicherheit und des Rechts (ABL. EG 1999 Nr. C 19/1).

64 Statt aller *Mankowski* in: Rauscher, Art. 23 Brüssel I-VO Rn. 12c.

65 EuGH 3.7.1997, Rs. C-269/95, EuGHE 1997 I-3767, 3798 Rn. 8 – *Benincasa / Dentalkid*; EuGH 17.1.1980, Rs. C-56/79, EuGHE 1980, 89, 97 Rn. 4 – *Zelger / Salinitri*; OGH 20.1.2005, ZfRV 2005, 69.

66 Vgl. z. B. *Mankowski*, in: Rauscher, Art. 23 Brüssel I-VO Rn. 12c.

67 S. Art. 19 Brüssel Ia-VO für Verbrauchersachen, Art. 23 Brüssel Ia-VO für Individualarbeitsverträge sowie Art. 15 Brüssel Ia-VO für Versicherungssachen.

Verordnungsgeber solche Grenzen bewusst nicht vor, sondern folgt dem Grundsatz der Parteiautonomie, welche das Schuldvertragsrecht sowohl in zuständigkeits- wie kollisionsrechtlicher Hinsicht prägt. Die Wahl des Gerichtsstands unterliegt somit keinerlei Rechtfertigungszwang: Weder muss der gewählte Gerichtsstand einen objektiven Bezug zum Sachverhalt haben,[68] noch bedarf es eines gerichtlich überprüfbaren legitimen Interesses der Parteien an der Wahl gerade dieses Gerichtsstands.[69] Dies mag man rechtspolitisch kritisieren, ist aber de lege lata zu respektieren. Ein Rückgriff auf das Sachrecht, etwa § 138 Abs. 1 BGB oder § 307 BGB, stellt vor diesem Hintergrund eine unzulässige Umgehung der Wertungen der Brüssel Ia-VO dar.[70]

Unberührt hiervon bleiben lediglich die allgemeinen Regelungen zur Willensbildung, im deutschen Recht etwa die Regeln zur Anfechtung wegen Irrtums oder arglistiger Täuschung, die dem Vertragsstatut zu entnehmen sind.

4. Bewertung

Im Hinblick auf die in der Brüssel Ia-VO anerkannten Fälle strukturellen Ungleichgewichts weist die Verordnung ein wirksames Schutzregime in Form der

68 Siehe nur EuGH 17.1.1980, Rs. C-56/79, EuGHE 1980, 89, 97, Rn. 4 – *Zelger / Salinitri*; EuGH 20.2.1997, Rs. C-106/95 EuGHE 1997 I, 911, 944 Rn. 34 – *Mainschifffahrtsgenossenschaft eG (MSG) / Les Gravières Rhenanes SARL*; EuGH 3.7.1997, Rs. C-269/95, EuGHE 1997 I-3767, 3798 Rn. 28 – *Benincasa / Dentalkid*; EuGH 16.3.1999, Rs. C-159/97, EuGHE 1999 I, 1597, 1656 Rn. 50 – *Trasporti Castelletti Spedizioni Internazionali SpA / Hugo Trumpy SpA*; OGH 20.1.2005, ZfRV 2005, 69; *Mankowski*, in: Rauscher, Art. 23 Brüssel I-VO Rn. 12c.

69 Siehe nur Rb Rotterdam & S 2006 Nr. 56 S. 234; *Czernich*, Gerichtsstandsvereinbarung und Auslandsbezug, wbl 2004, 458, 462 f.

70 Vgl. nur EuGH 16.3.1999, Rs. C-159/97, EuGHE 1999 I, 1597, 1656 Rn. 51 – *Trasporti Castelletti Spedizioni Internazionali SpA / Hugo Trumpy SpA*; OLG Hamburg 14.4.2004, NJW 2004, 3126, 3128; OLG Stuttgart 9. 11. 1990, EuZW 1991, 126; LG Darmstadt 2.12.1993, NJW-RR 1994, 686; LG Karlsruhe 31.10.1995, NJW 1996, 1417, 1418; Aud Prov Cantabria 24.11.1999, AEDIPr 2001, 893, 894 f.; *Provimi Ltd v Roche Products Ltd* [2003] 2 All E.R. (Comm) 683, 720 (Q.B.D., Aikens J); Aud Prov Vizcaya 28.3.2003, AEDIPr 2004, 755, 756; *Gottwald*, Grenzen internationaler Gerichtsstandsvereinbarungen, in: FS Firsching (1985), 89, 105; *Horn*, Einwand des Rechtsmißbrauchs gegen eine Gerichtsstandsvereinbarung i.S.d. Art. 23 EuGVO?, IPRax 2006, 2, 3; *Roth*, Gerichtsstandsvereinbarungen nach Art. 17 EuGVÜ und kartellrechtliches Derogationsverbot, IPRax 1992, 68; *Weigel/Blankenheim*, WM 2006, 664; *Kropholler/von Hein*, Europäisches Zivilprozessrecht, Art. 23 EuGVO Rn. 19, 87; *Mankowski*, in: Rauscher, Art. 23 Brüssel I-VO Rn. 12 f.

Schutzgerichtsstände, verbunden mit Zulässigkeitsschranken für Gerichtsstandsvereinbarungen, auf. Darüber hinaus gibt es nahezu keinen prozessualen Schutz: Die Formvorschriften sind großzügig, der Weg einer verkappten Zulässigkeitskontrolle über eine vertragsrechtliche Inhaltskontrolle bzw. eine allgemeine Missbrauchskontrolle ist nach zutreffender Ansicht versperrt. Dass er gleichwohl immer wieder beschritten wird, zeigt Schutzdefizite in Teilbereichen der B2B-Verträge, die de lege ferenda zu beseitigen sind.

V. Schutzmechanismen in der internationalen Schiedsgerichtsbarkeit

In der internationalen Schiedsgerichtsbarkeit finden sich Schutzmechanismen auf der Zulässigkeits- wie der Wirksamkeitsebene. Zu ersteren zählen die Regeln zur objektiven und subjektiven Schiedsfähigkeit; letztere teilen sich wiederum in formelle und materielle Wirksamkeit, wobei erneut die Frage der Missbrauchskontrolle auftritt.

1. Objektive Schiedsfähigkeit

Der Begriff der objektiven Schiedsfähigkeit bezeichnet den zulässigen Gegenstand einer Schiedsvereinbarung. Ist ein Streitgegenstand objektiv schiedsfähig, so kann er der Entscheidung durch ein Schiedsgericht unterstellt werden.[71]

In erster Linie maßgeblich hierfür ist das Recht am Schiedsort i.S. von § 1043 Abs. 1 ZPO bzw. Art. 20 UN Model Law[72]. Dieser primär durch die Parteien, hilfsweise durch das Schiedsgericht, bestimmte Ort gibt dem Schiedsverfahren wie dem daraus resultierenden Schiedsspruch eine „Nationalität“ und ist nicht notwendigerweise mit dem Ort identisch, an dem die mündlichen Schiedsverhandlungen durchgeführt werden (vgl. auch § 1043 Abs. 2 bzw. Art. 20 Abs. 2 UN Model Law). Der Schiedsort bestimmt insbesondere die Verfahrensregeln (vgl. § 1025 Abs. 1 ZPO bzw. Art. 1 Abs. 2 UN Model Law) sowie das für ein eventuelles Aufhebungsverfahren zuständige Gericht. So kann ein Aufhebungsverfahren nach § 1059 ZPO (Art. 34 UN Model Law) nur bei einem Schiedsort in Deutschland durchgeführt werden. Da nach § 1059 Abs. 2 Nr. 2 lit. a ZPO (Art. 34 Abs. 2 lit. b (i) UN Model Law) ein „deutscher“ Schiedsspruch u. a. dann aufgehoben werden kann, wenn der

71 Statt aller: *Voit*, in: Musielak/Voit, ZPO, § 1030 Rn. 1.

72 UNCITRAL Model Law on International Commercial Arbitration 1985 with Amendments as Adopted in 2006, abrufbar unter: http://www.uncitral.org/pdf/english/texts/arbitration/ml-arb/07-86998_Ebook.pdf (letzter Aufruf: 11.8.2015).

Streitgegenstand nach deutschem Recht nicht schiedsfähig ist, führt dies bei einem Schiedsverfahren mit Schiedsort in Deutschland zu einer zumindest faktischen Wirkung der entsprechenden Bestimmungen auch im Schiedsverfahren, selbst wenn man das Schiedsgericht nicht als Adressaten der Norm begreift.[73]

Nach § 1030 Abs. 1 S. 1 ZPO sind vermögensrechtliche Ansprüche im Grundsatz objektiv schiedsfähig. Einschränkungen bestehen für Wohnraummietverträge (§ 1030 Abs. 2 ZPO), für das Arbeitsrecht (§ 1030 Abs. 3 ZPO i.V. mit § 101 ArbGG)[74] sowie nach herrschender, wenngleich nicht unbestrittener Auffassung für bestimmte Patentsachen (§ 81 PatG)[75]. Hingegen gelten Beschlussmängelstreitigkeiten[76] sowie kartellrechtliche Streitigkeiten[77] in Deutschland heute als objektiv schiedsfähig. Nichtvermögensrechtliche Ansprüche sind gemäß § 1030 Abs. 1 S. 2 ZPO dann schiedsfähig, wenn die Parteien über den Gegenstand einen Vergleich abschließen können. Ausgeschlossen sind danach insbesondere Statusfragen wie Ehe oder Abstammung.[78]

Hinzuweisen ist in diesem Zusammenhang darauf, dass einzelne ausländische Rechtsordnungen bestimmte Rechtsgebiete aus historischen, rechtspolitischen oder ökonomischen Gründen für nicht schiedsfähig erklären, so dass insoweit nach wie vor erhebliche Unterschiede bestehen. Beispielhaft genannt sei hier das b elgische Verbot von Schiedsvereinbarungen bei Alleinvertriebsverträgen;[79] nationale Vorbehalte bestehen nach wie vor zudem bei Immaterialgüterrechten, im

73 Vgl. *Raeschke-Kessler*, in: Prütting/Gehrlein, ZPO, § 1059 Rn. 27.

74 § 101 Abs. 1 ArbGG regelt auch die subjektive Schiedsfähigkeit, hierzu sogleich unter V. 2. Objektiv erklärt er nur Streitigkeiten über und aus Tarifverträgen für schiedsfähig. Anders verhält es sich bei den in Abs. 2 genannten Tarifverträgen, die die Individualarbeitsverträge bestimmter Berufsgruppen (Bühnenkünstler, Filmschaffende, Artisten) für objektiv schiedsfähig erklären können, wobei die tarifgebundenen Personen die Schiedsgerichtsbarkeit im Individualarbeitsvertrag wiederum ausschließen können; hierzu: *Germelmann*, in: Germelmann/Matthes/Prütting, ArbGG, § 101 Rn. 18 ff.; *Zimmerling*, in: Schwab/Weth, ArbGG, § 101 Rn. 28 ff.

75 *Voit*, in: Musielak/Voit, ZPO, § 1030 Rn. 3 m.w.N (Fn. 23).

76 BGH 6.4.2009, NZG 2009, 620; dazu: *Böttcher/Helle*, Zur Schiedsfähigkeit von Beschlussmängelstreitigkeiten – Schiedsfähigkeit II, NZG 2009, 700.

77 *Voit*, in: Musielak/Voit, ZPO, § 1030 Rn. 2; *K. Schmidt*, Kartellrecht im Schiedsverfahren – Neuorientierung durch VO 1/2003 und 7. GWB-Novelle?, BB 2006, 1397, 1397.

78 *Voit*, in: Musielak/Voit, § 1030 ZPO Rn. 6; *Münch*, in: MünchKomm-ZPO, § 1030 Rn. 17.

79 *van Houtte*, Law of International Trade[2] (2001), S. 389 (Fn. 21).

Kartell- und Wettbewerbsrecht, im Insolvenzrecht oder bei Konzessionsverträgen über Infrastrukturprojekte bzw. natürliche Ressourcen.[80]

In den USA, wo im Falle von Franchiseverträgen, wie gesehen, die Zulässigkeit von Gerichtsstandsvereinbarungen stark eingeschränkt ist, gab es im Jahr 2009 im Kongress eine Initiative zur Verabschiedung eines Fairness in Arbitration Act, der u. a. folgende Ergänzung des § 2 FAA vorsah:

> "b) No predispute arbitration agreement shall be valid or enforceable if it requires arbitration of
> (1) an employment, consumer, or franchise dispute; or
> (2) a dispute arising under any statute intended to protect civil rights."[81]

Damit hätte sich die bundesgesetzliche Regelung des Schiedsverfahrensrechts[82] den einzelstaatlichen Regelungen zur Zulässigkeit von Gerichtsstandsvereinbarungen angenähert. Dieser Versuch fand im Kongress freilich keine Mehrheit.[83] 2011 wurde ein vergleichbarer Gesetzesvorschlag eingebracht, der nur noch Verbraucher- und Individualarbeitsverträge sowie civil right disputes zum Gegenstand hatte, dem aber gleichfalls kein Erfolg beschieden war.[84] Der Entwurf wurde in den folgenden Legislaturperioden erneut eingebracht, und zwar erweitert um Kartellstreitigkeiten;[85] die Chancen für eine Verabschiedung werden als äußerst gering eingeschätzt.

Neben dem Recht des Schiedsorts gewinnt im Rahmen der Vollstreckung auch das Recht des Vollstreckungsstaates Bedeutung, da nach Art. V Abs. 2 lit. a UNÜ die Anerkennung und Vollstreckung eines Schiedsspruchs verweigert werden darf, wenn der Streitgegenstand nach dem Recht des Vollstreckungsstaates objektiv nicht schiedsfähig ist. Dies dürfte freilich im Regelfall keine, auch nicht faktische Auswirkungen auf das Schiedsverfahren selbst haben, da zu diesem

---

80 *Lew/Mistelis/Kröll*, Comparative International Commercial Arbitration (2003), S. 201 ff.

81 Wortlaut und Historie des Gesetzesvorschlags abrufbar unter: https://www.govtrack.us/congress/bills/111/hr1020 (letzter Aufruf am 12.8.2015).

82 Zur Gesetzgebungskompetenz s. Art. 3 und Art. 1, Sect. 8, Cl. 3 (sog. Commerce Clause) der US-amerikanischen Verfassung; hierzu: *Horton*, NYU Law Rev 86, 437, 448 (2011).

83 *Brin*, Ohio State Journal on Dispute Resolution 25, 821, 836 (2010).

84 Der aktuelle Status des Gesetzesvorschlags ist abrufbar unter: https://www.govtrack.us/congress/bills/112/s987 (letzter Aufruf am 12.8.2015).

85 Zuletzt Arbitration Fairness Act of 2015, abrufbar unter: https://www.govtrack.us/congress/bills/114/hr2087 (letzter Aufruf: 17.8.2015).

Zeitpunkt noch nicht endgültig feststeht, wo die Vollstreckung des Schiedsspruchs später erfolgen soll.[86]

2. Subjektive Schiedsfähigkeit

Subjektive Schiedsfähigkeit meint die Fähigkeit, eine Schiedsvereinbarung abschließen zu können und damit Partei eines Schiedsverfahrens zu sein. In der ZPO ist die subjektive Schiedsfähigkeit nur rudimentär geregelt.

Gemäß § 1059 Abs. 2 Nr. 1 lit. a Alt. 1 ZPO[87] kann ein Schiedsspruch aufgehoben werden, wenn eine der Parteien der Schiedsvereinbarung nach dem Recht, das für sie persönlich maßgebend ist, hierzu nicht fähig war. Eine entsprechende Aussage trifft Art. V Abs. 1 lit. a Alt. 1 UNÜ für die Versagung der Anerkennung und Vollstreckung ausländischer Schiedssprüche.

In den Rechtsordnungen des civil law wird hierunter ein Verweis auf das Heimatrecht der Partei verstanden;[88] dem entspricht die Anknüpfung in Art. 7 Abs. 1 EGBGB.[89] Dagegen unterwerfen Rechtsordnungen des common law die Frage traditionell dem Vertragsstatut,[90] was freilich in Widerspruch zum New Yorker Übereinkommen steht.[91]

Im deutschen Recht ist neben den allgemeinen Regeln zur Geschäftsfähigkeit und § 101 Abs. 1 ArbGG, der im Arbeitsrecht grundsätzlich nur die Tarifvertragsparteien für subjektiv schiedsfähig erklärt,[92] insbesondere § 37h WpHG[93] zu beachten. Danach sind Schiedsvereinbarungen über künftige Rechtsstreitigkeiten aus Wertpapierdienstleistungen, Wertpapiernebendienstleistungen oder Finanztermingeschäften nur dann verbindlich, wenn beide Parteien Kaufleute oder juristische Personen des öffentlichen Rechts sind. Entgegen anderslautender Auffassung[94] handelt es sich hierbei um eine Regelung zur subjektiven Schiedsfähigkeit, da nicht der Streitgegenstand als solcher betroffen ist, sondern es nur im

---

86 Vgl. *Quinke* in: Wolff-New York Convention, Art. 5 Rn. 425.

87 Art. 34 Abs. 2 lit. a (i) UN Model law enthält dagegen keine Kollisionsregel: „a party to the arbitration agreement referred to in article 7 was under some incapacity"; hierzu *Kröll/Kraft*, in: Böckstiegel/Kröll/Nacimiento, § 1059 ZPO Rn. 52.

88 *van Houtte*, Law of International Trade, S. 391.

89 *Thorn*, in: Palandt, Art. 7 EGBGB Rn. 1.

90 *van Houtte*, Law of International Trade^2 (2001), S. 391 (Fn. 34).

91 Vgl. *Wilske/Fox*, in: Wolff-New York Convention, Art. 5 Rn. 105 f.

92 *Germelmann*, in: Germelmann/Matthes/Prütting, § 101 ArbGG Rn. 8, 13.

93 Wertpapierhandelsgesetz i.d.F. der Bekanntmachung vom 9.9.1998 (BGBl. I S. 2708), geändert durch Art. 3 des Gesetzes vom 3.7.2015 (BGBl. I S. 1114).

94 *Voit*, in: Musielak/Voit, ZPO, § 1030 Rn. 3.

Falle von Verbrauchergeschäften an der Schiedsfähigkeit fehlt, somit an persönliche Merkmale angeknüpft wird.[95] Dies entspricht auch der Historie der Vorschrift: Ursprünglich hatte die Rechtsprechung zum Börsengesetz die Zulässigkeit einer Vereinbarung ausländischer Schiedsgerichte bei Börsentermingeschäften wegen drohender Nichtbeachtung des Termin- und Differenzeinwands unter Anwendung objektiver parteiunabhängiger Kriterien stark eingeschränkt.[96] Nach der Novelle von 1989 knüpfte § 28 BörsG sodann an die (subjektive) Termingeschäftsfähigkeit der Partei an und eröffnete über die in § 53 Abs. 2 BörsG geregelte „Termingeschäftsfähigkeit kraft Information" auch Privatpersonen den Weg in die Schiedsgerichtsbarkeit.[97] Zwar erhöht § 37h WpHG das Schutzniveau nun wieder, der Charakter der Norm als Regelung zur subjektiven Schiedsfähigkeit bleibt hiervon aber unberührt. Dass dies zur Folge hat, dass private deutsche Börsenspekulanten auch bei Geschäften an ausländischen Börsen geschützt sind, während Ausländern ein solcher Schutz versagt wird, mutet in der Tat seltsam an. Eine bisweilen vorgeschlagene Anknüpfung an den gewöhnlichen Aufenthalt, analog zur Anknüpfungsregel bei Verbraucherverträgen,[98] erscheint zwar sachgerecht, angesichts des eindeutigen Gesetzeswortlauts methodisch aber höchst zweifelhaft; hier ist der Gesetzgeber gefordert, eine von Art. 7 Abs. 1 EGBGB abweichende Sonderkollisionsnorm zu schaffen.

Sachwidrig erscheint die Anknüpfung an die Staatsangehörigkeit auch im Falle des § 1822 Nr. 12 BGB, wonach der Vormund für einen Schiedsvertrag regelmäßig der Genehmigung des Familiengerichts bedarf. Freilich betrifft die Vorschrift nicht die subjektive Schiedsfähigkeit im eigentlichen Sinne,[99] sondern die Vertretungsmacht des Vormunds und unterliegt damit meist den Anknüpfungsregeln des KSÜ[100]. Ähnlich verhält es sich mit dem Erfordernis einer Zustimmung des

---

95 BGH 9.3.2010, NZG 2010, 550, 551; *Jung*, in: Fuchs, § 37h WpHG Rn. 1; *Sethe*, in: Assmann/Schneider, § 37h WpHG Rn. 11; *Reithmann/Martiny*, in: Reithmann/Martiny, Internationales Vertragsrecht[7] (2010), Rn. 6761.

96 S. insbesondere BGH 15.6.1987, NJW 1987, 3193. Die Begründung gleicht jener des OLG München im oben geschilderten Handelsvertreterfall; vgl. Fn. 18.

97 *Schütze/Tscherning/Wais*, Handbuch des Schiedsverfahrens[2] (1990), Rn. 562.

98 *Sethe*, in: Assmann/Schneider, § 37h WpHG Rn 12.

99 Vgl. *Schwab/Walter*, Schiedsgerichtsbarkeit, Kap. 4 Rn. 3; a.A.: *Geimer* in: Zöller-ZPO, § 1030 Rn. 1a; *Trittmann/Hahnefeld*, in: Böckstiegel/Kröll/Nacimiento, § 1030 ZPO Rn. 9.

100 Haager Übereinkommen über die Zuständigkeit, das anzuwendende Recht, die Anerkennung, Vollstreckung und Zusammenarbeit auf dem Gebiet der elterlichen Verantwortung und der Maßnahmen zum Schutz von Kindern i.d.F. vom 19.10.1996 (BGBl. 2009 II 603).

Gläubigerausschusses zum Abschluss eines Schiedsvertrags durch den Insolvenzverwalter gemäß § 160 Abs. 2 Nr. 3 InsO, das sich nach dem Insolvenzstatut bemisst.[101]

Dagegen ist hinsichtlich der Beschränkung der subjektiven Schiedsfähigkeit nach § 101 Abs. 1 ArbGG auf die Tarifvertragsparteien i.S. des § 2 TVG die Anknüpfung an das Heimatrecht (Sitztheorie) sachgemäß.

Ausländische Rechtsordnungen beschränken bisweilen die Fähigkeit des Staates, staatlicher Institutionen oder von Staatsunternehmen, Schiedsvereinbarungen abzuschließen.[102] Hierbei handelt es sich eindeutig um Regelungen zur subjektiven Schiedsfähigkeit, die dem jeweiligen Heimatrecht unterworfen sind.

3. Formwirksamkeit

Wie erläutert, kennt das deutsche Recht nur wenige Beschränkungen der objektiven wie subjektiven Schiedsfähigkeit; dies gilt insbesondere auch für Verbrauchersachen. Anders verhält es sich mit den Regelungen zur Form von Schiedsvereinbarungen in § 1031 ZPO. Gemäß § 1059 Abs. 2 Nr. 1 lit. a ZPO („Schiedsvereinbarung nach den §§ 1029, 1031") erfasst die Norm Schiedsvereinbarungen für den Fall, dass der Schiedsort in Deutschland liegt.[103]

Grundlegend ist die Differenzierung zwischen Vereinbarungen ohne Beteiligung eines Verbrauchers und Verbraucherverträgen. Während bei ersteren die abgeschwächte Schriftform nach Abs. 1, eine Vereinbarung durch widerspruchslose Hinnahme (Abs. 2) sowie eine Vereinbarung durch Verweisung auf andere Schriftstücke (Abs. 3) formwirksam sind, gilt für Verbraucherverträge die wesentlich strengere Regelung des Abs. 5.[104] Danach muss die Schiedsvereinbarung in einer gesonderten, von beiden Parteien eigenhändig unterzeichneten Urkunde erfolgen, die ausschließlich solche Vereinbarungen enthält, die sich auf das schiedsrichterliche Verfahren beziehen;[105] eine Ersetzung der Schriftform durch die elektronische Form des § 126a BGB ist möglich. Nicht gefordert wird indes

101 Vgl. *Lachmann*, Handbuch Schiedsgerichtspraxis[3] (2008), Rn. 295.

102 *van Houtte*, Law of International Trade[2] (2001), S. 390 f.

103 *Münch*, in: MünchKomm-ZPO, § 1031 Rn. 20.

104 Diese ist von Amts wegen zu prüfen, also selbst dann, wenn sich der Verbraucher auf die Schiedsabrede beruft; BGH 19.5.2011, NJW 2011, 2976.

105 Denkbar sind neben der eigentlichen Schiedsvereinbarung etwa Vereinbarungen über den Schiedsort, die Zahl der Schiedsrichter, die Verfahrenssprache oder das auf die Schiedsvereinbarung anwendbare Recht.

eine Individualvereinbarung, so dass es sich bei der Schiedsvereinbarung auch um einen formularmäßig vorformulierten Vertrag handeln kann.[106]

Im Hinblick auf die Vollstreckung ausländischer Schiedssprüche weist das New Yorker Übereinkommen in Art. 2 UNÜ eine autonome Regelung zur Form von Schiedsvereinbarungen auf, die insbesondere auf die eigenhändige Unterschrift verzichtet.[107] Teilweise wird vertreten, dass die Norm nicht nur im Vollstreckungsverfahren, sondern bereits zuvor – etwa im Einredeverfahren – Geltung beansprucht.[108] Dies wird von der h.M. unter Hinweis auf den eindeutigen sachlichen Anwendungsbereich des Übereinkommens gemäß Art. I Abs. 1 UNÜ[109] zurecht abgelehnt.[110] Die Frage ist von erheblicher praktischer Bedeutung, da Deutschland nicht den Handelssachen-Vorbehalt nach Art. I Abs. 3 S. 2 UNÜ erklärt hat. Somit würde die Formvorschrift des § 1031 Abs. 5 ZPO bei einem weiten Verständnis des sachlichen Anwendungsbereichs von Art. II UNÜ unterlaufen werden.

Ohnehin bleibt die Formvorschrift im Hinblick auf ihre Schutzintensität weit hinter der Zulässigkeitsschranke der Brüssel Ia-VO zurück.

4. Materielle Wirksamkeit

Die materielle Wirksamkeit der Schiedsvereinbarung ist unabhängig von der Wirksamkeit des Hauptvertrags zu beurteilen (doctrine of severability).[111] Sie unterliegt primär dem von den Parteien gewählten Recht; hilfsweise gelangt das Recht des Schiedsorts zur Anwendung. Dies gilt für das Aufhebungsverfahren (§ 1059 Abs. 2 Nr. 1 lit. a Alt. 2 ZPO bzw. Art. 34 Abs. 2 lit. a (i) Alt. 2 UN Model Law) wie für das Vollstreckungsverfahren (Art. V Abs. 1 lit. a Alt. 2 UNÜ). Da die Parteien den Prüfungsmaßstab in beiden Fällen autonom festlegen können, ist die Schutzeffizienz gerade bei strukturellen Ungleichgewichtslagen eher gering einzuschätzen.

---

106 BGH 13.1.2005, NJW 2005, 1125.

107 *Wolff*, in: Wolff-New York Convention, Art. 2 Rn. 102.

108 OLG Düsseldorf 9.2.2007, I-17 U 39/06; *Schlosser*, in Stein/Jonas, ZPO (Bd. 10), Anhang zu § 1061 Rn. 40.

109 Danach ist das Übereinkommen auf die „Anerkennung und Vollstreckung von Schiedssprüchen anzuwenden".

110 *Wolff*, in: Wolff-New York Convention, Art. 2 Rn. 25 m.w.N.

111 *Lew/Mistelis/Kröll*, Comparative International Commercial Arbitration (2003), S. 102; *Münch*, in: MünchKomm-ZPO, § 1029 Rn. 8; *Voit*, in: Musielak/Voit, ZPO, § 1029 Rn. 13.

Zudem hat sich die Rechtsprechung in der Vergangenheit selbst bei Verbraucherverträgen unter deutschem Schiedsvertragsstatut als ausgesprochen schiedsfreundlich gezeigt.[112] Genüge die Vereinbarung dem Formerfordernis des § 1031 Abs. 5 ZPO, so komme eine überraschende Klausel i.S. von § 305 c Abs. 1 BGB in aller Regel nicht in Betracht.[113] Auch stelle eine Schiedsvereinbarung als solche keine unangemessene Benachteiligung gemäß § 307 Abs. 1 BGB dar.[114] Insbesondere müsse kein besonderes Bedürfnis für die Einsetzung eines Schiedsgerichts seitens des Verwenders vorliegen.[115]

Schiedsgerichtsbarkeit sei Rechtsprechung im weiteren Sinne, bedeute also Streitentscheidung durch einen neutralen Dritten.[116] Sie sei als Form der nichtstaatlichen Streiterledigung durch die §§ 1025 ff. ZPO gesetzlich anerkannt und grundsätzlich auch bei Beteiligung eines Verbrauchers zulässig. Den erforderlichen Verbraucherschutz (Warnfunktion, Schutz vor wirtschaftlicher und sozialer Überlegenheit) gewährleiste die Formvorschrift des § 1031 Abs. 1 ZPO. Wäre für die formularmäßige Schiedsvereinbarung ohne Anhalt im Gesetz ein besonderes Verwendungsinteresse zu fordern, brächte dies im Übrigen eine erhebliche Rechtsunsicherheit für die Parteien. Statt im Streitfall sogleich in das Schiedsverfahren einzutreten, müsste erst in einem gerichtlichen Verfahren geklärt werden, ob ein die Schiedsklausel rechtfertigendes Interesse des AGB-Verwenders gegeben ist.

---

112 Etwa BGH 13.1.2005, NJW 2005, 1125; zur Prüfungspflicht mitgliedstaatlicher Gerichte, vgl. EuGH 6.10.2009, Rs. C-40/08, EuGHE 2009 I, 9579 – *Asturcom Telecomunicaciones SL / Noguiera.*

113 vgl. *Münch,* in: MünchKomm-ZPO, § 1031 Rn. 27; *Schlosser*, in: Stein/Jonas-ZPO (Bd. 9), § 1029 Rn. 26; *Sethe*, in: Assmann/Schneider, § 37h WpHG Rn. 49; *Brandner*, in: Ulmer/Brandner/Hensen, AGBG, S. 1632 f.; *Lachmann/Lachmann,* Schiedsvereinbarungen im Praxistest, BB 2000, 1633, 1637; a.A.: *Raeschke-Kessler*, AGB-Schiedsvereinbarungen über Börsentermingeschäfte, WM 1998, 1205, 1209 f.

114 Vgl. BGH 10.10.1991, NJW 1992, 575; zum kaufmännischen Geschäftsverkehr: BGH 26.6.1986, BGHR AGBG § 9 Schiedsklausel 1; *Münch*, in: MünchKomm-ZPO, § 1029 Rn. 12; *Schlosser*, in: Stein/Jonas, ZPO (Bd. 9), § 1029 Rn. 26; *Wurmnest,* in: MünchKomm-BGB, § 307 Rn. 252; *Schwab/Walter,* Kap. 5 Rn. 14; *Sethe*, in: Assmann/Schneider, § 37h WphG Rn. 56; *Lachmann,* Handbuch Schiedsgerichtspraxis, Rn. 548.

115 So aber *Brandner*, in: Ulmer/Brandner/Hensen, AGBG, S. 1632; *Graf v. Westphalen,* in: Graf v. Westphalen/Thüsing, VertragsR u. AGB-Klauselwerke, Losebl. [Stand: März 2015], „Vertragsrecht" „Schiedsgerichtsklauseln" Rn. 11; *Hau*, in: Wolf/Horn/Lindacher, AGBG[5] 2009, S. 1766.

116 Vgl. BGH 27.5.2004, NJW 2004, 2226, 2227 = BGHZ 159, 207, 212 m.w.N.

Zwar könnten besondere Umstände des Einzelfalls eine für den Vertragspartner unangemessene Benachteiligung durch die grundsätzlich für zulässig zu erachtende formularmäßige Schiedsvereinbarung begründen.[117] Diese lagen im konkreten Fall aber nicht vor. Der BGH nennt hier sowohl prozessuale als auch materiellrechtliche Faktoren.[118] Prozessual müssten der Zugang zum Schiedsgericht, das Ernennungsrecht sowie das schiedsgerichtliche Verfahren selbst fair geregelt sein. Materiellrechtlich sei Sorge dafür zu tragen, dass das Schiedsgericht zwingende Vorschriften des deutschen Rechts zum Schutz des Verbrauchers als strukturell unterlegener Partei beachtet. Dies sah der BGH im konkreten Fall für gewährleistet an, da der Schiedsort in Deutschland lag und die Parteien eine Rechtswahl zugunsten deutschen Rechts getroffen hatten. „Bei einem solchen Schiedsgericht (könne) nicht von vornherein angenommen werden, es werde zwingende Vorschriften des deutschen Rechts missachten."[119]

5. Insbesondere: Missbrauchskontrolle

Bezeichnenderweise tauchen beide Erwägungsstränge in den oben dargestellten instanzgerichtlichen Entscheidungen zu Schiedsvereinbarungen in Franchise- bzw. Handelsvertreterverträgen wieder auf, also bei strukturellen Ungleichgewichtslagen in B2B-Verträgen. Während in den *Subway*-Fällen im Wesentlichen mit dem fehlenden Zugang zum Schiedsgericht argumentiert wurde,[120] stand in der Entscheidung des OLG München die zu erwartende Nichtanwendbarkeit zwingender Bestimmungen des deutschen Rechts im Mittelpunkt.[121]

In beiden Fällen unterlag die Schiedsvereinbarung freilich nicht deutschem Recht, so dass weitere Erwägungen anzustellen waren. Das OLG Celle gelangte zu der Auffassung, dass § 879 Abs. 3 des liechtensteinischen ABGB, das kraft Rechtswahl auf die Schiedsvereinbarung anwendbar war, nach Auslegung der Norm eine § 307 BGB entsprechende Regelung enthalte. Da die Schiedsklausel den Franchisenehmer in diesem Sinne gröblich benachteilige, sei sie unwirksam.[122] Freilich wird eine solche „Auslegung" des ausländischen Rechts häufig nicht vertretbar sein. Das OLG München unterzog sich gar nicht erst der Mühe, den Inhalt des auf die Schiedsvereinbarung anwendbaren kalifornischen Rechts zu ermitteln.

117 Vgl *Schwab/Walter*, Kap. 5 Rn. 14; *Wurmnest*, in: MünchKomm-BGB, § 307 Rn. 252.
118 BGH 13.1.2005, NJW 2005, 1125, 1127.
119 Vgl. BGH, NJW 1991, 2215.
120 Siehe Fn. 16.
121 Siehe Fn. 18.
122 Siehe Fn. 17.

Stattdessen erklärte es die Derogation deutscher Gerichte wegen der damit einhergehenden mutmaßlichen Nichtbeachtung zwingender Vorschriften des deutschen Rechts für „unzulässig".[123] Kollisionsrechtlich handelt es sich hierbei genau betrachtet um eine ordre public-Prüfung. Da das Ergebnis der Schiedsklausel i.V. mit der Rechtswahl der Parteien höchstwahrscheinlich dazu führen würde, dass der zwingende Ausgleichsanspruch des Handelsvertreters unbeachtet bliebe, verstößt die Abrede gegen den materiellrechtlichen deutschen ordre public. Entsprechend hätte auch das OLG Celle sein Ergebnis über einen Verstoß der Schiedsklausel gegen den prozessualen deutschen ordre public begründen können.

Während die Fälle eines Verstoßes gegen den prozessualen ordre public eindeutig erscheinen, stellt sich in Fällen wie dem vom OLG München entschiedenen ein gewisses Unbehagen ein, trifft das deutsche Gericht hier doch eine Prognose im Hinblick auf die künftige Entscheidung des Schiedsgerichts und schließt hieraus auf die Unwirksamkeit der Schiedsvereinbarung.[124]

Bezeichnenderweise verfahren aber US-Bundesgerichte bisweilen ähnlich, um einer Schiedsvereinbarung im Einzelfall die Anerkennung zu verweigern. Ausgangspunkt ist die berühmte *Mitsubishi*-Entscheidung des US Supreme Court[125], in der eine Verletzung der US public policy durch die Vereinbarung eines japanischen Schiedsgerichts in einer Kartellstreitigkeit auch deshalb verneint wurde, weil die Parteien eine Rechtswahl zugunsten US-amerikanischen Rechts getroffen hatten.

"We merely note that in the event the choice-of-forum and choice-of-law clauses operated in tandem as a prospective waiver of a party's right to pursue statutory remedies for antitrust violations, we would have little hesitation in condemning the agreement as against public policy."[126]

Im Falle eines Seearbeitsvertrags erklärte der Court of Appeal für den 11th Circuit eine Vereinbarung, wonach künftige Streitigkeiten aus dem Arbeitsverhältnis nach panamaischem Recht durch ein Schiedsgericht auf den Philippinen zu entscheiden waren, wegen Verstoßes gegen die US public policy für unwirksam.[127] Grundlage war die in *Mitsubishi* begründete „prospective waiver"-Doktrin, nach der vertraglichen Abreden, die einem Verzicht auf durch US-Gesetze (hier dem

---

123 Siehe Fn. 18.

124 Vgl. *Thorn/Grenz*, in: Conflict of Laws in International Arbitration, 187, 196.

125 *Mitsubishi Motors Corp. v. Soler Chrysler-Plymouth, Inc.*, 473 US 614, 105 S. Ct. 3346, 87 L. Ed. 2d 444 (1985).

126 Ebenda, Fn. 19 (S. 637).

127 *Thomas v. Carnival*, 573 F. 3d 113 (11th Cir. 2009).

Seaman's Wage Act) begründete Rechte gleichkommen, die Durchsetzung verweigert werden kann.[128]

Diesen letzten Schritt war der US Supreme Court selbst in einem Fall zum Seetransportrecht nicht bereit zu gehen.[129] Im Zentrum des Rechtsstreits stand die Frage, ob das im Schiedsverfahren anwendbare japanische Recht die Verpflichtungen des Frachtführers gegenüber dem Eigentümer der Fracht nach dem Carriage of Goods by Sea Act (COGSA) einschränkt. Dies war nicht auszuschließen, da das japanische Recht dem Frachtführer gegen den Anspruch zumindest eine zusätzliche Einrede, basierend auf den Handlungen und Unterlassungen der Stauer, eröffnete. Letztlich weigerte sich das Gericht aber, Spekulationen über die künftige Entscheidung des japanischen Schiedsgerichts anzustellen: The choice-of-law question "must be decided in the first instance by the arbitrator" under the basis that "mere speculation that the foreign arbitrators might apply Japanese law which, depending on the proper construction of COGSA, might reduce respondents' legal obligations, does not in and of itself lessen liability under COGSA § 3(8)."[130] Freilich lässt dies die Frage einer späteren Anerkennung und Vollstreckung des Schiedsspruchs in den USA offen.

Festzuhalten bleibt, dass mehr als zehn Jahre später ein Bundesberufungsgericht diese Zurückhaltung aufgab und – dem OLG München vergleichbar – aus der Hypothese über die Entscheidung des ausländischen Schiedsgerichts in der Sache die Unwirksamkeit der Schiedsvereinbarung herleitete.

6. Bewertung

Auffällig ist zunächst der eklektisch erscheinende Umgang des deutschen Gesetzgebers mit typischen Fällen strukturellen Ungleichgewichts. Streitigkeiten aus Individualarbeitsverträgen sind im Grundsatz nicht objektiv schiedsfähig. Im Falle von Verbrauchergeschäften wird nur im Falle von Spekulationsgeschäften die (subjektive) Schiedsfähigkeit verneint, während ansonsten strengere Voraussetzungen an die Formwirksamkeit gestellt werden und eine Missbrauchskontrolle

---

128 Hierzu *Brubaker/Daly*, Twenty-Five Years of the "Prospective Waiver" Doctrine in International Dispute Resolution: Mitsubishi's Footnote Nineteen Comes to Life in the Eleventh Circuit, 64 U.Miami L.Rev. 1233 (2010).

129 *Vimar Seguros Y Reaseguros, S.A. v. M/V Sky Reefer*, 515 U.S. 528, 115 S. Ct. 2322, 132 L. Ed. 2d 462 (1995); ausschlaggebend war, ob das im Schiedsverfahren anwendbare japanische Recht die Verpflichtungen des Frachtführers gegenüber dem Eigentümer der Fracht nach dem Carriage of Goods by Sea Act (COGSA) einschränkt.

130 Ebenda S. 541.

im Einzelfall stattfindet. Letzteres gilt auch für strukturelle Ungleichgewichte bei B2B-Verhältnissen.

Bei wertender Betrachtung weisen die Regeln zur objektiven wie subjektiven Schiedsfähigkeit eine große Schutzeffizienz auf, schließen als Alles-oder-nichts-Regeln aber die Schiedsgerichtsbarkeit insgesamt aus. In der Folge werden auch der strukturell unterlegenen Partei die anerkannten Vorteile der Schiedsgerichtsbarkeit vorenthalten. Hingegen ist der durch die Regeln zur formellen und materiellen Wirksamkeit erzielte Schutz nur von geringer Effizienz. Anders verhält es sich bei der Missbrauchskontrolle im Einzelfall. Diese geht aber mit einer erheblichen Rechtsunsicherheit einher, welche die Parteien bei der Planung des Rechtsschutzes behindert und u.U. von der Vereinbarung einer Schiedsklausel abhält. In jedem Fall wird hierdurch die Rechtsermittlung erschwert, was zu erhöhten Transaktionskosten führt. Beides geht auch zu Lasten der strukturell unterlegenen Partei.

VI. Vergleich und Folgerungen

Internationales Zivilprozessrecht und internationale Schiedsgerichtsbarkeit weisen im Hinblick auf den Schutz strukturell unterlegener Parteien wesentliche Unterschiede auf. Diese Asymmetrien betreffen sowohl das eingesetzte Instrumentarium als auch die Schutzdichte.

1. Instrumentarium

Im europäischen Zivilverfahrensrecht stehen die Regelungen zur Zulässigkeit von Gerichtsstandsvereinbarungen im Zentrum. Diese schließen Gerichtsstandsvereinbarungen im Falle typischer Ungleichgewichtslagen aber nicht generell aus, sondern begrenzen die Parteiautonomie in der Weise, dass ein die strukturell unterlegene Partei schützender Gerichtsstand nicht zu deren Lasten abbedungen werden kann. Die Vorschriften zur formellen und materiellen Wirksamkeit der Vereinbarung treten in ihrer Bedeutung für den Schutzzweck klar dahinter zurück. Schutzdefizite bei Fällen strukturellen Ungleichgewichts, für die das Verordnungsrecht keine Sonderregelung bereithält, werden im Schrifttum erkannt, das Europarecht hält hierfür aber keine adäquaten Instrumente bereit. Davon abweichend steht im praktisch bedeutungslosen autonomen Internationalen Zivilverfahrensrecht das Institut der Missbrauchskontrolle zur Verfügung, das Einzelfallgerechtigkeit zu erzielen vermag, freilich auf Kosten der Rechtssicherheit.

In der internationalen Schiedsgerichtsbarkeit finden sich Zulässigkeitsmechanismen in den Regeln zur objektiven und subjektiven Schiedsfähigkeit. Freilich schränken diese die Parteiautonomie in der Weise ein, dass Schiedsvereinbarungen generell unzulässig sind, unabhängig von ihrem Inhalt. Aus dieser

Alles-oder-nichts-Lösung erklärt sich vielleicht auch der Umstand, dass Zulässigkeitsschranken in der Schiedsgerichtsbarkeit wesentlich seltener anzutreffen sind als im internationalen Verfahrensrecht. Dies gilt namentlich für die Bereiche der Verbraucherverträge sowie für Versicherungssachen. Zum Ausgleich finden sich Regeln zur formellen Wirksamkeit, die in ihrer Schutzeffizienz aber deutlich zurückbleiben. Daher verwundert es nicht, dass die Rechtsprechung eine Missbrauchskontrolle durchführt, die sich an verfahrens- und materiellrechtlichen Standards orientiert und faktisch Zulässigkeitsschranken errichtet. Dies gilt für Verbrauchersachen und einzelne B2B-Vertragstypen in gleicher Weise. Hier findet sich dann auch eine bemerkenswerte Parallele zum Internationalen Zivilverfahrensrecht, wo Teile des Schrifttums das Institut einer Missbrauchskontrolle auch nutzen wollen, um Ungleichgewichtslagen jenseits der im europäischen Verordnungsrecht geregelten Fälle zu bewältigen.

2. Schutzdichte

Auffallend ist, dass der gesetzlich normierte Schutz im Falle des Verfahrensrechts höher ist als im Falle der Schiedsgerichtsbarkeit. Für das deutsche bzw. europäische Recht wurde die Divergenz im Falle der Zulässigkeitsschranken bereits ausgeführt.

Noch eindeutiger fällt ein Vergleich im Falle des US-amerikanischen Rechts aus. Wie oben erläutert,[131] finden sich dort auf einzelstaatlicher Ebene insbesondere für Vertriebsverträge Derogationsverbote zum Schutz der strukturell unterlegenen Partei, die auch von Bundesgerichten beachtet werden. Ganz anders entscheidet die große Mehrzahl der Appellationsgerichte im Falle von Schiedsvereinbarungen. Die einzelstaatlichen Derogationsverbote kollidieren hier mit Bundesrecht, nämlich § 2 Federal Arbitration Act[132], der nach Auffassung des US Supreme Court den Zweck verfolgt, die Streitbeilegung im Wege der Schiedsgerichtsbarkeit in weitestgehendem Maße zu ermöglichen und Schiedsvereinbarungen größtmögliche Wirkung zukommen zu lassen.[133] Danach seien keine

---

131 Siehe oben S. 114–115.

132 9 U.S.C. § 2: "A written provision in (…) a transaction involving commerce to settle by arbitration a controversy thereafter arising out of such contract or transaction, (…) shall be valid, irrevocable, and enforceable, save upon such grounds as exist at law or in equity for the revocation of any contract."

133 *Moses H. Cone Memorial Hospital v. Mercury Construction Corp.*, 460 U.S. 1, 24 (1983); *Southland Corp. v. Keating*, 465 U.S. 1, 10 (1984); *Allied-Bruce Terminix Co. v. Dobson*, 513 U.S. 265, 272 f. (1995); *Doctor's Associates, Inc. v. Casarotto*, 517 U.S. 681, 686 f. (1996).

einzelstaatlichen Begrenzungen der Schiedsgerichtsbarkeit zugelassen, sondern nur Einwendungen des allgemeinen Vertragsrechts wie Täuschung, Nötigung oder Sittenwidrigkeit („unconscionability").[134] Bei den einzelstaatlichen Derogationsverboten zum Schutz von Franchisenehmern handele es sich nicht um eine derartige allgemeine Einwendung.[135] Die Supremacy Clause der US-Verfassung gebiete aber den Vorrang des Bundesrechts vor einzelstaatlichem Recht.

Eine abweichende Auffassung vertritt allein der für die Pazifikstaaten zuständige Court of Appeal für den 9th Circuit.[136] Im entschiedenen Fall hatten die Parteien des Franchisevertrags eine Rechtswahl zugunsten texanischen Rechts getroffen sowie Streitentscheidung durch ein Schiedsgericht in Texas vereinbart. Das Gericht sah die Schiedsvereinbarung für sittenwidrig an und verwies die Parteien an das zuständige Bundesgericht in Kalifornien. Die Sittenwidrigkeit wurde damit begründet, dass die Schiedsvereinbarung gegen die policy des California Franchise Investment Law (CFIL)[137] verstoße, den Franchisenehmer vor unfairer Behandlung zu schützen.[138] Hier entziehe die Schiedsvereinbarung in Verbindung mit der Rechtswahl dem Franchisenehmer den Schutz des CFIL. Die Vereinbarung beruhe allein auf der überlegenen Verhandlungsposition des Franchisegebers; es sei nicht davon auszugehen, dass die Klauseln tatsächlich ausgehandelt worden seien.[139] Obgleich die Entscheidung wohl kaum in Einklang mit der Rechtsprechung des US Supreme Court steht, führt sie erneut das Bestreben der Gerichte vor Augen, die strukturell unterlegene Partei auch in B2B-Verhältnissen davor zu schützen, einen Prozess in einem Forum führen zu müssen, das die für unverzichtbar angesehenen materiellrechtlichen Schutzstandards unbeachtet lassen wird.

---

134 *Perry v. Thomas*, 482 U.S. 483, 485 (1987); *Doctor's Associates, Inc. v. Casarotto*, 517 U.S. 681, 686 f. (1996).

135 So *KKW Enterprises, Inc. v. Gloria Jean's Gourmet Coffees Franchising Corp.*, 184 F.3d 42, 51 (1st Cir., 1999) zum Rhode Island Franchise Investment Act (R.I. Gen. Laws § 19–28.1–14). In gleichem Sinne entschieden *Doctor's Associates, Inc. v. Hamilton*, 150 F.3d 157 (2nd Cir., 1998); *OPE Int'l LP v. Chet Morrison Contractors, Inc.*, 258 F. 3d 443, 447 (5th Cir., 2001); *Management Recruiters Intern., Inc. v. Bloor*, 129 F. 3d 851 (6th Cir., 1997).

136 *Bridge Fund Capital Corp. v. Fastbucks Franchise Corp.*, 622 F. 3d 996 (9th Cir., 2010).

137 Cal Corp. Code § 31000 ff.

138 *Bridge Fund Capital Corp. v. Fastbucks Franchise Corp.*, 622 F. 3d 996, 1003 (9th Cir., 2010).

139 *Bridge Fund Capital Corp. v. Fastbucks Franchise Corp.*, 622 F. 3d 996, 1005 (9th Cir., 2010).

Insgesamt betrachtet ist die Kontrolldichte gegenüber Schiedsvereinbarungen aber geringer als gegenüber Gerichtsstandsvereinbarungen. Das Ergebnis überrascht, eine Begründung hierfür fällt schwer. Zwar ist es legitim, Schiedsgerichten, soweit ihre Konstituierung rechtsstaatlichen Grundsätzen genügt, das gleiche Vertrauen wie staatlichen Gerichten entgegenzubringen. Ein Vertrauensvorsprung gegenüber staatlichen Gerichten, wie er hier zum Ausdruck kommt, hat aber keinerlei Grundlage. Ein reflexartiger Hinweis auf die Parteiautonomie ginge fehl: Zum einen sind auch Gerichtsstandsvereinbarungen Ausdruck der Parteiautonomie; zum anderen ist diese in Fällen strukturellen Ungleichgewichts ja gerade gestört und taugt somit nicht als Rechtfertigung.

3. Folgerungen

Die zuständigkeitsrechtlichen Regelungen zum Schutz strukturell unterlegener Parteien im Internationalen Zivilverfahrensrecht und in der internationalen Schiedsgerichtsbarkeit sollten aneinander angeglichen werden, da die prozessualen und materiellrechtlichen Risiken für die unterlegene Partei weitgehend identisch sind. Die anzustrebende Lösung muss einen effizienten Schutz der unterlegenen Partei gewährleisten und gleichzeitig die berechtigten Interessen der anderen Vertragspartei wahren. Dabei sollte der Parteiautonomie ein möglichst großer Raum belassen und das Bestreben der Parteien nach einem effizienten Rechtsschutz unterstützt werden. Schließlich sollte ein hohes Maß an Rechtssicherheit erzielt werden, um den Rechtsschutz für beide Parteien planbar zu machen und die Transaktionskosten (Rechtsermittlungskosten) niedrig zu halten.

Unter diesen Aspekten scheint es naheliegend, für die Internationale Schiedsgerichtsbarkeit ein System zu schaffen, das den Schutzgerichtsständen im Internationalen Zivilverfahrensrecht ähnelt. Danach wäre der Weg in die Schiedsgerichtsbarkeit grundsätzlich eröffnet, die Parteien wären aber bei der Wahl des Schiedsortes nicht frei, sondern müssten diesen im Aufenthaltsstaat der strukturell unterlegenen Partei ansiedeln. Als Folge könnten die dortigen staatlichen Gerichte im Aufhebungsverfahren im Rahmen der ordre public-Kontrolle überprüfen, ob gegen wesentliche verfahrensrechtliche oder materiellrechtliche Grundsätze verstoßen wurde, was wiederum das Schiedsgericht bei seiner Entscheidungsfindung antizipieren würde. Darüber hinaus würden die prozessualen Lasten der unterlegenen Partei durch einen heimatnahen „Schiedsstand" gesenkt. Faktisch klingt eine solche Regelung in einer ganzen Reihe von Entscheidungen deutscher wie ausländischer Gerichte an. Als geschriebener Rechtssatz mit klarem sachlichen und persönlichen Anwendungsbereich würde sie aber wesentlich zur Rechtssicherheit beitragen. Sie belässt den Parteien den Weg in die Schiedsgerichtsbarkeit mit den ihr inhärenten Vorzügen, insbesondere der Auswahl sachkompetenter Entscheider, der Flexibilität des Verfahrens, dem Vertraulichkeitsgrundsatz sowie dem weltweiten Vollstreckungssystem nach dem New Yorker Übereinkommen, beugt aber einem Missbrauch der Parteiautonomie durch die strukturell überlegene Partei vor. Zum Ausgleich könnten die derzeit bestehenden Regelungen zur Schiedsfähigkeit weiter reduziert werden. Zudem würden die Formbestimmungen von einer Funktion entlastet, die sie ohnehin nur sehr begrenzt erfüllen. Schließlich könnte die einzelfallbezogene Missbrauchskontrolle durch die Gerichte weitestgehend entfallen.

Zu klären bliebe, für welche Fälle strukturellen Ungleichgewichts die Regelung konzipiert werden soll. Zumindest erfasst werden müssten aus Gründen der Gleichbehandlung von staatlichen Gerichten und Schiedsgerichten die in der Brüssel Ia-VO geregelten Fallgruppen, also Versicherungssachen, Verbrauchersachen und Individualarbeitsverträge. Die aufgeführten Judikate zeigen aber, dass es auch im B2B-Bereich Fallgruppen mit Regelungsbedarf gibt, und zwar im internationalen Zivilprozessrecht wie in der internationalen Handelsschiedsgerichtsbarkeit.

Eine Minimallösung bestünde hier darin, Existenzgründer als Verbraucher einzustufen. Ein solcher Ansatz ist im materiellen Recht bereits bekannt. So erklärt § 512 BGB das Verbraucherdarlehensrecht auf Existenzgründer für anwendbar und § 1 Abs. 3 österreichisches Konsumentenschutzgesetz besagt, dass Geschäfte natürlicher Personen vor Aufnahme des Unternehmensbetriebs zur Schaffung der Voraussetzungen dafür keine Unternehmergeschäfte sind.

Freilich blieben bei einer solchen Lösung Fallgruppen unberücksichtigt, bei denen das strukturelle Ungleichgewicht unbestreitbar ist und die die Rechtsprechung bereits wiederholt zum Rückgriff auf die allgemeine Missbrauchskontrolle veranlasst haben. Gemeint sind hier in erster Linie Vertriebsverhältnisse, also Handelsvertreter-, Vertragshändler- und Franchiseverträge. Auch insoweit sollte die Zulässigkeit von Schiedsvereinbarungen durch Festlegung des Schiedsortes im Aufenthaltsstaat der unterlegenen Partei eingeschränkt werden. Gleiches müsste dann aber auch im Rahmen der Brüssel Ia-VO erfolgen, wo ein entsprechender Schutzgerichtsstand einzuführen wäre.

Ein darüber hinausgehender Regelungsbedarf für weitere Personengruppen wie etwa Subunternehmer oder – basierend auf bestimmten Unternehmenskennzahlen oder Marktanteilen – generell für strukturell unterlegene Unternehmer ist zumindest derzeit nicht erkennbar. Eine Einschränkung der Parteiautonomie scheint daher nicht gerechtfertigt, zumal die genauen Kriterien zur Feststellung des strukturellen Ungleichgewichts noch zu willkürlich erscheinen, von rechtsökonomischen Untersuchungen ganz zu schweigen.

VII. Ausklang

Der Autor hofft, dass in seinem Plädoyer zugunsten einheitlicher Schutzregime im Internationalen Zivilverfahrensrecht und in der Internationalen Schiedsgerichtsbarkeit keine Streitschrift gegen die Schiedsgerichtsbarkeit gesehen wird, zumal eine solche sicherlich nicht im Sinne seines zu ehrenden akademischen Lehrers, Bernd von Hoffmann, gewesen wäre.

Anliegen von Vortrag und Aufsatz war vielmehr, die bestehenden Asymmetrien zwischen beiden Rechtsgebieten offenzulegen und einen Vorschlag zu deren Beseitigung zu machen. Die vorgeschlagene Regelung belässt der Parteiautonomie so viel Spielraum wie möglich, ohne die berechtigten Schutzinteressen der unterlegenen Partei zu vernachlässigen. Der Weg in die Schiedsgerichtsbarkeit wird dabei sogar erweitert; lediglich die Wahl des Schiedsorts wird eingeschränkt. Dabei wird in vielen Fällen nur die bestehende Rechtsprechung in Gesetzesform gegossen und hierdurch Rechtssicherheit erzielt. Die Schiedsgerichtsbarkeit sollte dies nicht als Angriff begreifen, sondern als Chance.

Thomas Rüfner

Kollektiver Rechtsschutz im Schiedsverfahren

I. Schiedsverfahren und kollektiver Rechtsschutz

Die Durchführung kollektiver Schiedsverfahren mag auf den ersten Blick widersinnig erscheinen. Als wesentliche Vorteile der Schiedsgerichtsbarkeit werden die Möglichkeit zur freien Verfahrensgestaltung unter Verzicht auf überflüssige Formalitäten[1], die zügige Erledigung[2] sowie die Vertraulichkeit des Verfahrens und der Entscheidung hervorgehoben[3]. Bei einem Kollektivverfahren mit zahlreichen Beteiligten können diese Vorteile kaum erhalten bleiben. Die große Zahl an Personen, die am Verfahren beteiligt sind oder zumindest informiert werden müssen, macht zusätzliche Formalitäten erforderlich und verzögert das Verfahren fast zwangsläufig[4]. Auch die Vertraulichkeit kann bei einer Vielzahl von Beteiligten und Betroffenen kaum gewahrt werden. Schon deshalb passen alle Formen von *class arbitration* und *mass arbitration* nicht zum klassischen Typus des Schiedsverfahrens.

Dennoch hat es in den letzten fünfzehn Jahren in zahlreichen Rechtsordnungen Ansätze zur Ermöglichung kollektiver Schiedsverfahren gegeben. Die rechtlichen und tatsächlichen Rahmenbedingungen und die Gründe, aus denen jeweils ein kollektives Schiedsverfahren angestrebt wurde, sind unterschiedlich. Insbesondere in den USA wird die *class arbitration* – wie die *class action* vor staatlichen Gerichten – als Waffe in der Hand von Konsumenten, Arbeitnehmern und anderen wirtschaftlich unterlegenen Gruppen gegenüber großen Unternehmen angesehen. In anderen Jurisdiktionen geht es mehr um die Entwicklung eines neuen Mechanismus zur Bewältigung von Rechtsstreitigkeiten mit einer großen Zahl von (potenziell) Beteiligten. Überall stellt sich jedoch die Frage, ob und wie Kollektivverfahren im Einklang mit den allgemeinen Grundsätzen des Schiedsverfahrensrechts durchgeführt werden können.

---

1 *Rolf Schütze*, Schiedsgericht und Schiedsverfahren, 5. Auflage, 2012, Rz. 34.

2 *Schütze* (Fn. 1) Rz. 32.

3 *Wolfgang Kühn, Ulrike Gantenberg*, Confidentiality in Arbitration, in: Birgit Bachmann u. a. (Hg.), Grenzüberschreitungen. Festschrift für Peter Schlosser zum 70. Geburtstag, 2005, 461–475, 463.

4 Dies bemerkt im Hinblick auf *class arbitration* in den USA Justice Scalia im Mehrheitsvotum in der Sache *AT&T Mobility LLC v. Concepcion*, 131 S. Ct. 1740, 1751 (2011).

Der folgende Beitrag bringt einen Überblick über Formen kollektiver Schiedsverfahren und geht besonders auf die Entwicklung der *class arbitration* in den USA ein. Zum Schluss soll versucht werden, aus deutscher Sicht (und nicht zuletzt mit Blick auf die Interessen deutscher Unternehmen im internationalen Wirtschaftsverkehr) einige Schlussfolgerungen zu ziehen.

II. Kollektive Schiedsverfahren in verschiedenen Jurisdiktionen

1. Deutschland: Schiedsverfahren über Beschlussmängel

In Deutschland hat der Bundesgerichtshof mit seiner Entscheidung *Schiedsfähigkeit II* vom 6. April 2009[5] die Möglichkeit der Beilegung von Beschlussmängelstreitigkeiten unter den Gesellschaftern einer GmbH im Wege des Schiedsverfahrens eröffnet. Voraussetzung ist eine entsprechende Bestimmung im Gesellschaftsvertrag oder eine unter Mitwirkung aller Gesellschafter geschlossene Schiedsvereinbarung. Die Deutsche Institution für Schiedsgerichtsbarkeit (DIS) hat in Reaktion auf diese Entscheidung noch im Jahr 2009 Regeln für gesellschaftsrechtliche Streitigkeiten als Ergänzung zur DIS-Schiedsgerichtsordnung ausgearbeitet[6]. Zur Frage der Schiedsfähigkeit von Beschlussmängelstreitigkeiten ergingen vor[7] und nach[8] dem Grundsatzurteil des BGH zahlreiche weitere gerichtliche Entscheidungen. Auch in der Literatur werden Fragen im Zusammenhang mit Schiedsverfahren zur Beilegung von Beschlussmängelstreitigkeiten rege diskutiert[9]. Gleichwohl ist die praktische Bedeutung des neuen Verfahrensmodells einstweilen eher gering. Im Jahr 2012 wurden lediglich zwei Verfahren nach den Ergänzenden Regeln für

5 BGH, Urteil vom 6. April 2009, II ZR 295/08, BGHZ 180, 221.

6 DIS-Ergänzende Regeln für gesellschaftsrechtliche Streitigkeiten 09 (ERGeS), abrufbar unter http://www.dis-arb.de/de/16/regeln/dis-erg%C3%A4nzende-regeln-f%C3%BCr-gesellschaftsrechtliche-streitigkeiten-09-erges-id5 (zuletzt besucht am 7. Juni 2015).

7 Vgl. nur OLG Saarbrücken, Beschluss vom 29. März 2008, 4 Sch 2/08, SchiedsVZ 2008, 313; OLG Düsseldorf, Urteil vom 14. November 2003, 16 U 95/98, NZG 2004, 916; BGH, Urteil vom 29. März 1996, II ZR 124/95, BGHZ 132, 278.

8 OLG Frankfurt, Beschluss vom 9. September 2010, 26 SchH 4/10, NZG 2011, 629; OLG Bremen, Beschluss vom 22. Juni 2009, 2 Sch 1/09, NZG 2010, 230; OLG München, Urteil vom 9. August 2012, 23 U 4173/11, GmbHR 2012, 1075.

9 Vgl. nur Fn. 11, 12 und 13 sowie die Nachweise bei *Christoph Niemeyer, Marc Häger*, Fünf Jahre „Schiedsfähigkeit II“ – ein Überblick unter besonderer Berücksichtigung der ergänzenden Regeln für gesellschaftsrechtliche Streitigkeiten der DIS, BB 2014, 1737–1743.

gesellschaftsrechtliche Streitigkeiten bei der DIS eingeleitet[10]. Für die Folgejahre hat die DIS keine Statistik veröffentlicht.

Ohnehin hat der Bundegerichtshof die Zulässigkeit entsprechender Schiedsvereinbarungen nur für Gesellschaften mit beschränkter Haftung ausgesprochen. Ob auch Beschlussmängelstreitigkeiten in einer Aktiengesellschaft schiedsfähig sind, ist umstritten[11]. Jedenfalls hat der Bundesgerichtshof Anforderungen an die Gestaltung der Schiedsvereinbarung und die Beteiligungsrechte der betroffenen Gesellschafter im Schiedsverfahren[12] gestellt, die sich bei einer großen – womöglich börsennotierten – Aktiengesellschaft kaum erfüllen lassen dürften[13]. Obgleich das Verfahren nach den Regeln der DIS für Beschlussmängelstreitigkeiten als Deutschlands Antwort auf die US-amerikanischen Sammelschiedsverfahren bezeichnet wurde[14], sind große Sammel- oder Massenschiedsverfahren in Deutschland aufgrund der Entscheidung *Schiedsfähigkeit II* nicht zu erwarten.

2. Spanien: Kollektive Schiedsverfahren in Verbrauchersachen

In Spanien wurde im Jahr 2008 durch die Art. 56 ff. der Verordnung 231/2008 auf freiwilliger Basis ein kollektives Verbraucherschiedsverfahren (*Arbitraje de consumo colectivo*)[15] eingeführt. Dieses Verfahren ermöglicht es, wegen (behaupteter) Verletzungen von Verbraucherinteressen, die eine Vielzahl von Personen

10 DIS-Statistik 2012, http://www.dis-arb.de/de/39/content/statistik-id54 (zuletzt besucht am 7. Juni 2015).

11 Dafür *Christian Borris*, Die Schiedsfähigkeit gesellschaftsrechtlicher Streitigkeiten in der Aktiengesellschaft, NZG 2010, 481–486.

12 Dazu *Hans-Friedrich Müller*, GmbH-Beschlussmängelstreitigkeiten im Schiedsverfahren, GmbHR 101 (2010) 729–735, 731–734.

13 So übereinstimmend *Borris*, NZG 2010, 486; *Bodo Riegger, Stephan Wilske*, Auf dem Weg zu einer allgemeinen Schiedsfähigkeit von Beschlussmängelstreitigkeiten, ZGR 2010, 733–750, 749; *Hilmar Raeschke-Kessler*, 60 Jahre höchstrichterliche Rechtsprechung zur Schiedsfähigkeit von Beschlussmängelstreitigkeiten – und neue offene Fragen, in: Mathias Habersack, Peter Hommelhoff (Hg.), Festschrift für Wulf Goette zum 65. Geburtstag, 2011, 381–395, 392 und *Harm Peter Westermann*, Zur personellen und sachlichen Reichweite von Schiedsvereinbarungen über gesellschaftsrechtliche Streitigkeiten, ebenda 601–615, 602 und 606.

14 Vgl. den Titel eines Beitrages von *Stacy I. Strong*, Germany's Answer to Class Arbitration: Collective Arbitration Under the DIS Supplemtary Rules for Corporate Law Disputes, Transnational Dispute Resolution 2 (2011), im Internet unter http://www.transnational-dispute-management.com/article.asp?key=1706 (zuletzt besucht am 7. Juni 2015).

15 Boletín Oficial del Estado 2008, 11072–11086.

betreffen, aber auf ein- und demselben Sachverhalt beruhen, ein Sammelverfahren durchzuführen[16]. Bis 2013 war indes kein einziges Schiedserfahren auf dieser Grundlage eröffnet worden[17].

3. Der *Abaclat*-Fall des ICSID

Ein wahres Massenverfahren mit ungefähr 60.000 Beteiligten auf Klägerseite lag dem Spruch eines Schiedsgerichts des International Centre ort he Settlement of Investment Disputes (ICSID) in Sachen *Abaclat v. The Argentine Republic*[18] zugrunde. Die Kläger in dem bis heute nicht abgeschlossenen Verfahren sind – überwiegend in Italien ansässige – Inhaber argentinischer Staatsanleihen, die nach dem Staatsbankrott Ende 2001 die Austauschangebote im Rahmen der Restrukturierung der argentinischen Staatsschuld nicht angenommen haben und auf der Einhaltung der ursprünglichen Anleihebedingungen beharren. Die ICSD Convention von 1966 enthält keine Regelungen zu Kollektivverfahren. Die Kläger suchten dennoch die Durchführung eines solchen Verfahrens zu erzwingen, um ihre Ansprüche gemeinsam durchsetzen zu können.

Die Kläger erteilten dazu einer Anwaltskanzlei individuelle Prozessvollmachten; zugleich bevollmächtigten sie die von italienischen Banken zu diesem Zweck gegründete Task Force Argentina, das Verfahren zu koordinieren und die mandatierten Anwälte zu steuern[19]. Im Ausgangspunkt handelte es sich demnach um eine bloße subjektive Klagehäufung auf Klägerseite. Dadurch, dass die Kläger

---

16 *Stacy I. Strong*, Class, Mass, and Collective Arbitration in National and International Law, 2013, 101–104; der Beitrag von *Bernardo M. Cremades, Rodrigo Cortés*, Class Actions and Arbitration Procedures – Spain, in: Philippe Billiet (Hg.), Class Arbitration in the European Union, 2012, 153–172 war mir nicht zugänglich.

17 *Strong* (Fn. 16) 19; nach *Iris Benöhr, Franziska Weber*, Consumer ADR in Selected Member States: Spain, in: Christopher Hodges u. a. (Hg.), Consumer ADR in Europe, 2012, 209–228, 215 wurde in einem Fall ein Kollektivverfahren beantragt; die Durchführung scheiterte an der Weigerung des beklagten Unternehmers, das Kollektivverfahren zu akzeptieren.

18 *Abaclat and Others v. The Argentine Republic*, ICSID Case No. ARB/07/5, Decision on Jurisdiction and Admissibility (4. August 2011), im Internet verfügbar unter https://icsid.worldbank.org/ICSID/FrontServlet?requestType=CasesRH&actionVal=showDoc&docId=DC5312_En&caseId=C95 (zuletzt besucht am 7. Juni 2015).

19 Zum Sachverhalt *Abaclat* (Fn. 18) Rn. 75–91; vgl. auch *Jessica Beess und Chrostin*, Sovereign Debt Restructuring and Mass Claims Arbitration before the ICSID, The *Abaclat* Case, Harvard International Law Journal, 53 (2012) 505–517, 505 ff.; *Jan Asmus Bischoff*, Völkerrechtliche Rechtsbehelfe beim Staatsbankrott, WM 2012, 1371–1374, 1371.

nicht nur gemeinsame Prozessvertreter ernannten, sondern auch die eigentlich ihnen selbst als Parteien zukommenden Rechte zur Teilnahme am Verfahren und zur Erteilung von Weisungen an die Anwälte an die Task Force Argentina übertrugen, erhielt die Task Force, ein nicht eingetragener Verein italienischen Rechts, jedoch eine ähnliche Stellung wie der *class representative* in einem Sammelverfahren US-amerikanischen Typs[20].

Unter den zahlreichen Einwänden, die Argentinien gegen die Zulässigkeit des Schiedsverfahrens vorbrachte[21], war auch das Argument, die ICSD Convention lasse ein Massenverfahren in der von den Klägern angestrebten Form nicht zu[22]. Gegen das Sondervotum des von argentinischer Seite benannten Schiedsrichters[23] entschied die Mehrheit des Schiedsgerichts zugunsten der Kläger. Der Vorsitzende und der von den Klägern benannte Schiedsrichter führten aus, die Kläger, deren Beteiligungsrechte durch das Sammelverfahren erheblich eingeschränkt würden[24], hätten sich mit dem Sammelverfahren einverstanden erklärt[25]. Ein Einverständnis des beklagten Staates mit der Durchführung eines Sammelschiedsverfahrens sei nicht erforderlich. Für Argentinien als Beklagte sei das Sammelverfahren weniger belastend als die Durchführung von mehreren zehntausend Einzelverfahren[26]. Die Gewährung effektiven Rechtsschutzes für die Kläger sei zudem nur durch das Sammelverfahren möglich[27].

Die Entscheidung des Schiedsgerichts über seine Zuständigkeit ist nicht selbständig anfechtbar. Ein Antrag auf Annullierung des Schiedsspruches gemäß Art. 52 der ICSD Convention kann nur gegen einen das Verfahren abschließenden

---

20 *Abaclat* (Fn. 18) Rn. 486–488; *Donald Francis Donovan*, Abaclat and other v Argentine Republic As a Collective Claims Proceeding, ICSID Review 27 (2012) 261–267, 263; *Strong* (Fn. 16) 78.

21 Vgl. zu den sonstigen Problemen des Falles *Bischoff*, WM 2012, 1373.

22 *Abaclat* (Fn. 18) Rn. 234 (i)–(iii); vgl. auch *Otto Sandrock*, Ersatzansprüche geschädigter deutscher Inhaber von griechischen Staatsanleihen, RIW 2012, 429–456, 442.

23 *Abaclat and Others v. The Argentine Republic*, ICSID Case No. ARB/07/5, Decision on Jurisdiction and Admissibility, Dissenting Opinion (28. Oktober 2011), im Internet verfügbar unter https://icsid.worldbank.org/ICSID/FrontServlet?requestType=CasesRH&actionVal=showDoc&docId=DC5313_En&caseId=C95 (zuletzt besucht am 7. Juni 2015).

24 *Abaclat* (Fn. 18) Rn. 546.

25 *Abaclat* (Fn. 18) Rn. 465; *Beess und Chrostin*, Harvard International Law Journal 53 (2012) 513.

26 *Abaclat* (Fn. 18) Rn. 545; *Beess und Chrostin*, Harvard International Law Journal 53 (2012) 515.

27 *Abaclat* (Fn. 18) Rn. 537.

Schiedsspruch gestellt werden[28]. Da die Sachentscheidung des Schiedsgerichts noch aussteht, lässt sich folglich nicht absehen, ob die Entscheidung zur Zulässigkeit des Massenverfahrens Bestand haben und welche Präzedenzwirkung von ihr ausgehen wird. Sofern sich die Auffassung der Schiedsrichtermehrheit in der Sache *Abaclat* durchsetzt, wäre damit für Privatanleger ein sehr effizientes Verfahren zur Durchsetzung von Ansprüchen aus Staatsanleihen geschaffen. Es wäre daher damit zu rechnen, dass Massenverfahren nach dem Muster von *Abaclat* eine häufige Erscheinung werden. Zugleich wäre die Restrukturierung von Staatsschulden erheblich erschwert[29].

Ungeachtet der großen Unterschiede zeigen die Entwicklungen in Deutschland, Spanien und beim ICSID, dass kollektive Schiedsverfahren trotz aller damit verbundenen Schwierigkeiten in bestimmten Situationen als sachgerechter Mechanismus zur Konfliktlösung angesehen werden[30]. Schon deshalb lohnt sich eine intensivere Beschäftigung mit dem Recht der USA, denn im Mutterland der *class action* vor staatlichen Gerichten haben auch kollektive Schiedsverfahren größere praktische Bedeutung erreicht als in anderen Ländern. Daher soll im folgenden Abschnitt die Entwicklung der *class arbitration* in den USA nachgezeichnet werden.

III. Insbesondere: *Class arbitration* in den USA

Die Geschichte der Sammelschiedsverfahren in den USA beginnt im Wesentlichen erst im Jahr 2003[31]. In diesem Jahr fiel die Entscheidung des *US Supreme Court* in Sachen *Green Tree Financial Corp. v. Bazzle*[32].

1. Bazzle

Der *Bazzle*-Entscheidung lag eine Schiedsvereinbarung zugrunde, die sich zur Möglichkeit eines Kollektivverfahrens nicht verhielt. Das Urteil des Supreme Court bezog sich auf zwei verschiedene Ausgangsverfahren mit unterschiedlichem Prozessverlauf: In beiden Fällen war eine Klage bei einem staatlichen Gericht

---

28 *Georgios Petrochilos, Silvia Noury, Daniel Kalderinis*, in: Loukas Mistelis (Hg.), Concise International Arbitration, 2010, Art. 52 ICSD Convention, Anm. 2.

29 *Beess und Chrostin*, Harvard International Law Journal 53 (2012) 516 f.

30 Vgl. zu entsprechenden Ansätzen in anderen Ländern *Strong* (Fn. 16) 14 f.

31 Allerdings gab es schon seit den 1980er Jahren Ansätze zur Entwicklung von *class arbitrations*, vgl. die Nachweise bei *Stacy I. Strong*, Enforcing class arbitration in the international sphere: due process and public policy concerns, University of Pennsylvania Journal of International Law 30/1 (2008) 1–100, 3 Fn. 3.

32 *Bazzle*, 539 U.S. 444 (2003).

eingereicht und die Zulassung als *class action* beantragt worden. Die Beklagte verlangte jeweils unter Berufung auf die Schiedsvereinbarung die Unterbrechung des Prozesses und die Durchführung eines Schiedsverfahrens. Im ersten Ausgangsfall ließ das Gericht die Klage zunächst als *class action* zu und gab dann dem Antrag auf Durchführung des Schiedsverfahrens (für die gesamte von der Klage erfasste Kläger-Klasse) statt. Im zweiten Fall wurde dem Antrag auf Unterbrechung des staatlichen Gerichtsverfahrens und Durchführung des Schiedsverfahrens stattgegeben, ohne dass das staatliche Gericht über den Antrag auf Zulassung als *class action* entschieden hatte. Der Schiedsrichter entschied daraufhin selbst, die Klage als *class action* zuzulassen. In beiden Fällen erging ein Schiedsspruch, der Geltung für die gesamte Kläger-Klasse beanspruchte.

Der *US Supreme Court* hob das Urteil des *South Carolina Supreme Court* auf, mit dem dieser die Zulässigkeit der *class arbitration* in beiden Fällen bestätigt und Angriffe gegen die Schiedssprüche für unbegründet erklärte hatte. Aus Sicht des *US Supreme Court* war es Sache des Schiedsgerichts und nicht der staatlichen Gerichte, über die Zulässigkeit eines Kollektivverfahrens aufgrund der konkreten Schiedsvereinbarung zu entscheiden.

Da im ersten Ausgangsfall das staatliche Gerichte die Klage als *class action* zugelassen und erst dann das weitere Verfahren dem Schiedsgericht überlassen hatte und im zweiten Fall nicht ausgeschlossen werden konnte, dass der Schiedsrichter sich an die Auslegung der Schiedsvereinbarung durch das staatliche Gericht im ersten Fall gebunden fühlte, waren vier der neun Richter des Obersten Gerichtshofs der Vereinigten Staaten der Auffassung, das Urteil des *South Carolina Supreme Court* müsse aufgehoben und dem Schiedsrichter Gelegenheit gegeben werden, erneut darüber zu entscheiden, ob die Schiedsvereinbarung dahin auszulegen war, dass sie eine *class arbitration* zuließ[33].

Ein fünfter Richter (Justice Stevens) war der Meinung, das Urteil des *South Carolina Supreme Court* sei zu bestätigen. Er schloss sich dennoch der Meinung seiner vier Kollegen an, um eine Mehrheit im Gericht für die prinzipiell *class arbitration*-freundliche Sicht zu sichern[34].

Drei weitere Richter, angeführt von Chief Justice Rehnquist, waren hingegen der Ansicht, die Schiedsvereinbarung lasse sich nicht so auslegen, dass sie ein Kollektivverfahren zulasse und votierten aus diesem Grund für die Aufhebung der Schiedssprüche[35]. Der letzte verbleibende Richter (Justice Thomas) sprach sich für

---

33 *Bazzle*, 539 U.S. auf 451–454.

34 *Bazzle*, 539 U.S. auf 454 f. (*concurring opinion* von Stevens, J.).

35 *Bazzle*, 539 U.S. auf 459 (*dissenting opinion* von Rehnquist, C.J.).

die Aufrechterhaltung des Urteils des *South Carolina Supreme Court* aus, begründete dies jedoch damit, dass er die Vorschriften des *Federal Arbitration Act* für unanwendbar hielt[36]. Er nahm also zu der Sachfrage, ob und unter welchen Voraussetzungen eine Schiedsvereinbarung die Durchführung einer *class arbitration* erlaubt, nicht Stellung.

Angesichts dieser verschiedenen Sichtweisen war der Präzedenzwert der Entscheidung begrenzt. Klar war nur, dass eine Mehrheit der Richter der Ansicht war, dass *class arbitration* prinzipiell zulässig ist.

Die durch *Bazzle* eröffnete Möglichkeit zur Durchführung von kollektiven Schiedsverfahren wurde von den Schiedsinstitutionen aufgegriffen. Im Anschluss an die Entscheidung veröffentlichte die *American Arbitration Association* besondere Regeln für Sammelschiedsverfahren[37]. Seit 2005 existieren solche Regeln auch für die private Schiedsinstitution JAMS[38].

Da von der neuen Verfahrensform in erheblichem Umfang Gebrauch gemacht wurde, erhielt der Oberste Gerichtshof alsbald Gelegenheit, zu den in der *Bazzle*-Entscheidung offen gebliebenen Fragen Stellung zu nehmen.

2. Anforderungen an die Schiedsvereinbarung

Vor allem ging es mehrfach um die Frage, unter welchen Voraussetzungen ein Schiedsgericht ermächtigt ist, ein Kollektivverfahren durchzuführen. Regelmäßig enthalten Schiedsvereinbarungen – wie auch die Schiedsvereinbarung in der Sache *Bazzle* – keine Klausel, die eine *class arbitration* ausdrücklich zulässt. Es muss also entschieden werden, ob ein Kollektivverfahren bei Fehlen einer ausdrücklichen Bestimmung grundsätzlich zulässig oder unzulässig ist.

a) Stolt-Nielsen

Die erste Gelegenheit zu einer weiteren Klärung bot sich dem Obersten Gerichtshof im Jahr 2010 mit der Entscheidung des Falles *Stolt-Nielsen S.A. v. AnimalFeeds*

---

36 *Bazzle*, 539 U.S. auf 460 (*dissenting opinion* von Thomas, J.).

37 Im Internet einsehbar unter: http://www.adr.org/aaa/ShowPDF?url=/cs/groups/commercial/documents/document/dgdf/mda0/~edisp/adrstg_004129.pdf (zuletzt besucht am 7. Juni 2015).

38 *Strong* (Fn. 16) 35 mit Fn. 43. Die aktuelle Fassung der JAMS Class Action Procedures von 2009 ist im Internet verfügbar unter http://www.jamsadr.com/files/Uploads/Documents/JAMS-Rules/JAMS_Class_Action_Procedures-2009.pdf (zuletzt besucht am 7. Juni 2015).

International Corp.[39] In dieser Entscheidung ging es um den Vorwurf von Kartellrechtsverstößen mehrerer Reedereien zum Nachteil ihrer Kunden, die Schiffe von ihnen charterten. Die jeweils verwendete Charterpartie enthielt eine Schiedsklausel, die die Möglichkeit eines Sammelschiedsverfahrens nicht erwähnte. Gleichwohl verlangte das klagende Unternehmen die Durchführung eines Sammelschiedsverfahrens, in dem es alle geschädigten Charterer repräsentieren wollte. Das Schiedsgericht folgte dem Antrag, gab aber vor Durchführung des Verfahrens – im Einklang mit den Regeln der *American Arbitration Association* für *class arbitrations* – den Parteien Gelegenheit, die Entscheidung zugunsten des Sammelschiedsverfahrens (*Clause Construction Award*) vor den staatlichen Gerichten anzugreifen.

Die Reeder beantragten vor den staatlichen Gerichten die Aufhebung des *Clause Construction Award*. Sie hatten beim Obersten Gerichtshof Erfolg. Der *Supreme Court* begründete seinen Standpunkt maßgeblich damit, dass beide Parteien vor dem Schiedsgericht erklärt hatten, die Schiedsklausel „schweige" zur Frage eines Sammelschiedsverfahrens und dass der Rechtsvertreter des klagenden Unternehmens (der für die Durchführung einer *class arbitration* plädierte), erläutert hatte, diese Erklärung sei so zu verstehen, dass die Parteien keine Einigung über die Möglichkeit eines Sammelschiedsverfahrens erzielt hätten. Dieser nachträglichen Erklärung maß eine Mehrheit von fünf Richtern des *Supreme Court* die Bedeutung einer authentischen Auslegung der Schiedsklausel bei[40]. Daher wurde der *Clause Construction Award* gemäß § 10(a)(4) des *Federal Arbitration Act* (= 9 U.S.C. § 10(a)(4)) aufgehoben[41].

Nach 9 U.S.C. § 10(a)(4) ist ein Schiedsspruch aufzuheben, wenn das Schiedsgericht seine Befugnisse überschritten hat. Der Aufhebungsgrund wird relativ weit verstanden: Die Vorschrift erfasst nicht nur Fälle, die im deutschen Schiedsverfahrensrecht unter § 1059 Abs. 1 Nr. 1 c) ZPO (Überschreitung der Grenzen der Schiedsvereinbarung) fallen, sondern auch Verfahrensverstöße im Sinne von § 1059 Abs. 1 Nr. 1 d) ZPO[42].

Nach Auffassung der Richtermehrheit des *Supreme Court* hatte das Schiedsgericht mit der Durchführung eines Sammelschiedsverfahrens seine Befugnisse überschritten, weil es aufgrund des Zugeständnisses der Klägerseite zum „Schweigen" der Schiedsvereinbarung ausgeschlossen war, der Schiedsvereinbarung eine Grundlage für die Durchführung des Kollektivverfahrens zu entnehmen.

---

39 559 U.S. 662 (2010); vgl. dazu auch *Strong* (Fn. 16) 186 f.

40 Kritisch dazu die *dissenting opinion* von Ginsburg, J., 559 U.S. auf 695.

41 *Stolt-Nielsen*, 559 U.S. auf 687.

42 Vgl. etwa *Szuts v. Dean Witter Reynolds, Inc.*, 931 F.2d 830 (11th. Cir. 1991) (fehlerhafte Besetzung des Schiedsgerichts).

Da die Entscheidung in *Stolt-Nielsen* auf den Erklärungen der Parteien vor dem Schiedsgericht zum „Schweigen" ihrer Schiedsvereinbarung und der dazu vom Anwalt der Klägerseite vor dem staatlichen Gericht gegebenen Erläuterung beruhte, ist ihr Wert als Präzedenzfall gering. Letztlich bleibt offen, ob ein Schiedsgericht befugt ist, aufgrund einer Schiedsklausel, die nicht ausdrücklich zur Durchführung einer *class arbitration* ermächtigt, ein Kollektivverfahren durchzuführen.

b) *Sutter*

Im Sommer 2013 hatte der *Supreme Court* wiederum Gelegenheit, zu dieser Frage Stellung zu nehmen. In der Entscheidung *Oxford Health Plans LLC v. Sutter* vom 10. Juni 2013[43] ging es erneut um eine Schiedsklausel, die sich zur Frage einer *class arbitration* nicht verhielt. Ein Kinderarzt machte geltend, die Versicherung habe ärztliche Leistungen regelmäßig nicht vollständig entgolten. Ungeachtet der Schiedsklausel reichte der Arzt eine Klage bei den staatlichen Gerichten von New Jersey ein und beantragte deren Zulassung als *class action*. Nachdem das staatliche Gericht auf Antrag des beklagten Versicherers den Prozess zugunsten der Durchführung des Schiedsverfahrens unterbrochen hatte, beauftragten die Parteien den ausgewählten Schiedsrichter einvernehmlich damit, zunächst zu entscheiden, ob die Schiedsabrede eine *class arbitration* zulasse. Der Schiedsrichter kam zu dem Schluss, dies sei der Fall.

Die beklagte Krankenversicherung beantragte bei den staatlichen Gerichten die Aufhebung des Schiedsspruchs. Unter Berufung auf die Entscheidung *Stolt-Nielsen* vertrat sie die Auffassung, der Schiedsrichter habe mit der Entscheidung für ein Kollektivverfahren im Sinne von 9 U.S.C. § 10(a)(4) seine Kompetenzen überschritten.

Der *Supreme Court* wies mit sieben zu zwei Stimmen[44] diesen Einwand zurück und ließ den Schiedsspruch bestehen. Zur Begründung stützte sich das Gericht maßgeblich auf den Umstand, dass die Parteien es einvernehmlich dem Schiedsrichter überlassen hatten, die Schiedsvereinbarung auszulegen und zu entscheiden, ob sie ein Kollektivverfahren zuließ. Daher müsse es nun auch die beklagte Krankenversicherung hinnehmen, dass die Entscheidung für das Kollektivverfahren gefallen sei.

---

43 133 S. Ct. 2064 (2013). Zum Abdruck vorgesehen in 569 U.S.

44 Vgl. das Minderheitsvotum von Justice Alito, dem sich Justice Thomas anschloss: *Sutter*, 133 S. Ct. auf 2071.

In einer Fußnote[45] deutete Justice Kagan, welche die von der Mehrheit der Richter getragene *opinion* verfasste, an, dass die Entscheidung möglicherweise anders ausgefallen wäre, wenn die Krankenversicherung von Anfang an geltend gemacht hätte, dass sie die Zulässigkeit eines Kollektivverfahrens als *question of arbitrability* ansehe.

Mit diesem Hinweis spielt Justice Kagan auf eine Unterscheidung an, die der *Supreme Court* bei der Beurteilung der Frage vornimmt, ob ein Schiedsspruch aufzuheben ist, weil das Schiedsgericht im Sinne von 9 U.S.C. § 10(a)(4) seine Befugnisse überschritten hat. Wenn es um die Frage der *arbitrability* geht, unterliegt der Schiedsspruch der vollen Nachprüfung durch die staatlichen Gerichte. Der Begriff der *arbitrability* ist weiter als der Begriff der Schiedsfähigkeit im deutschen Recht[46]. Er umfasst alle Fragen, die nach dem Willen der Parteien nicht vom Schiedsgericht, sondern vom staatlichen Gericht abschließend entschieden werden sollen[47]. Dazu gehört im Allgemeinen insbesondere die Frage, ob der dem Schiedsgericht vorgelegte Rechtsstreit überhaupt von einer wirksamen Schiedsvereinbarung erfasst wird. Da die Letztentscheidung nach dem Willen der Parteien beim Gericht liegen soll, unterliegen schiedsgerichtliche Entscheidungen zu Fragen der *arbitrability* uneingeschränkt der Nachprüfung der Gerichte[48].

Steht hingegen fest, dass die Parteien eine Frage durch das Schiedsgericht entscheiden lassen wollten, so kommt eine Aufhebung nach 9 U.S.C. § 10(a)(4) nur dann in Betracht, wenn die Entscheidung ihren wesentlichen Gehalt nicht aus dem Schiedsvertrag ableitet, sondern lediglich Vorstellungen des Schiedsgerichts von Gerechtigkeit widerspiegelt[49]. Soweit es auch nur vertretbar ist, die Entscheidung als Auslegung der Schiedsklausel aufzufassen, wird sie – selbst bei schwersten Mängeln – vom staatlichen Gericht akzeptiert[50].

Letztlich ist es demnach Sache der Parteien, welche Fragen dem Bereich der *arbitrability* zuzuordnen sind. Auch die Frage, ob überhaupt eine wirksame Schiedsvereinbarung vorliegt, kann dem Schiedsgericht überlassen werden, dessen Entscheidung dann nur eingeschränkt nachprüfbar ist.

---

45 *Sutter*, 133 S. Ct. auf 2068 Fn. 2.

46 *Tilman Niedermaier*, Schieds- und Schiedsverfahrensvereinbarungen in strukturellen Ungleichgewichtslagen, 2013, 158.

47 Vgl. *Howsam v. Dean Witter Reynolds, Inc.*, 537 U.S. 79, 82 (2002).

48 *First Options of Chicago*, Inc. *v. Kaplan*, 514 U.S. 938, 943 (1995).

49 *Sutter*, 133 S. Ct. auf 2068.

50 So *Sutter*, 133 S. Ct. auf 2068 unter Berufung auf *United Paperworkers International Union, AFL-CIO v. Misco, Inc.*, 484 U.S. 29, 30 (1987).

Indem Justice Kagan erwägt, die Zulässigkeit eines Kollektivverfahrens als *question of arbitrability* zu behandeln, wirft sie die Frage auf, ob das Fehlen einer Ermächtigung zur *class arbitration* in der Schiedsvereinbarung ebenso zu behandeln ist wie das Fehlen einer den konkreten Rechtsstreit erfassenden Schiedsvereinbarung überhaupt. Letztlich steht hinter dem Zweifel, ob es sich um eine *question of arbitrability* handelt, die Frage, ob ein Sammelschiedsverfahren im Vergleich zu einem individuellen Schiedsverfahren nur ein abweichend ausgestaltetes Verfahren ist oder ob es einen Konfliktlösungsmechanismus völlig anderen Typs darstellt. Nimmt man Letzteres an, so steht die Zustimmung der Parteien zum Sammelverfahren auf derselben Ebene wie die Zustimmung zum Schiedsverfahren überhaupt.

Wie der *Supreme Court* diese Frage bei Fehlen besonderer Vereinbarungen beantworten würde, bleibt jedoch letztlich offen, weil die Parteien die Entscheidung der Zulässigkeit dem Schiedsgericht überlassen und damit festgelegt hatten, dass die Frage nicht als *question of arbitrability* behandelt werden sollte.

Sowohl im Fall *Stolt-Nielsen* wie in Sachen *Sutter* stützte sich der *Supreme Court* maßgeblich auf Besonderheiten des Einzelfalles. In *Stolt-Nielsen* hatte die Konzession der Klägerseite zum „Schweigen" der Schiedsvereinbarung es ausgeschlossen, die Entscheidung für die Durchführung des Kollektivverfahrens als vertretbare Auslegung der Schiedsvereinbarung zu akzeptieren. In *Sutter* hatte sich umgekehrt die beklagte Versicherung dadurch, dass sie sich damit einverstanden erklärte, die Frage (zunächst) vom Schiedsgericht entscheiden zu lassen, die Möglichkeit abgeschnitten, die Frage als *question of arbitrability* von den staatlichen Gerichten prüfen zu lassen.

Auch die neueste Entscheidung des *Supreme Court* bringt keine volle Klarheit. Sicher dürfte nur sein, dass eine Schiedsvereinbarung, die ausdrücklich die Möglichkeit der *class arbitration* ausschließt oder – entsprechend der Vereinbarung der Parteien im Fall *Stolt-Nielsen* – festhält, dass zur *class arbitration* keine Einigung erzielt wurde, keinen Raum für ein Sammelschiedsverfahren lässt. Ob es auf der Grundlage einer Schiedsvereinbarung, welche die *class arbitration* ausdrücklich weder ausschließt noch zulässt, möglich ist, ein Kollektivverfahren zu verhindern, wenn eine Prozesspartei der Entscheidung der Frage durch das Schiedsgericht widerspricht und sie – als *question of arbitrability* – vor die staatlichen Gerichte bringt, muss die weitere Entwicklung zeigen. Jedenfalls sind seit *Sutter* einige weitere Entscheidungen ergangen, die eine Entscheidung des Schiedsgerichts für die Durchführung eines Kollektivverfahrens für zulässig halten[51].

---

51 *Southern Communications Services, Inc. v. Thomas*, 720 F.3d 1352, 1358 (11th Cir. 2013); *Hendricks v. UBS Financial Services, Inc.*, 546 F. App'x 514, 518; vgl. auch noch *Emilio*

3. Ausschluss von kollektiven Rechtsbehelfen

Steht nach der Sutter-Entscheidung fest, dass der Ausschluss von *class arbitration* durch Vereinbarung möglich ist, so ist damit noch nicht gesagt, dass eine solche Vereinbarung in jedem Fall zulässig ist. Eine Reihe von Entscheidungen widmet sich der Frage, ob es möglich ist, den Rückgriff auf kollektive Rechtsbehelfe vor staatlichen Gerichten und Schiedsgerichten vollständig auszuschließen. Dies wird teilweise dann für unzulässig gehalten, wenn die Rechtsverfolgung im Rahmen von individuellen Verfahren ökonomisch sinnlos ist.

a) Discover Bank und Gentry

Das Oberste Gericht von Kalifornien (California Supreme Court) hatte sich im Jahr 2005 in der Entscheidung *Discover Bank v. Superior Court*[52] auf den Standpunkt gestellt, eine Klausel in allgemeinen Geschäftsbedingungen, durch die der Kunde auf die Geltendmachung kollektiver Rechtsbehelfe verzichte, sei nach kalifornischem Recht unwirksam. Der klagende Bankkunde hatte zunächst eine *class action* vor dem staatlichen Gericht eingereicht. Die beklagte Discover Bank verwies demgegenüber auf eine mit dem Kunden vereinbarte Schiedsklausel und machte geltend, das Schiedsverfahren müsse als Individualverfahren geführt werden, da die Schiedsklausel *class arbitration* ausdrücklich ausschloss.

Das Oberste Gericht Kaliforniens führte aus, eine Vereinbarung, die sowohl *class actions* vor staatlichen Gerichten als auch *class arbitration* im Verhältnis zwischen Bankkunden und Bank ausschließe, wirke wie ein Haftungsausschluss zugunsten der Bank, weil er die Verfolgung von Ansprüchen wegen individuell geringer Schäden, die einer Vielzahl von Betroffenen zugefügt wurden (Streuschäden), praktisch unmöglich mache. Daher sei eine entsprechende Klausel in allgemeinen Geschäftsbedingungen sittenwidrig (*unconscionable*) und unwirksam[53].

Der kalifornische Court of Appeal als Vorinstanz war dagegen noch der Auffassung, die Nichtanwendung der Schiedsklausel aufgrund der kalifornischen *doctrine of unconscionability* verstoße gegen amerikanisches Bundesrecht. Denn nach § 2 des *Federal Arbitration Act* (9 U.S.C. § 2) müsse eine von den Parteien vereinbarte Schiedsklausel von den Gerichten respektiert werden. Allerdings sieht § 2 ausdrücklich vor, dass Unwirksamkeitsgründe, die für Verträge aller Art gelten, auch

---

v. Sprint Spectrum L.P., 582 Fed. App'x 63, 64 (2d Cir. 2014); anders aber *Reed Elsevier, Inc. ex rel. LexisNexis Div. v. Crocket*, 734 F.3d 594, 598 (11th Cir. 2013); *Opalinski v. Robert Half International, Inc.*, 761 F.3d 326, 334 (3d Cir. 2014).

52 113 P.3d 1100 (Cal. 2005).

53 *Discover Bank* auf 1108 f.

auf Schiedsklauseln angewendet werden und zu deren Nichtbeachtung führen dürfen. Da der U.S. Supreme Court in einer früheren Entscheidung die Grundsätze über die Unwirksamkeit von Allgemeinen Geschäftsbedingungen wegen *unconscionability* ausdrücklich (aber *obiter*) als solche allgemeine Regeln des Vertragsrechts angesehen hatte[54], trat das Oberste Gericht der Auffassung des Court of Appeal entgegen und erklärte den Verzicht auf *class arbitration* nach kalifornischem Recht für unwirksam[55].

In einer weiteren Entscheidung aus dem Jahr 2007 in Sachen *Gentry v. Superior Court* gelangte der California Supreme Court für eine Schiedsklausel in einem Arbeitsvertrag zu einem ähnlichen Ergebnis: Soweit die Schiedsklausel die Durchführung eines Sammelverfahrens verbot, durfte sich der Arbeitgeber nicht auf sie berufen[56]. Dies wurde allerdings – anders als in der *Discover Bank*-Entscheidung in Bezug auf Verbraucherverträge – nicht mit der generellen *unconscionability* des Verzichts auf *eine class action* begründet, sondern damit, dass es in der Klage um die Durchsetzung eines unabdingbaren gesetzlichen Arbeitnehmerrechts (Recht auf Bezahlung von Überstunden) ging. Weil die Arbeitnehmer auf ihr Recht auf Bezahlung von Überstunden nicht vertraglich verzichten konnten, sollte es auch nicht möglich sein, die prozeduralen Möglichkeiten zur Durchsetzung dieses Rechts durch eine Vereinbarung im Arbeitsvertrag erheblich einzuschränken.

b) Concepcion

Dieser Argumentation trat der *U.S. Supreme Court* in seiner Entscheidung *AT&T Mobility LLC v. Concepcion*[57] entgegen. Dem Fall lag eine Klage von Verbrauchern gegen ihren Mobilfunkanbieter auf Schadensersatz wegen irreführender Werbung zugrunde. Der Vertrag mit dem Mobilfunkanbieter enthielt eine Schiedsklausel und schloss *class arbitration* ausdrücklich aus. Damit war den Verbrauchern – wie den Bankkunden im Fall *Discover Bank* – sowohl der Weg zur *class action* als auch zur *class arbitration* versperrt. Die Verbraucher beriefen sich auf die Nichtigkeit der Schiedsklausel wegen *unconscionability* nach allgemeinem kalifornischem Vertragsrecht. Die Vorinstanzen gaben ihnen unter Berufung auf *Discover Bank* Recht. Der U.S. Supreme Court entschied jedoch mit 5:4 Stimmen, die Regel des

---

54 *Doctor's Associates v. Casarotto*, 517 U.S. 681, 686 (1996).

55 *Discover Bank*, 113 P.3d auf 1111 f.

56 *Gentry v. Superior Court*, 165 P.3rd 556 (Cal. 2007).

57 131 S. Ct. 1740 (2011); dazu auch *Stephan Wilske, Lars Markert*, Entwicklungen in der internationalen Schiedsgerichtsbarkeit im Jahr 2011 und Ausblick auf 2012, SchiedsVZ 2012, 58–66, 64 und eingehend *Strong* (Fn. 16) 206–210.

kalifornischen Rechts zur *unconscionability* sei durch den Federal Arbitration Act verdrängt.

Für die Richtermehrheit war ausschlaggebend, dass sich der Charakter eines Schiedsverfahrens beim Übergang vom Individualverfahren zur *class arbitration* erheblich verändert. Das Verfahren muss notwendigerweise stärker formalisiert werden und wird dadurch schwerfälliger[58]. Wie Justice Antonin Scalia als Verfasser des Mehrheitsvotums ausführte, war es der Zweck des Federal Arbitration Act, den Parteien die Vereinbarung eines wenig formalisierten und deshalb schnellen Mechanismus zur Konfliktlösung zu ermöglichen[59]. Deshalb laufe es den Zwecken des Federal Arbitration Act zuwider, wenn das kalifornische Recht eine Vereinbarung unwirksam mache, die gerade auf die Erhaltung der Vorzüge des Schiedsverfahrens gerichtet sei[60].

Der California Supreme Court als höchstes Gericht des Staates Kalifornien musste sich der Entscheidung des obersten Bundesgerichts beugen[61]. Im Sommer 2014 erkannte der California Supreme Court in der Sache *Iskanian v. CLS Transportation Los Angeles, LLC*[62] ausdrücklich an, dass seine bisherige Rechtsprechung zur Unwirksamkeit von *class action waivers* in Verbindung mit Schiedsklauseln nicht mehr haltbar ist. Das kalifornische Gericht gestand ein, dass sowohl die Auffassung, der Verzicht auf kollektiven Rechtsschutz in Verbraucherverträgen sei generell *unconscionable*, als auch die Annahme, ein solcher Verzicht sei nicht durchsetzbar, sofern er die Durchsetzung unverzichtbarer gesetzlicher Arbeitnehmerrechte erschwere, durch die Entscheidung in Sachen *Concepcion* überholt sind. In einer anderen Entscheidung hielt das Gericht allerdings daran fest, dass auch nach *Concepcion* eine Schiedsklausel als *unconscionable* behandelt werden darf, sofern dies nicht abstrakt mit dem Verzicht auf bestimmte vor den staatlichen Gerichten bestehende verfahrensrechtliche Vorteile begründet wird, sondern mit der Ausgestaltung des Schiedsverfahrens im konkreten Einzelfall[63]. Ob sich aus dieser Rechtsprechung, die sich nicht unmittelbar auf einen *class action waiver* bezog, Ansatzpunkte dafür ergeben, den Verzicht auf *class actions* im Zusammenhang

58 *Concepcion*, 131 S. Ct. auf 1751.
59 *Concepcion*, 131 S. Ct. auf 1749.
60 *Concepcion*, 131 S. Ct. 1753.
61 Vgl. auch die Nachweise zu den Auswirkungen der *Concepcion*-Entscheidung bei *Strong* (Fn. 16) 210 Fn. 241.
62 327 P.3rd 129 (Cal. 2014).
63 *Sonic-Calabasas A, Inc. v. Moreno*, 311 P.3d 184 (Cal. 2013).

mit einer Schiedsklausel im Einzelfall doch noch als unzulässig zu behandeln, ist offen[64].

Die weitere Entwicklung in Kalifornien dürfte auch von den in Kürze zu erwartenden Entscheidungen des U.S. Supreme Court in Sachen *DIRECTV, Inc. v. Imburgia* und des kalifornischen Obersten Gerichts im Fall *Sanchez v. Valencia Holding Co., LLC* abhängen.

Im ersten Fall muss das höchste Bundesgericht entscheiden, ob der Vorrang des Federal Arbitration Act vor den kalifornischen Regeln über die Nichtigkeit wegen *unconscionability* auch dann zur Beachtung einer Schiedsklausel zwingt, wenn die Schiedsklausel selbst ausdrücklich auf kalifornisches Recht Bezug nimmt. Die Schiedsklausel stellte den Verzicht auf *class actions* unter den Vorbehalt, dass sie nicht durchsetzbar sein sollte, „[i]f … the law of your state would find this agreement to dispense with class arbitration procedures unenforceable". Daraus schloss ein kalifornisches Berufungsgericht, dass die Klausel ungeachtet der in der Concepcion-Entscheidung statuierten Unanwendbarkeit der einzelstaatlichen *unconscionability*-Lehre als *unconscionable* behandelt werden durfte[65].

Im zweiten Fall muss der California Supreme Court selbst entscheiden, ob die *Concepcion*-Entscheidung noch Raum für Einwände gegen die zugrunde liegende Schiedsklausel mit Verzicht auf kollektive Rechtsbehelfe lässt. Die Vorinstanz hatte – schon nach der *Concepcion*-Entscheidung des U.S. Supreme Court – die Schiedsvereinbarung als *unconscionable* angesehen, sich dabei aber auf die konkrete Ausgestaltung der Schiedsklausel gestützt[66].

c) *Italian Colors*

Da sich die Entscheidung in der Sache *Concepcion* mit dem Prinzip des Vorrangs von US-Bundesrecht vor dem Recht der Einzelstaaten erklären ließ, blieb einem Kläger, der einen kollektiven Rechtsbehelf verfolgen wollte, das Argument, der

---

64 Zu diesem Fall und zur weiteren Entwicklung *Lyra Haas*, The endless battleground: California's continued opposition to the Supreme Court's Federal Arbitration Act jurisprudence, Boston University Law Review 2014, 1419–1458, 1451 ff.

65 *Imburgia v. DIRECTV, Inc.*, 225 Cal. Rptr.3d 190 (Cal. Ct. App. 2014), cert. granted sub nom. *DIRECTV, Inc. v. Imburgia*, 145 S.Ct. 1547 (2015).

66 *Sanchez v. Valencia Holding Co. LLC*, 135 Cal. Rptr.3d 19 (Cal. Ct. App. 2012); dazu *Haas*, Boston University Law Review 2014, 1444–1447; vgl. auch die bundesgerichtlichen Entscheidunggen *In re Checking Account Overdraft Litigation MDL No. 2063*, 685 F.3d 1269 (11th Cir. 2012) und *Chavarria v. Ralphs Grocery Co.*, 733 F.3d 916 (9th Cir. 2013); dazu *William B. Rubinstein* in: Newberg on Class Actions, Bd. 2, 5. Auflage, Stand 2014, § 6:63.

Ausschluss von *class action* und *class arbitration* mache es unmöglich, eine bundesrechtliche Position durchzusetzen und sei deshalb unwirksam.

Im Juli 2014 wurde auch dieser Versuch, den vollständigen Ausschluss kollektiver Rechtsbehelfe durch die Verwendung von Schiedsklauseln zu verhindern, vom US Supreme Court verworfen.

Die Leitentscheidung in der Sache *American Express Co. v. Italian Colors Restaurant*[67] erging auf eine Klage von Geschäftsleuten, die American Express-Kreditkarten akzeptieren, gegen den Kreditkartenausgeber auf Schadensersatz wegen Verstößen gegen das Kartellrecht. Der Vertrag zwischen American Express Co. und den Karten akzeptierenden Unternehmen enthielt eine Schiedsklausel und den Ausschluss von *class arbitration*. Da das Kartellrecht bundesrechtlich geregelt ist, machten die Kläger geltend, der Ausschluss von Kollektivverfahren mache die Verfolgung bundesrechtlicher Ansprüche unwirtschaftlich und stelle deswegen einen unzulässigen und daher unwirksamen Verzicht auf die durch das US Kartellrecht gewährten Ansprüche dar.

Mit 5:3 Stimmen entschied der Supreme Court, dass der Ausschluss von Kollektivverfahren gleichwohl zulässig sei. Das Mehrheitsvotum stammt wiederum von Justice Antonin Scalia. Justice Scalia argumentiert rechtshistorisch. Die amerikanischen Kartellgesetze, der Sherman Act von 1890 und der Clayton Act von 1914[68], sind älter als die *class action*. Diese entwickelte sich erst seit den 1920er Jahren und beruht in ihrer heutigen Form auf Rule 23 der Federal Rules of Civil Procedure in der Fassung aus dem Jahr 1966[69]. Daher kann nach Ansicht der Richtermehrheit diesen Gesetzen nicht der Wille des Gesetzgebers entnommen werden, einen rechtsgeschäftlichen Verzicht auf kollektive Rechtsbehelfe zu verhindern[70].

Die spätere Einführung der *class action* durch die Federal Rules könne, so das Gericht weiter, nicht als Erweiterung der materiellrechtlichen Ansprüche von Kartellklägern verstanden werden, weil die Rules rein verfahrensrechtlichen Charakter haben und materielle Rechtsposition weder ändern dürfen noch

---

67 *American Express Co. v. Italian Colors Restaurant*, 133 S. Ct. 2304 (2013).

68 Zur Entwicklung der amerikanischen Kartellgesetzgebung *William E. Forbath*, Politics, State Building, and the Courts, in: Michael Grosberg, Christopher Tomlinson (Hg.), The Cambridge History of Laws in America, Bd. 2, 2008, 643–696, 658 ff.

69 Vgl. zur Entwicklung der modernen *class action Stephen C. Yeazell*, From Medieval Group Litigation to the Modern Class Action, 1987, 213–232 sowie *Lawrence M. Friedmann*, The Litigation Revolution, in: Michael Grosberg, Christopher Tomlinson (Hg.), The Cambridge History of Laws in America, Bd. 3, 2008, 175–194, 180.

70 *Italian Colors*, 133 S. Ct. auf 2309 und 2311.

ändern wollen[71]. Daher lässt sich nach Auffassung der Richtermehrheit keine bundesrechtliche Position konstruieren, hinter der die Regelungen des Federal Arbitration Act zurückstehen müssten. Erneut weist Justice Scalia auch auf die Wesensverschiedenheit von individuellen Schiedsverfahren und *class arbitration* hin[72].

Im Ergebnis war mit der Entscheidung in Sachen *Italian Colors* der Versuch gescheitert, aus der sonstigen amerikanischen Bundesgesetzgebung ein (unabdingbares) subjektives Recht auf die Durchführung eines Kollektivverfahrens vor staatlichen Gerichten oder privaten Schiedsgerichten herzuleiten und ungeachtet der vom Supreme Court gewählten Auslegung des Federal Arbitration Act die Unwirksamkeit eines vollständigen Verzichts auf kollektive Rechtsbehelfe zu begründen. Allerdings wurde dies maßgeblich mit der Entstehungszeit der Kartellgesetze begründet, auf welche sich die Kläger im konkreten Fall stützten. Damit bleibt es möglich, aus anderen Bundesgesetzen eine Einschränkung des Grundsatzes zu entnehmen, dass eine Schiedsklausel, die Kollektivverfahren ausschließt, nach § 2 des Federal Arbitration Act von den Gerichten zu beachten ist.

d) D. R. Horton

Das National Labor Relations Board ging in einer Entscheidung *D. R. Horton, Inc.* aus dem Jahr 2012 davon aus, dass Arbeitgeber, wenn sie von ihren Angestellten die Zustimmung zu einer Schiedsklausel im Arbeitsvertrag verlangen, durch die der Arbeitnehmer darauf verzichtet, seine Recht mit kollektiven Rechtsbehelfen durchzusetzen, gegen die Garantie der Koalitionsfreiheit in § 7 des National Labor Relations Act (29 U.S.C. § 157) verstoßen, weil auch kollektive Klagen zu den geschützten Formen gemeinschaftlichen Handelns (*concerted activities*) von Arbeitnehmern gehören. Es untersagte daher dem Arbeitgeber die Verwendung einer Schiedsklausel, die einen Verzicht auf Kollektivverfahren enthielt, als *unfair labor practice* im Sinne von § 8(a)(1) des National Labor Relations Act (29 U.S.C. § 158[a][1])[73].

Die Entscheidungen des National Labor Relations Board bedürfen zu ihrer zwangsweisen Durchsetzung der Vollstreckbarerklärung durch ein Bundesberufungsgericht. Die Vollstreckung der Entscheidung in der Sache *D. R. Horton* wurde vom 5th Circuit Court of Appeals unter Hinweis auf den Umstand verweigert, dass auch der National Labor Relations Act zu einer Zeit erlassen wurde, als es die

71 *Italian Colors*, 133 S. Ct. auf 2310.

72 *Italian Colors*, 133 S. Ct. auf 2312.

73 *I D. R. Horton, Inc.*, 357 N.L.R.B. No. 184 (2012).

class action in ihrer modernen Gestalt nicht gab[74]. Gleichwohl hielt das National Labor Relations Board auch nach dem *Italian-Colors*-Urteil des Supreme Court an seiner Rechtsauffassung fest[75].

Für die Administrative Law Judges, die eine Art von erstinstanzlicher Rechtsprechung über angebliche *unfair labor practices* ausüben, ist die Auffassung des National Labor Relations Board verbindlich. Sie verbieten daher nach wie vor die Verwendung von Schiedsklauseln mit Verzicht auf *class arbitration*[76]. Allerdings dürften kaum Chancen bestehen, dass eine solche Entscheidung für vollstreckbar erklärt wird. Überdies behandeln die ordentlichen Gerichte die vom National Labor Relations Board missbilligten Klauseln in Arbeitsverträgen als wirksam und ordnen daher auch bei arbeitsrechtlichen Sammelklagen auf die Schiedseinrede des Arbeitgebers die Durchführung eines individuellen Schiedsverfahrens an[77].

Angesichts der gegensätzlichen Auffassungen des National Labor Relations Board einerseits und der Instanzgerichte andererseits ist die Rechtslage im Hinblick auf arbeitsvertragliche Schiedsklauseln einstweilen unklar.

1. Die weitere Entwicklung

Ungeachtet der restriktiven Linie, die der Supreme Court in seinen neueren Entscheidungen verfolgt, hat das Verfahren der *class arbitration* in den USA weiterhin erhebliche praktische Bedeutung. Im *class action docket* der American Arbitration Association sind derzeit 414 abgeschlossene und laufende Verfahren verzeichnet. Nach den Entscheidungen in Sachen *Sutter* und *Italian Colors* im Sommer 2013 wurden 64 neue Verfahren anhängig gemacht[78].

Zum größten Teil betreffen die Verfahren arbeitsrechtliche Streitigkeiten, doch finden sich auch Klagen von Verbrauchern und Auseinandersetzungen zwischen Unternehmen. Die zugrunde liegenden Schiedsvereinbarungen enthalten regelmäßig keine Regelung der Frage, ob *class arbitration* zulässig sein soll. Offenbar sehen die Schiedskläger, die ein Sammelverfahren anstreben, weiterhin die

74 *D. R. Norton, Inc. v. NL.RB*, 737 F.3d 344, 362 (5th Cir. 2013).

75 *Murphy Oil USA, Inc.*, 361 N.L.R.B. No. 72 (2014).

76 Z. B. *Citi Trends, Inc.*, N.L.R.B. No. 10-CA-133697, 2015 WL 1009676 (Administrative Law Judge Ira Sandron, 9.3.2015); *JP Morgan Chase & Co.*, N.L.R.B. No. 02-CA-088471, 197 L.R.R.M. (BNA) 1524, 2013 WL 4499144 (Administrative Law Judge Steven Fish, 21.8.2013).

77 *Sutherland v. Ernst & Young LLP*, 726 F.3d 290 (2d Cir. 2013); *Walthour v. Chipio Windshield Repair, LLC*, 745 F.3d 1326 (11th Cir. 2014).

78 Im Internet unter https://www.adr.org/aaa/faces/services/disputeresolutionservices/casedocket? (zuletzt besucht am 7. Juni 2015).

Chance, das Schiedsgericht davon zu überzeugen, dass die Schiedsvereinbarung kollektiven Rechtsschutz zulässt, auch wenn sie auf diese Möglichkeit nicht ausdrücklich hinweist. Zumindest gelegentlich ist dies auch gelungen[79].

IV. Schlussfolgerungen

Angesichts der dynamischen Entwicklung der Rechtsprechung zur *class arbitration* ist die vorstehende Darstellung der amerikanischen Rechtslage nur eine Momentaufnahme, die schon bald überholt sein wird. Dennoch sind einige Schlussfolgerungen aus deutscher Sicht möglich:

1. Schiedsklausel als Schutz vor *class actions*

Auch nach den jüngsten Entscheidungen des U.S. Supreme Court ist in den USA die Tür zur *class arbitration* nicht verschlossen. Ein solches kollektives Schiedsverfahren ist jedoch nur möglich, wenn die Schiedsklausel nicht einen Verzicht auf kollektiven Rechtsschutz enthält. Eine Schiedsklausel, die einen solchen Verzicht enthält, ist wirksam und durchsetzbar und lässt dem Verzichtenden nur den Rechtsschutz in einem individuellen Schiedsverfahren. Allenfalls in gesondert gelagerten Fällen kann es nach den Entscheidungen des Supreme Court in Sachen *Concepcion* und *Italian Colors* noch dazu kommen, dass die Gerichte den *class action waiver* in Verbindung mit einer Schiedsklausel für unzulässig erklären. Demgegenüber genießt die Vereinbarung eines *class action waiver* außerhalb einer Schiedsvereinbarung nicht den besonderen Schutz des *Federal Arbitration Act* und dürfte daher nicht ohne weiteres möglich sein[80].

Die Vereinbarung einer Schiedsklausel mit *class action waiver* stellt also für Unternehmen einen wirksamen Schutz vor den gefürchteten *class arbitrations* dar. Dies ist auch für deutsche und andere ausländische Unternehmen, die in den USA tätig sind, ein wichtiges Ergebnis[81]. Allerdings können sich Unternehmen

---

79 Vgl. den *Clause Construction Award* in Sachen *Carlson v. Del Webb Communities, Inc.* vom 22. Dezember 2014, Nr. 31 20 1400 54 (Fleming, Arb.).

80 Zur Behandlung von *class action waivers* ohne Zusammenhang mit einer Schiedsvereinbarung nach kalifornischem Recht *America Online, Inc. v. Superior Court*, 108 Cal. Rptr.2d 699 auf S. 712 (Cal.App. 2001), vgl. auch *Thomas J. Stipanowich*, The Third Arbitration Trilogy: Stolt-Nielsen, Rent-a-Center, Concepcion and the Future of American Arbitration, American Review of International Arbitration 22 (2011) 323–434, 389.

81 Die Aufnahme eines *class action waiver* in die Schiedsvereinbarung empfahl schon 2005 *Volker Nienhsaber*, Negotiating Arbitration Clauses with U.S. Companies, SchiedsVZ 2005, 273–282, 280.

auf diesem Weg natürlich nur schützen, soweit sie mit potenziellen Klägern schon vor Entstehung des Rechtsstreits in vertraglichen Beziehungen stehen.

2. Anerkennung und Vollstreckung von *Class Arbitration Awards* in Deutschland

Da Sammelschiedsverfahren in den USA weiterhin stattfinden und auch in anderen Ländern denkbar sind, sei abschließend die Frage gestellt, wie es um die Anerkennung und Vollstreckung von Schiedssprüchen bestellt ist, die in einem Verfahren der *class arbitration* ergangen sind.

a) Anwendbarkeit des New Yorker Übereinkommens

Gemäß § 1061 Abs. 1 ZPO richtet sich die Anerkennung und Vollstreckung eines ausländischen Schiedsspruchs nach dem New Yorker Übereinkommen von 1958, sofern es sich denn bei einem *Class Arbitration Award* um einen Schiedsspruch im Sinne von § 1061 ZPO und im Sinn des New Yorker Übereinkommens handelt.

Wie gesehen klingt in der *Sutter*-Entscheidung des U.S. Supreme Court der Gedanke an, dass sich die *class arbitration* vom konventionellen Schiedsverfahren wesensmäßig unterscheidet[82]. Vor diesem Hintergrund ist der Einwand, ein *Class Arbitration Award* sei gar kein Schiedsspruch und müsse daher auch nicht aufgrund des New Yorker Übereinkommens anerkannt und vollstreckt werden, nicht von vornherein unplausibel.

Indessen spricht schon der Umstand, dass in einer Reihe von Ländern kollektive Schiedsverfahren möglich sind oder zumindest diskutiert werden, entschieden gegen die Annahme, dass Kollektivverfahren nicht unter den Begriff des Schiedsverfahrens im Sinn des Übereinkommens passen können. Auch auf der Basis der Definition eines Schiedsspruchs als „Entscheidung, die auf der Grundlage einer Vereinbarung der Parteien einen Rechtsstreit durch einen unabhängigen Dritten mit urteilsgleicher bindender Wirkung entscheidet“[83], besteht kein Ansatzpunkt, um einen Schiedsspruch in einem Sammelverfahren aus dem Anwendungsbereich der Konvention herauszunehmen[84].

---

82 Vgl. oben bei Fn. 45.

83 *Jens Adolphsen*, in: Münchener Kommentar zur ZPO, 4. Auflage, 2013, Art. 1 UNÜ, Rz. 4; ähnlich auch *Loukas Mistelis, Domenico di Pietro*, in Mistelis, Arbitration (Fn. 28), Art. 1 New York Convention, Anm. 3.

84 Für die Anwendbarkeit des New Yorker Übereinkommens auch *Strong* (Fn. 16) 346.

b) Rechtliches Gehör

Fraglich wird allerdings in vielen Fällen sein, ob alle Mitglieder der vom Schiedsspruch betroffenen Klasse ausreichendes rechtliches Gehör erhalten haben. Zwar wird man in die einschlägige Vorschrift des Abkommens (im Sinne von Art. 5 Abs. 1 Buchstabe b) nicht ohne weiteres die Maßstäbe des deutschen Rechts zur Gewährung rechtlichen Gehörs hineinlesen können[85]. Jedoch kann ein Schiedsspruch nicht durch deutsche Gerichte anerkannt werden, wenn er nicht den Mindestanforderungen des Art. 103 Abs. 1 GG genügt[86]. Sofern im Rahmen eines *class arbitration*-Verfahrens im Hinblick auf die Information der Klassenmitglieder und deren Beteiligungsrechte ähnlich verfahren wird wie bei einer *class action* vor staatlichen Gerichten, lassen sich die Argumente, die zur Anerkennungsfähigkeit eines Urteils oder Vergleichs in einem *class action*-Verfahren nach § 328 ZPO ins Feld geführt werden, auf die Anerkennung eines *Class Arbitration Award* übertragen[87]. Geht man davon aus, dass eine Benachrichtigung der potentiellen Klassenmitglieder, die den Anforderungen von Rule 23©(2) der Federal Rules of Civil Procedure entspricht[88], der Anerkennung eines Urteils über eine *class action* nicht entgegensteht, so gilt Entsprechendes für einen *Class Arbitration Award.*

Fraglich ist, wie sich eine mangelhafte Benachrichtigung der Klassenmitglieder auswirkt, wenn die Anerkennung des *Class Arbitration Award* von einem Mitglied der Klasse betrieben wird. Nach dem Wortlaut von Art. 5 Abs. 1 Buchstabe b) des New Yorker Übereinkommens ist es nur relevant, wenn die Partei, gegen die der Schiedsspruch geltend gemacht wird, nicht ordnungsgemäß informiert worden war. Danach würden Mängel bei der Benachrichtigung insoweit keine Rolle spielen, als ein Mitglied der Klägerklasse die Vollstreckung gegen einen individuellen Beklagten betreibt.

Zum deutschen Recht wird allerdings vertreten, dass eine Verletzung des rechtlichen Gehörs der Vollstreckung einer Entscheidung in einem Sammelverfahren auch in dieser Situation entgegensteht, weil das betreibende Klassenmitglied zwar

---

85 Vgl. *Mistelis/Di Pietro*, in Mistelis, Arbitration (Fn. 83), Art. 5 New York Convention, Anm. 5 zur Frage, ob die Maßstäbe des für das Schiedsverfahren maßgeblichen Rechts anzuwenden sind oder ob der Artikel autonom auszulegen ist.

86 *Peter Schlosser*, in: Friedrich Stein, Martin Jonas (Hg.), Kommentar zur Zivilprozessordnung, 22. Auflage, 2002, Anhang § 1061, Rz. 83.

87 Vgl. die Nachweise bei *Astrid Stadler*, in: Hans-Joachim Musielak, Wolfgang Voit (Hg.), Zivilprozessordnung, 12. Auflage, 2015, § 328, Rz. 27.

88 Dafür *Axel Halfmeier, Philipp Wilmalasena*, Rechtsstaatliche Anforderungen an Opt-out-Sammelverfahren: Anerkennung ausländischer Titel und rechtspolitischer Gestaltungsspielraum, JZ 2012, 649–658, 656.

die Verletzung eigener Rechte, aber nicht die der Rechte anderer Klassenmitglieder durch Verzicht heilen kann[89]. Überträgt man diese strenge Sichtweise auf die Anerkennung von Schiedssprüchen, so müsste, da Art. 5 Abs. 1 Buchstabe b) diesen Fall nicht erfasst, ein Anerkennungshindernis aufgrund des allgemeinen *ordre-public*-Vorbehalts in Art. 5 Abs. 2 Buchstabe b) angenommen werden. Dies ist jedoch nur sachgerecht, soweit es um die Vollstreckung des *Class Action Award* im Ganzen bzw. einer unteilbaren Leistung an alle Klassenmitglieder geht. Sofern ein Mitglied der Klägerklasse hingegen die Erfüllung ihm aufgrund eines *Class Arbitration Award* oder auch *settlement* individuell zustehenden Zahlungsanspruchs fordert, kann ihm die Verletzung des rechtlichen Gehörs anderer Klassenmitglieder nicht entgegengehalten werden.

c) Fehlerhaftes Verfahren

Ein Anerkennungshindernis kann sich ferner aus Art. 5 Abs. 1 Buchstabe d) des New Yorker Übereinkommens ergeben. Danach stellt es ein Anerkennungshindernis dar, wenn der Verfahrensablauf nicht der Schiedsvereinbarung entsprach[90]. Jedenfalls dann, wenn ein Sammelverfahren unter Missachtung eines ausdrücklichen Ausschlusses solcher Verfahrensformen in der Schiedsvereinbarung durchgeführt wurde, ist ein Anerkennungshindernis anzunehmen. Aber auch, wenn ein Kollektivverfahren durchgeführt wurde und die Schiedsvereinbarung eine solche Verfahrensform weder ausdrücklich vorsieht noch explizit ausschließt, ist die Anerkennung problematisch. Wie oben dargestellt, ist es nach amerikanischem Recht auch nach der *Sutter*-Entscheidung möglich, dass ein Sammelverfahren ohne ausdrückliche Ermächtigung in der Schiedsvereinbarung durchgeführt wird.

Aus Sicht der deutschen Gerichte ist im Rahmen der Entscheidung über die Anerkennung und Vollstreckung eines Schiedsspruchs zu fragen, ob die Annahme haltbar ist, dass die Schiedsvereinbarung ein Massenverfahren erlaubt, obwohl sie dies nicht ausdrücklich sagt. Dies wird vor allem dann gut vertretbar sein, wenn das Verfahren enge Berührungen mit Rechtsordnungen aufweist, die – wie die amerikanische – Sammelverfahren vor staatlichen Gerichten kennen[91]. Wo hingegen die Umstände nahelegen, dass die Parteien ein Sammelverfahren in keiner Weise ins Auge gefasst hatten, ist ein Anerkennungshindernis anzunehmen.

---

89 Musielak/Voit/*Stadler* (Fn. 87), § 328, Rz. 27.

90 Dazu *Strong* (Fn. 16) 354 f.

91 Vgl. *Strong* (Fn. 16) 354, nach deren Auffassung die zunehmende Verbreitung und Akzeptanz von kollektiven Schiedsverfahren die Berufung auf Art. 5 Abs. 1 Buchstabe d) erschwert.

d) Ordre public

Das Anerkennungshindernis aus Art. 5 Abs. 2 Buchstabe b) des Übereinkommens (*ordre-public*-Vorbehalt)[92] könnte sich – abgesehen von einer nicht unter Art. 5 Abs. 1 Buchstabe b) fallenden Verletzung des rechtlichen Gehörs[93] – auch im Hinblick auf die Verletzung der Dispositionsmaxime ergeben. Es wird vertreten, dass die Anerkennung eines staatlichen Gerichtsurteils in einem *class action*-Verfahren (auch) deshalb am *orde-public*-Vorbehalt des § 328 Abs. 1 Nr. 4 ZPO scheitert, weil das Sammelverfahren amerikanischen Typs die Mitglieder der (Kläger-)Klasse gegen ihren Willen nötigt, ihren Anspruch gerichtlich durchzusetzen und daher der für das deutsche Zivilprozessrecht prägenden Dispositionsmaxime widerspricht[94]. Dieser Einwand trifft indes von vornherein nur zu, sofern ein Klassenmitglied nicht ordnungsgemäß über eine *class arbitration* informiert wurde. Denn bei rechtzeitiger Information besteht in *class action* und *class arbitration* die Möglichkeit, die Bindung an das Verfahren zu vermeiden (*opt out*)[95].

Eine Verletzung der Dispositionsmaxime kann deshalb nur bestehen, soweit auch das rechtliche Gehör einer Partei verletzt wurde. Insofern dürfte ein Verstoß gegen den deutschen *ordre public* unter diesem Gesichtspunkt in der Regel mit dem Bestehen eines Anerkennungshindernisses nach Art. 5 Abs. 1 Buchstabe b) einhergehen.

e) Ergebnis

Insgesamt zeigt sich, dass die Anerkennung und Vollstreckung eines *Class Arbitration Award* nach deutschem Recht keineswegs ausgeschlossen ist. Jedenfalls wer – mit einer wohl im Vordringen begriffenen Auffassung[96] – der Anerkennungsfähigkeit von *class action*-Entscheidungen nicht pauschal ablehnend gegenübersteht[97], wird auch die Anerkennung von *Class Arbitration Awards* in vielen Fällen für geboten erachten müssen.

---

92 Dazu allgemein *Strong* (Fn. 16) 356 f.

93 Vgl. oben nach Fn. 89.

94 *Roger Mann*, Die Anerkennungsfähigkeit von US-amerikanischen „class-action" Urteilen, NJW 1994, 1187–1189, 1189.

95 Dies betonen zu Recht *Halfmaier/Wimalasena*, JZ 2012, 657.

96 Vgl. dazu die Nachweise bei *Halfmaier/Wimalasena*, JZ 2012, 656 Fn. 98 sowie bei Musielak/Voit/*Stadler* (Fn. 87), § 328, Rz. 27.

97 So aber *Peter Gottwald*, in: Münchener Kommentar zur ZPO, 4. Auflage, 2013, § 328, Rz. 125 mit weiterem Nachweis.

V. Ausblick

Am Ende dieses Überblicks über die Entwicklung von *class arbitration* und vergleichbaren Verfahrensformen fällt es schwer, ein einheitliches Fazit zu ziehen. Sammelschiedsverfahren sind möglich und werden in verschiedenen Ländern und verschiedenen Rechtsgebieten tatsächlich praktiziert oder zumindest rechtspolitisch diskutiert. Die weitere Entwicklung dürfte stark davon abhängen, ob der Supreme Court in den USA die Ausbreitung der *class arbitration* durch weitere restriktive Entscheidungen verhindert.

Die Vorreiterrolle der USA sollte aber nicht den Blick darauf verstellen, dass *class arbitration* dort – wie schon eingangs angedeutet – vorwiegend als Mittel zur Stärkung bestimmter (wirtschaftlich unterlegener) Gruppen in juristischen Auseinandersetzungen verstanden wird. Die Diskussion um *class arbitration* dreht sich letztlich um die Frage, inwieweit es Unternehmen gestattet werden soll, sich mittels einer Schiedsvereinbarung vor der Inanspruchnahme in Kollektivverfahren zu schützen, bzw. umgekehrt, inwieweit auch im Schiedsverfahren die Waffe der Kollektivklage eingesetzt werden kann.

Aus deutscher und europäischer Sicht womöglich wichtiger ist die Frage, ob kollektive Schiedsverfahren eine – für alle Parteien – sinnvolle Verfahrensform zur Bewältigung von Rechtsstreitigkeiten mit einer Vielzahl von Beteiligten sein können. Dies ist bislang in den USA und auch in anderen Ländern noch nicht hinlänglich diskutiert und erst recht nicht in der Praxis erprobt worden.

Liste der Referenten

Prof. Dr. Dr. h.c. mult. *Dieter Henrich*, Universität Regensburg.

Prof. Dr. *Michael Jäckel*, Präsident der Universität Trier.

Prof. Dr. *Jens Kleinschmidt*, LL.M. (Berkeley), Universität Trier.

Prof. Dr. Dres. h.c. *Herbert Kronke*, Universität Heidelberg; z. Zt. Richter am Iran-United States Claims Tribunal in Den Haag.

Dr. *Francesca Mazza*, Deutsche Institution für Schiedsgerichtsbarkeit e.V., Köln.

Prof. Dr. *Gerhard Robbers*, Minister der Justiz und für Verbraucherschutz Rheinland-Pfalz, Mainz.

Prof. Dr. *Thomas Raab*, Universität Trier.

Prof. Dr. *Thomas Rüfner*, Universität Trier.

Prof. Dr. *Karsten Thorn*, LL.M., Bucerius Law School Hamburg.

Prof. Dr. *Jan von Hein*, Albert-Ludwigs-Universität Freiburg i. Br.

Prof. Dr. *Mark A. Zöller*, Universität Trier.

Rechtspolitisches Symposium
Legal Policy Symposium

Herausgegeben im Institut für Rechtspolitik an der Universität Trier
von Thomas Raab und Gerhard Robbers

Band 1 Bernd von Hoffmann (ed.): Towards a Common European Immigration Policy. Reports and Discussions of a Symposium held in Trier on October 24th and 25th, 2002. 2003.

Band 2 Bernd von Hoffmann (ed.): Global Governance. Reports and Discussions of a Symposium held in Trier on October 9th and 10th, 2003. 2004.

Band 3 Gerhard Robbers (ed.): Reforming Federalism – Foreign Experiences for a Reform in Germany. Reports of a Symposium held in Trier on December 2nd to 4th, 2004 hosted by the Institute for Legal Policy at the University of Trier in Cooperation with the German Bundesrat. 2005.

Band 4 Gerhard Robbers / Dieter C. Umbach / Klaus-Eckart Gebauer (Hrsg.): Innere Sicherheit, Menschenwürde, Gentechnologie. Kolloquium aus Anlass des 80. Geburtstages von Ernst Benda am 22. Januar 2005 in Trier, veranstaltet vom Institut für Rechtspolitik an der Universität Trier und den Professoren Dr. Gerhard Robbers (Trier), Dr. Dieter C. Umbach (Potsdam), Dr. Klaus-Eckart Gebauer (Mainz) in Zusammenarbeit mit dem Landtag Rheinland-Pfalz. 2005.

Band 5 Bernd von Hoffmann (Hrsg.): Rechtspolitische Herausforderungen. Kolloquium anlässlich des 75. Geburtstages von Ministerpräsident a.D. Dr. Carl-Ludwig Wagner. 2005.

Band 6 Joachim Mertes / Gerhard Robbers (Hrsg.): Antworten auf den internationalen Terrorismus. Gewährleistung der Inneren Sicherheit durch Bund und Länder. Mit Beiträgen von Manfred Baldus, Wolfgang Bosbach, Paul Dubois, Rüdiger Freiherr von Fritsch, Joachim Mertes, Wolf Plesmann, Gerhard Robbers, Dieter Wiefelspütz und Heinrich Amadeus Wolff. 2007.

Band 7 Bernd von Hoffmann (Hrsg.): Universalität der Menschenrechte. Kulturelle Pluralität. 2009.

Band 8 Katharina Knüppel: Religionsfreiheit und Apostasie in islamisch geprägten Staaten. 2010.

Band 9 Johan D. van der Vyver: Implementation of International Law in the United States. 2010.

Band 10 Michael Rahe: Begriff und Bedeutung der Staatspraxis in der Rechtsprechung des Bundesverfassungsgerichts. 2011.

Band 11 Kathrin Luise Lang: Das Antiterrordateigesetz. Zusammenarbeit von Polizei und Nachrichtendiensten im Lichte des Trennungsgebotes. 2011.

Band 12 Christoph Streiß: Das Trennungsgebot zwischen Polizei und Nachrichtendiensten. Im Lichte aktueller Herausforderungen des Sicherheitsrechts. 2011.

Band 13 Bernd von Hoffmann / Gerhard Robbers (Hrsg.): Demografischer Wandel in Rheinland-Pfalz. Auswirkungen, Herausforderungen und Perspektiven. Mit Beiträgen von Heinz Georg Bamberger, Jörg Berres, Hans-Jörg Duppré, Bernd von Hoffmann, Josef Peter Mertes, Georg Müller-Fürstenberger, Gerhard Robbers, Hubert Schnabel, Rainer Wilhelm. 2011.

Band 14 Juan Ferreiro: Islam and State in the EU. Church-State Relationships, Reality of Islam, Imams Training Centres. 2011.

Band 15 Ying-Chu Wu: Die Parteienfinanzierung in Taiwan und in Deutschland. 2012.

Band 16 Robert Schiller: Die verfassungsrechtliche Begrenzung der Staatsverschuldung. Herausforderungen an die „Schuldenbremse“. 2013.

Band 17 Jens Kleinschmidt / Herbert Kronke / Thomas Raab / Gerhard Robbers / Karsten Thorn (Hrsg.): Strukturelle Ungleichgewichtslagen in der internationalen Streitbeilegung. Symposium in Gedenken an Bernd von Hoffmann. 2016.

www.peterlang.com

www.ingramcontent.com/pod-product-compliance
Ingram Content Group UK Ltd.
Pitfield, Milton Keynes, MK11 3LW, UK
UKHW041826031026
15587UKWH00002B/595

9 783631 670958